W0320082

Lamya Kaddor
Die Sache mit der Bratwurst

Lamya Kaddor

Die Sache mit der Bratwurst

Mein etwas anderes deutsches Leben

PIPER

Mehr über unsere Autoren und Bücher:
www.piper.de

Von Lamya Kaddor liegen im Piper Verlag vor:
Muslimisch, weiblich, deutsch
Zum Töten bereit
Syrien. Ein Land ohne Krieg
Die Sache mit der Bratwurst

Textnachweis:
Seite 5 »Was ich noch zu sagen hätte« von Reinhard Mey und Bernd Schroeder © 2005, Verlag Kiepenheuer & Witsch GmbH & Co. KG, Köln

FSC
www.fsc.org
MIX
Papier aus verantwortungsvollen Quellen
FSC® C014496

ISBN 978-3-492-05787-5
© Piper Verlag GmbH, München 2018
Satz: psb, Berlin
Gesetzt aus der Minion Pro
Litho: Lorenz & Zeller, Inning am Ammersee
Druck und Bindung: GGP Media GmbH, Pößneck
Printed in Germany

Die Freiheit nutzt sich ab, wenn du sie nicht nutzt!
REINHARD MEY

Vorwort

Vor acht Jahren wurde ich gebeten, ein Buch über muslimisches Leben in Deutschland zu schreiben. Ich arbeitete an der Universität Münster, sollte Lehrer für islamischen Religionsunterricht in deutscher Sprache ausbilden. Zudem unterrichtete ich selbst Islamkunde in deutscher Sprache. Ich hatte bereits 2008 den deutschlandweit ersten Koran für Kinder und Erwachsene gemeinsam mit Rabeya Müller ins Deutsche übersetzt und kommentiert. Mir war es ein großes Anliegen, bestimmte Themen wie islamische Religionspädagogik, muslimische Jugendliche, Identitätsfragen, Integrationspolitik, Radikalisierung und Grundzüge eines liberalen Islam vorzustellen und zu diskutieren. Viele dieser Themen waren den meisten Menschen in unserem Land fremd. Ich war in gewisser Hinsicht eine Art Pionierin, die über diese Fragen im Kontext des Islam in Deutschland aufklären wollte, daher freute ich mich über die Anfrage.

Doch je mehr ich »aufklärte«, desto bekannter wurde ich. Je bekannter ich wurde, desto mehr Aufmerksamkeit aus allen möglichen Lagern bekam ich. Wenn ich »pro-islamisch« in Sachthemen argumentierte, wurde mir von Islamgegnern vorgeworfen, ich sei in Wirklichkeit eine Schläferin. Wenn ich »liberal-islamisch« argumentierte, wurde mir von konservativen beziehungsweise orthodoxen Muslimen vorgeworfen, ich sei gar keine richtige Muslimin. Für die einen bin ich zu viel muslimisch, für die anderen zu wenig. Aber ich fühle mich

»dazwischen« ganz gut und sehe keine Veranlassung, an meiner Haltung und meinem Anliegen etwas zu ändern, obwohl auch ich Ausgrenzungserfahrungen in meinem Leben machen musste. »Anderssein« war lange Zeit Teil meiner Identität. Aber diese Erfahrungen waren notwendig, um meinen Standort im Leben zu finden. Denn je mehr ich angegriffen und bedroht wurde, desto mehr reflektierte ich über Sinn und Bedeutung meines eigenen Ichs. Die Zuschreibungen, die man für mich fand und immer noch findet, weil Frauen wie ich manchen suspekt sind, begleiten mich inzwischen fast vierzig Jahre lang.

Ich weiß heute mehr denn je, wie ich mich verstehe: Ich bin Deutsche mit syrischen Wurzeln und muslimischen Glaubens – im Einzelnen bedeutet das für mich, Mutter und Wissenschaftlerin, Frau und selbstbestimmt, liberal und gläubig, frei und denkend, humorvoll und menschlich zu sein. Vielen passt das nicht. Selbstverständlich setzen mir Morddrohungen und Belästigungen zu, denen ich regelmäßig ausgesetzt bin, aber Aufgeben ist nicht mein Weg.

Häufig werde ich gefragt, wie ich persönlich damit umgehe und warum ich weitermache. Es wird mir bescheinigt, eine »Muster-Migrantin«, eine »Vorzeige-Muslima« und ein »Energiebündel« zu sein. Da ich mit diesen »Komplimenten« nicht immer d'accord gehe, weil sie nicht unbedingt schmeichelhaft sind, war es mir nun ein Anliegen, Sie, verehrte Leser, mit in »meine Welt« zu nehmen und bestimmte Erfahrungen mit Ihnen zu teilen. An meinem Humor werden Sie dabei allerdings nicht vorbeikommen.

Ja, ich bin eine Idealistin, hoffnungslos, aber durchaus hartnäckig. Ich kann mit Schwarz-Weiß wenig anfangen. Bereits als Kind hatte ich Probleme damit. Und seitdem ist es mir ein unbeschreiblich großes Anliegen, zu vermitteln. Und dies in alle möglichen Richtungen.

In diesem Sinne wünsche ich eine spannende und erkenntnisreiche Lektüre.

Die meisten Namen in diesem Buch sind verfremdet. Ich habe mich dazu entschieden, weil ich niemanden gefährden möchte. Wegen meiner Arbeit habe ich mit verschiedenen Extremisten, mit Verleumdungskampagnen und Diffamierungen zu tun. Mehrfach haben mir Familienangehörige und Freunde durch die Blume zu verstehen gegeben, dass sie Angst davor haben, in etwas hineingezogen zu werden. Aus Respekt und aus Eigenschutz belasse ich sie daher in der Anonymität.

Duisburg im März 2018

Prolog – Der Apfeltraum meiner Mutter

»Vor vierzig Jahren hatte ich einen Traum. Ich sah eine riesige Baumkrone mit lauter roten Äpfeln vor mir. Eine Stimme sagte, ich dürfe den schönsten unter ihnen pflücken. Also kletterte ich auf diesen Baum und suchte nach dem schönsten Apfel. Aber kaum bekam ich einen zu fassen, bemerkte ich, dass er eingedrückt oder wurmstichig war. So brachte ich eine lange Zeit zu und suchte nach dem perfekten Stück. Verzweiflung überkam mich. An jedem Apfel fand ich etwas, das mich störte. Aber nach einer Weile entschied ich mich doch. Und ich pflückte den schönsten Apfel, trotz seiner Makel.«

Meine Mutter erzählte mir von diesem Traum am Telefon, sie klang sehr ruhig dabei. Obwohl es schon so lang her ist, kann sie sich gut an ihn erinnern. Das ist für sie nicht ungewöhnlich. Araber haben es mit Träumen. Für sie war an diesem Tag der Zeitpunkt gekommen, mir von diesem Traum zu erzählen, denn sie konnte ihn nun deuten. Sie war sich ganz sicher, dieses Traumbild sollte etwas mit mir zu tun haben. Es galt ihr als eine Prophezeiung für mein Leben.

Das Deuten und Interpretieren von Träumen spielt in der arabischen Kultur eine besondere Rolle. Meine Eltern besitzen ein arabisches Buch eigens über das Traumdeuten. Und es kam nicht selten vor, dass ich in jungen Jahren einen von beiden mit diesem Buch in den Händen antraf.

Heute ist uns die Kunst des Traumdeutens weitgehend abhandengekommen. Sie scheint unserer aufgeklärten Welt zum Opfer gefallen zu sein, ist unter die Räder von Wissenschaft und Rationalität geraten. Dabei ist die Kunst der Traumdeutung vermutlich schon so alt wie der Homo sapiens selbst. In der Antike galt sie den Menschen als eine Gabe, die dem Deuter zu Ruhm und Ehre gereichen konnte. Denken wir beispielsweise an Josef, den Propheten. Die biblische Gestalt, die in Ägypten, einem für ihn fremden Land, vom Sklaven zum Berater des Pharao aufstieg, indem er ihn und sein Volk vor dem Hungertod bewahrte – das alles ausgelöst durch die Deutung von Träumen.

Meine Mutter rief mich an einem Sonntag an. Wir reden oft zu dieser Zeit miteinander. Wir sprechen über Gott und die Welt – und das immer in der gleichen Reihenfolge: über ihre Gesundheit, über meine Kinder, unsere Verwandtschaft in Syrien, über Freunde und Bekannte in Deutschland, die Politik im Land und die Politik in Syrien, über meine Arbeit und über den Tod. Ja, Sie haben richtig gelesen. Wir sprechen regelmäßig über den Tod. Als wir uns an jenem Tag wieder einmal darüber austauschten, dass der Tod uns eines Tages ereilen würde, fiel ihr jener Traum ein, den sie vor rund vierzig Jahren geträumt hatte. Sie erzählte von dem Baum und der Stimme, die ihr den schönsten Apfel vom Baum gewährte. Als sie ihre Erzählung mit dem Ergebnis beendete, sie hätte sich den schönsten Apfel vom Baum gepflückt, fragte ich sie natürlich, wie sie dies alles deute. Sie antwortete trocken und selbstbewusst: »Nun, du bist dieser Apfel. Ich habe den Traum kurz vor deiner Geburt gehabt.«

Nun kenne ich viele Geschichten, darunter die aus *Tausendundeiner Nacht*. Aber wenn einem die eigene Mutter eine solche Geschichte erzählt, ist das etwas ganz besonders Schönes. Für meine Mutter mit ihrer eher nüchternen Art war das nichts Aufsehenerregendes, aber mir legte sie damit Wärme ums Herz und spendete mir neue Kraft für das, was da täglich auf mich zukommen sollte in meiner Rolle als Islamwissenschaftlerin, als Vorhut der islamischen Religionspädagogik und des liberalen Islam, als Publizistin, als Lehrerin, als Kind syrischer Eltern, als Muslimin, als Deutsche, als Frau. Fortwährend muss ich meine Kämpfe gegen muslimische Funktionäre, konservative Gläubige, gegen Fundamentalisten und Islamisten auf der einen Seite, sowie gegen Rassisten, Völkische, gegen Islamfeinde, Religionshasser und sonstige Chauvinisten auf der anderen Seite ausfechten. Und das als Frau in durchweg männerdominierten Kreisen zu einer Zeit, in der Social Media über uns hereingebrochen ist. Aber ich bin nun einmal eine sture und unverbesserliche Verfechterin der Maxime: Leben und leben lassen.

Bye-bye, geliebte Heimat

Mein Vater kam 1975 aus Damaskus nach München. Erst im Jahr darauf holte er meine Mutter und meine beiden Geschwister, meine ältere Schwester und meinen älteren Bruder, nach. Wie üblich unter Minderheiten, hielten sich bereits einige wenige entferntere Verwandte und Bekannte in Ahlen auf. Also hatte mein Vater beschlossen, das Wagnis Deutschland ebenfalls dort zu beginnen. Da war es also: dieses historisch und wirtschaftlich so bedeutende Land mitten in Europa, von dem sie bis dato immer nur gehört hatten. In Deutschland werden Arbeitskräfte gesucht! In Deutschland läuft alles geregelt ab! In Deutschland sind die Menschen korrekt! Es war nicht die Hoffnung auf eine Zukunft, die meinen Vater angelockt hatte. Wie schon die »Gastarbeiter« vor ihm, war er nicht mit dem Ziel gekommen, in Deutschland sesshaft zu werden. Er wollte »nur etwas Geld verdienen« und dann wieder zurück nach Syrien. Heimat und Familie dauerhaft verlassen? Das kam für ihn nicht infrage. So dachten zunächst alle »Gastarbeiter«. G-a-s-t-a-r-b-e-i-t-e-r – dieses Wort ist so unpassend wie vergiftet. Mag die Wortwahl ursprünglich treffend und neutral gedacht gewesen sein, der Realität hielt sie schon nach Kurzem nicht mehr stand. Wer aus einem Land mit schlechteren Lebensumständen in ein Land mit besseren geht, und sei es auch »nur«, um zu arbeiten, wird bereits nach kurzer Zeit automatisch an das Land gebunden. Die Einsamkeit schreit nach Familiennachzug oder Familiengründung, es folgt Nachwuchs, und mit ihm festigt sich die Verwurzelung in der Fremde. Die Kinder gehen in den Kindergarten, in die Schule und mit einem Mal haben sie eine neue Heimat. Bis heute aber pflanzt das Wort »Gastarbeiter« Menschen in Deutschland die Vorstellung in die Köpfe, dass die, die da einst zu uns gekommen sind, Gäste sind – und Gäste verhalten sich wie? Sie sind zurückhaltend, und nach einer Weile gehen sie wieder, bleiben sie zu lange; werden sie zum Ärgernis.

Bei den »Gastarbeitern« trug der Begriff dazu bei, allzu lang ihren Selbstbetrug aufrechtzuerhalten. Über Jahrzehnte verharrten sie in dem Glauben: Eines Tages kehren wir wieder zurück in die »Heimat«. Wunderbar selbstironisch und ihrer Zeit voraus, haben sich in den 1990er-Jahren die Rapper um den Ruhrgebiets-Musiker Gandhi Chahine treffend »Sons of Gastarbeita« genannt.

Nachdem sich mein Vater eingelebt hatte, beschloss er, nun sei die Zeit gekommen, um seine Familie nachzuholen. Meine Mutter landete am Vormittag des 29. Dezember 1976 mit ihren beiden Kindern auf dem Flughafen München-Riem und betrat erstmals deutschen Boden. Bei der Ankunft stach ihr so viel Fremdes ins Auge: zum Beispiel der Schnee. Natürlich hatte meine Mutter schon Schnee gesehen, in Nordsyrien wird es im Winter kalt, und selbst in Damaskus rieselt mitunter die weiße Pracht vom Himmel, aber eine solche Menge wie in München war auch für sie neu. »Meterhoch lag der Schnee«, erzählt sie noch heute. Draußen vor dem Terminal sah sie Pärchen, die sich in aller Öffentlichkeit küssten. Das gab es in Syrien so kaum, schon gar nicht in den traditionellen ländlichen Regionen, aus denen sie stammte. Meine Eltern wuchsen in einem typisch syrischen Dorf auf, mit patriarchaler Gesellschaftsstruktur und alten Traditionen. In ihrer Kindheit gab es weder fließendes Wasser noch Strom aus der Steckdose. Syrien und die Landbevölkerung waren arm. Als Frau in so einer Gesellschaft aufzuwachsen gestaltete sich für meine Mutter damals nicht einfach. Sie war die jüngste von vier Geschwistern und als Einzige noch nicht verheiratet. Zudem hatten die vier ein Dutzend jüngerer Halbgeschwister, die ihr Vater mit einer Zweitfrau gezeugt hatte. Für die Kleinen war sie die große Schwester. Mama lebte mit ihrer Mutter, ihrem Vater und ihrer verwitweten Großmutter väterlicherseits zusammen in einem Haus. Ihre älteren Geschwister waren bereits flügge. Direkt nebenan wohnte die Zweitfrau ihres Vaters mit deren Kindern.

Zwar erlebten meine Eltern, wie sich das Land technisch langsam modernisierte – in den Siebzigerjahren gab es bereits fließendes Wasser und Stromleitungen auf dem Land –, allerdings versorgten diese die Bevölkerung nur für eine begrenzte Zeit am Tag. Dieser »luxuriöse« Zustand sollte noch bis in die späten Neunzigerjahre hinein andauern. Selbst in Aleppo wurden bis zur Jahrtausendwende Strom und Wasser zu bestimmten Tageszeiten noch abgestellt. Hier in Deutschland war man in gewisser Weise in allen Bereichen weiter. Meine Eltern müssen sich wie in einer Zeitkapsel vorgekommen sein. Ihre Einwanderung bedeutete einen Zeitsprung von vielleicht fünfzig Jahren. Der Fortschritt und der Wohlstand in diesem Land begeisterte sie, aber beides machte ihnen auch Angst.

Meinen Vater interessierten die küssenden Pärchen vor dem Flughafen nur wenig, er kannte das schon. Seine Aufmerksamkeit galt den Maschinentypen, die auf dem Rollfeld standen; er war beim syrischen Militär zum Flugzeugtechniker ausgebildet worden. Das machte ihn theoretisch wie praktisch fit für den Umgang mit allerlei Motoren und Maschinen. Seine Ausbildung hatte ihm nicht nur handwerkliches Geschick vermittelt, sondern auch Kreativität, Improvisationsfähigkeit und Einfallsreichtum, denn Ersatzteile ließen sich nicht so ohne Weiteres bestellen wie in anderen Ländern. Sie mussten vielmehr selbst gebastelt oder überbrückt werden. In dieser Hinsicht kam der Mangel in Syrien meinem Vater für seine Jobsuche in Deutschland zugute. Als versierter Mechaniker fand er leicht einen Arbeitsplatz in einer Autowerkstatt.

Für meine Eltern gab es viel zu entdecken in diesem Deutschland. Die Neuankömmlinge mussten lernen, sich zurechtzufinden. Das galt zunächst einmal für die Behördengänge. Hierzulande schimpft man oft über die Bürokratie, aber in vielen Ländern wiehert der Amtsschimmel noch um einiges lauter. Von einem Schalter zum anderen geschickt zu werden und wieder zurück über den Umweg diverser anderer Büros, das ist auch in Syrien so. Nur kommen dort oft noch Korruption, Schikane und Willkür hinzu. So erlebten meine Eltern Deutschland in dieser Hinsicht als wahre Wohltat – mal abgesehen von den sprachlichen Hürden. Es wirkte fast surreal auf sie: so viel Ruhe und Ordnung, Verbindlichkeit und verlässliche Informationen im Vergleich zu Syrien.

Wenn heute Menschen eine Reise in ein fernes Land tun, studieren sie Ratgeber mit so treffenden Titeln wie »Kulturschock« oder »Kauderwelsch«. Kurz: Sie bereiten sich auf die Fremde vor, erwarten Exotisches und Ungewöhnliches. Meine Eltern waren keine geübten Reisenden. Im Gegenteil. Das Abenteuer ihres Lebens begann für Mama in der syrischen Hauptstadt Damaskus. Ihr Bruder begleitete sie zum Flughafen. Der Gang zum Check-in fiel ihr schwer, ihre Beine fühlten sich an, als wären die Knochen aus Blei. Sie war neunundzwanzig Jahre alt und hatte zwei Kinder im Alter von vier und fünf Jahren bei sich. Sie hatte Syrien nie zuvor verlassen und sie stand vor ihrem ersten Flug überhaupt – und das ohne Rückreiseticket. Sie sprach weder Deutsch noch Englisch. Nur Arabisch. Mein Onkel machte sich Sorgen. Er bat einen Mitreisenden, einen Blick auf seine Schwester und deren Kinder zu werfen und ihr gegebenenfalls zu helfen. Die Abschiedsumarmung fiel lang und intensiv aus. Man weinte. Die beiden Kinder waren mucksmäuschenstill, schauten meist verlegen auf den Boden und immer nur für einen kurzen Moment blickten sie zu ihrer Mutter hoch. Der Kummer lag schwer auf ihren kleinen Seelen, denn sie wussten kaum, wie sie ihn zu deuten hatten. Mama bemerkte es und fing sich wieder. Sie musste jetzt stark sein. Aufgewühlt und in Sorge um die Kinder stieg sie mit einem starken Gefühl der Ungewissheit ins Flugzeug. Was würde das Leben noch für sie bereithalten?

Die drei nahmen ihre Sitzplätze ein und langsam fieberten sie dem Wiedersehen mit ihrem Ehemann beziehungsweise ihrem Vater entgegen. Mitten in die Vorfreude hinein platzte eine Durchsage aus dem Cockpit: »Wir werden nicht in München landen. Wir fliegen jetzt aufgrund des starken Schneesturms nach London.« Was? London? Was bitte soll sie in London? Wo soll sie denn da hin? Was ist mit dem Gepäck? Meine Mutter war kurz davor, in Panik zu geraten. Der Mitreisende, den mein Onkel gebeten hatte aufzupassen, wandte sich an sie und beruhigte sie damit, dass man allen Flugreisenden am Flughafen Heathrow ein Zimmer zur Verfügung stellen werde.

Papa stand in München und wartete am Flughafen. Ein Freund hatte ihn mit seinem Auto hingefahren. Nach eineinhalb Stunden erfuhr er von der Umleitung des Flugzeugs. Da wurde auch er richtig nervös, seine Frau konnte sich in dem fremden Land nicht verständigen. Was war mit den Kindern? Papa fragte nach dem Namen des Hotels, nach einer Telefonnummer, nach irgendeiner Möglichkeit, seine Frau zu erreichen. Doch es hieß nur: »Beruhigen Sie sich, es wird alles gut. Die Kollegen in London kümmern sich um Ihre Familie.« Die Fluggesellschaft versicherte ihm, die Maschine werde am nächsten Morgen ganz sicher ankommen. Papa und sein Freund verbrachten die Nacht in der Ankunftshalle.

Gegen neun Uhr abends fiel die Tür des Hotelzimmers in London hinter meiner Mutter ins Schloss. Die beiden Kinder waren völlig übermüdet und verstanden nicht, was geschehen war. Sie hatten sich gefreut, ihren Vater wiederzusehen, und nun standen sie in einem spartanischen Zimmer irgendwo weit weg. Nachdem meine Mutter sie ins Bett gebracht hatte, legte sie sich ebenfalls hin und sprach ein Bittgebet (*du'â*) nach dem anderen. Beim Frühstück traf sie den Mitreisenden wieder, der ihnen ein Omelett und etwas zu trinken bestellte. Dazu gab es »sweet pickled cucumber«. Für meine Mutter etwas völlig Ungewöhnliches: eingelegte Gewürzgurken. Sie fand sie zunächst scheußlich. Gurken müssen doch in Knoblauch und Salz eingelegt werden, fand sie, so wie man es eben in Syrien macht. Der süßliche Geschmack irritierte sie. Doch nach ein paar Wochen sollte sie diese Dinger lieben.

Von London aus lief am nächsten Morgen alles glatt. Die kleine Familie stieg wieder ins Flugzeug und landete planmäßig in München. Mama freute sich, alle Koffer bei der Gepäckausgabe vorzufinden. Schließlich hatte sie sich in Syrien so viel Mühe damit gegeben, Lebensmittel so zu konservieren, dass sie sie mitbringen konnte. Getrocknete Minze und Thymian, getrocknete ausgehöhlte Auberginen, Pinienkerne, selbst gemachter Käse, eigenes Olivenöl – das brauchte sie, um sich wenigstens für einige Wochen etwas Heimat in Deutschland bewahren zu können. Den freundlichen Mitreisenden sah sie hier zum letzten Mal, er half ihr noch mit den Koffern, und dann war die Familie endlich wieder vereint.

Auf dem Weg zum Auto löcherten die Kinder ihren Vater mit allerlei Fragen, nachdem die erste Verlegenheit gewichen war, schließlich hatten sie ihn fast ein Jahr lang nicht mehr gesehen, sondern nur am Telefon gesprochen, und das ist für Kinder in diesem Alter eine Ewigkeit. Mama war sehr erschöpft, als sie ins Auto stieg. Die Nacht im Hotel war kurz, an Schlaf war vor lauter Aufregung kaum zu denken gewesen. Papas Freund setzte sich ans Steuer. Ächzend zog der alte Ford Taunus an. Sie verließen den Flughafen und fuhren über die A3 gen Norden, dem neuen Leben entgegen. Papa und sein Freund sprachen nicht viel, schauten meist schweigend geradeaus auf die Straße. Meine Mutter betrachtete derweil die fremde Landschaft, die draußen vor der Fensterscheibe vorbeiflog. Sie blickte auf die weißen Anhöhen, die verschneiten Nadelwälder und kleinen Dörfer mit ihren pittoresken Kirchtürmen – Bayern halt. Sogar einen echten Hirsch habe sie am

Waldrand stehen sehen, betont sie, wenn sie heute davon erzählt – vielleicht war es aber auch nur das Gemälde eines röhrenden Zwölfenders, den sie später mal bei irgendjemandem über dem Sofa hängen sah und das sich mit ihren Erinnerungen vermischt hatte. Eisiger Wind schnitt ihr ins Gesicht, wenn Papa das Fenster einen Spalt öffnete, um den blauen Qualm seiner Zigarette abziehen zu lassen. Sie fror. Doch es war nicht nur die feuchte Kälte, die ihr unter die Haut ging. Sie atmete schwer, und die Gedanken schossen ihr nur so durch den Kopf. Zu viele neue Eindrücke wechselten sich mit den Bildern der Vergangenheit und den Vorstellungen von der Zukunft ab. Sie nahm die Jacken und legte sie über ihre Kinder, die neben ihr auf der Rückbank saßen. Als sie eingeschlafen waren, fielen auch ihr die Augen zu.

Die Autofahrt von München in die nordwestdeutsche Provinz dauerte mehr als acht Stunden. Längst war es dunkel, als sie die Stadtgrenze passierten. Die Kinder waren inzwischen wieder wach und schauten mit großen müden Augen in die nächtliche Stille. Der Schnee war schon seit einer ganzen Weile aus der Landschaft verschwunden. Immerzu durchbrach die Weihnachtsbeleuchtung die Dunkelheit, hier und da konnten sie die Christbäume hinter den Fenstern sehen. Weihnachten war gerade erst vorbei. Das Auto rollte weiter in Richtung ihres neuen Zuhauses in der Klosterstraße. Wie schon meinem Vater ein Jahr zuvor, fiel ihr vor allem eines auf: die Ruhe in Ahlen. Da waren kaum Menschen auf der Straße. Keine Stimmen zu hören. Kein Lachen. Die Bürgersteige hochgeklappt. Ein Mann steht einsam vor einem Kiosk. Es nieselt. Er stellt seinen Mantelkragen hoch. Als das Auto mit Ahlener Neubürgern aus Syrien an ihm vorbeirollt, zündet er sich eine Kippe an, atmet tief ein, und während der Rauch noch entweicht, schaut er über den nassen Asphalt in die trübe Nacht. Beiläufig greift der Mann zu einer Flasche neben ihm und nippt an einem Bier. In der Ferne biegt ein einsamer Opel Ascona um die Ecke. Außer ihm erspäht die einsame syrische Familie niemanden.

Eine Reise ins Ungewisse

Die Stille von Ahlen sollte meine Mutter noch lange beschäftigen. Ganz besonders an den Abenden, wenn sie vor die Tür trat, um zu rauchen, brüllte sie sie förmlich an. Sie betrachtete die gelben Lampen in den Küchen und Wohnzimmern der Häuser, die ihren fahlen Schein auf die Straße warfen, wo er sich mit dem schummrigen Licht der Laternen mischte. Es herrschte beinahe absolute Ruhe. Nur im Hintergrund war leise der Geräuschteppich zu vernehmen, der vom Betriebsgelände der Firma Kaldewei – dem berühmten Badewannenhersteller – oder von der Zeche herüberdrang. Dann und wann erhob sich eine streitende Stimme, die von irgendwo aus den Wohnungen herüberschallte und die kleinstädtische Stille für einen Moment zerriss.

Zwar kamen meine Eltern aus einem Dorf, wo es abends auch eher ruhig zuging, aber in Deutschland war das anders. Bis zu ihrer Ankunft in Mitteleuropa verbanden sie mit dem Wort »Stadt« vor allem Chaos, quirlige Menschenmassen, krakeelende Straßenverkäufer, Hupkonzerte, laute Gebetsrufe – all das gerne auch mal mitten in der Nacht. Für sie war eine Stadt so wie Aleppo, die Metropole nahe ihrem Dorf, wohin ihre Freunde und Verwandten zuletzt immer häufiger zum Einkaufen oder Studieren fuhren, oder wie Damaskus, die großartige Kapitale, die älteste durchgängig bewohnte Stadt der Welt, in deren Nähe mein Vater stationiert gewesen war, in der mein Onkel lebte und in der meine beiden älteren Geschwister zur Welt gekommen waren. Und nun also Ahlen.

Die vorrangigsten Herausforderungen für meine Eltern in diesen ersten Tagen war die Überwindung des Abschieds. Sie hatten sich von ihren Liebsten in der alten Heimat trennen müssen. Mit solch einem Schritt sind intensive Emotionen wie Verlustängste, Existenzängste und zugleich Hoffnungen verbunden. Einerseits waren sie freiwillig nach Deutschland gekommen, andererseits nicht. Sowohl mein Vater als auch meine Mutter wussten, hätten sie in Syrien die gleichen Chancen gehabt, wie sie sie in Deutschland für sich und ihre Kinder vermutet haben, hätten sie ihre Heimat nie verlassen.

Nun hofften sie, in ihrem neuen Zuhause den Trennungsschmerz zu überwinden. Ihre wichtigste Medizin war die feste Überzeugung: Es ist ja nicht für immer. Wird ja nicht lange dauern, bis wir in die Heimat zurückkehren. Das schaffen wir schon. Sie gingen von drei bis vier Jahren aus, etwa so lange, bis die Kinder die Grundschule beendet haben.

Während Papa sich schon einigermaßen eingelebt hatte und seine Wege ganz gut kannte, fing meine Mutter an, sich den Alltag in Deutschland peu à peu zu erobern. Zunächst verschaffte sie sich einen Eindruck von ihrer Umgebung, erkundete die Nachbarschaft und die Wohngegend. Irgendwann schwand die Verwunderung über die zumeist unbevölkerten Straßen. Ihre Wege wurden immer länger und führten zum Marktplatz, zur alten Schuhfabrik, zur Sankt-Marien-Kirche, an den Schaufenstern entlang und bald hinein in die Geschäfte.

Eines Tages musste sie Obst und Gemüse besorgen. So wenig Auswahl! In den Siebzigerjahren gab es in deutschen Supermärkten noch selten Zucchini, frische Blattpetersilie oder scharfe Peperoni. Als sie vor den Tomaten stand und bereits die Tüte in der linken Hand geöffnet hielt, nahm sie mit der rechten eine der noch unreifen, geruchs- und geschmacklosen Tomaten. Anstatt sie in die Tüte zu legen, hielt sie die Frucht an die Nase, roch und dachte an die Tomaten, aus denen sie früher selbst Tomatenmark hergestellt hatte. Dafür braucht man große, saftige, sonnengereifte Tomaten. Mit diesem Bild im Kopf und dem süßsauren Tomatenduft in der Nase merkte sie plötzlich, wie sie angestarrt wurde. Eine junge Frau, wohl im gleichen Alter wie sie, stand mit ihrem etwa zehnjährigen Sohn neben ihr. Als ihr der Blick meiner Mutter begegnete, schaute sie rasch weg und versuchte ihre Neugier zu überspielen. Genau in diesem Moment sagte der Junge zu ihr: »Mama, Mama, schau mal, die Ausländerin trägt 'n Kopftuch!« Er zeigte mit dem Finger auf sie, als stünde eine Außerirdische vor ihm. Seine Mutter lief rot an, schnell drückte sie seinen Arm herunter und hoffte, dass »die Ausländerin« kein Wort verstanden habe. Schnell zog sie ihren Sohn hinter sich her zur Fleischtheke.

Meine Mutter aber hatte den Satz sofort verstanden – »Ausländer« und »Kopftuch« waren zwei Wörter, die man als muslimische Einwanderin schnell lernt, wenn man in Deutschland lebt. Faktisch gesehen hatte das Kind recht mit seinen Feststellungen, sie war eine Ausländerin und sie trug ein Kopftuch, dennoch fühlte sich Mama schlecht. Es war der Tonfall, der das auslöste, und sie fragte sich, warum es schlecht sei, aus dem Ausland zu stammen und ein Kopftuch zu tragen. Schließlich gab es in Syrien viele Frauen, die kein Kopftuch trugen: Christinnen wie Musliminnen, Drusinnen wie Alawitinnen. Diese Frauen wurden öffentlich nie auf ihre Art zu leben angesprochen. Sie packte ein Kilo Tomaten in die Tüte, tröstete sich mit dem Gedanken an ihre Geschwister, Eltern und Freunde in Syrien und hoffte, dass sie nicht mehr allzu lange in diesem Land leben muss.

In den ersten Monaten klappte diese Selbstvergewisserung ganz gut. Doch dann kam alles anders. Ganz anders. Als meine Eltern noch zurück konnten, wollten sie es nicht. Und als sie dann zurück wollten, ging es nicht mehr. Die geschlagenen Wurzeln waren bereits zu tief in die deutsche Erde eingedrungen. Gewachsen dank eines besonderen Düngers: meiner jüngeren Schwester und mir.

Als ich früh an einem Sommersonntagmorgen des Jahres 1978 im St. Franziskus-Hospital als drittes Kind der Familie das Licht der Welt erblickte, begann meine Mutter kurz darauf zu rauchen. Dass sie nun ein Kind in Deutschland geboren hatte, machte es, wie man vielleicht hätte annehmen können, für sie nicht leichter. Instinktiv spürte sie, dass sich mit meiner Geburt die Ausgangslage verändert hatte und eine Erschwernis damit verbunden war. Die Selbstvergewisserung begann nun zu bröckeln. Was bedeutet diese Geburt für sie? Für ihre Zukunft? Die Fragen waren bohrend. Sie war nicht nur für die meisten ihrer Mitbürger eine Fremde, auch sie waren ihr fremd. Sie war ohne ein Kopftuch eingereist, jetzt trug sie eines, später setzte sie es wieder ab, dann trug sie es doch wieder. Sie lernte Deutsch so gut es eben ging auf eigene Faust. Denn bis 1973 gab es in Deutschland weder staatliche Förderungen noch Konzepte für Sprachkursangebote an »Gastarbeiter«; auch die Volkshochschulen waren damals anders strukturiert. Als die ersten Überlegungen in Richtung Sprachförderung endlich fruchteten, war – mal abgesehen davon, dass sie sich zunächst nur an die Arbeiter selbst richteten, nicht an deren Familien – der Zug für meine Mutter längst abgefahren. Die Dynamik des Neuanfangs war verflogen, sie hatte gelernt, mit dem, was sie hatte und konnte, zurechtzukommen.

Ahlen – nicht Aalen!

In Ahlen das Licht der Welt zu erblicken kann man sich genauso wenig aussuchen, wie in Timbuktu oder Aleppo geboren zu werden. Lange Zeit konnte ich mich nicht allein als Ahlenerin sehen. Es gab ja immer noch dieses andere in mir, das die meisten Ahlener nicht hatten: das Syrische oder das Arabische. Aber als Syrerin oder als Araberin allein konnte ich mich auch nicht sehen. Die meisten Syrer wurden nun mal nicht in Ahlen geboren.

Ahlen ist ein schönes Städtchen, es gefällt mir, wohlgemerkt das Ahlen in Westfalen im Kreis Warendorf, nicht das Aalen nahe der Schwäbischen Alb. Viele denken zuerst daran, wenn sie den Namen meiner Geburtsstadt hören. Das ist ein wenig ungerecht, dass mein Ahlen weniger bekannt ist. Dabei sind beide Orte fast gleich groß. Beide haben eine lange Geschichte. Mein Ahlen wurde im 9. Jahrhundert erstmals historisch erwähnt, Aalen erst dreihundert Jahre später. Zudem hat mein Ahlen heute ein paar gewichtige Argumente für einen gewissen Bekanntheitsgrad, wie ich finde. Viele Menschen verbinden mit Ahlen zum Beispiel die Westfalenkaserne, vor allem wenn sie gedient haben, oder den Fußballverein LR Ahlen, wenn sie sportbegeistert sind, oder eben die Badewannen von Kaldewei, wenn sie Wert auf Qualität legen. Früher dachten vor allem Arbeiter natürlich an die Zeche Westfalen. Gut hundert Jahre prägte sie die Stadt, 2000 wurde die Förderung dann eingestellt, das war ein harter Schlag für die Menschen. Viele Eltern meiner Freunde hatten auch dort gearbeitet. Politisch Interessierte werden daran denken, dass 1947 in Ahlen das sogenannte Ahlener Programm der CDU in der britischen Zone verabschiedet wurde. Das Papier ist eines der bekanntesten Dokumente aus der Gründungszeit der Partei. Es ist eine Auseinandersetzung mit Kapitalismus und Marxismus und war ein Leitfaden für die künftige Wirtschafts- und Sozialpolitik basierend auf der christlichen Soziallehre. Der Vorsitzende der CDU in der britischen Zone, Konrad Adenauer, erklärte damals: »Das Ahlener Programm ist und bleibt die offizielle Stellungnahme der CDU der britischen Zone zur Frage des Sozialismus und der Sozialisierung.« Menschen mit einem Interesse für die Geschichte des Nationalsozialismus wissen vermutlich auch, dass Ahlen in Westfalen 1939 als eine der ersten Städte propagierte, »judenfrei« zu sein. Die meisten vertriebenen Juden gingen ins Ruhrgebiet, darunter übrigens die Familie Spiegel, deren bekanntester Spross Paul Anfang der Nullerjahre Präsident des Zentralrats der Juden in Deutschland war. Dass ich irgendwann mal in dieser Stadt über Judenfeindlichkeit und Antisemitismus unter muslimischen Jugendlichen sprechen würde, hätte ich mir als junges Mädchen übrigens nie vorstellen können.

Arabische Wurzeln und deutsche Flügel

Wissen Sie, dass in meinem Vornamen ein Buchstabe fehlt? Keine Sorge, das können Sie nicht wissen, es sei denn, Sie sind der arabischen Sprache mächtig. Das, was für Sprachexperten so aussieht wie gewollt und nicht gekonnt, war pure Berechnung. Ich trage die Variation eines altarabischen Frauennamens, der in der heutigen arabischen Gesellschaft eher ungewöhnlich ist und die Bedeutung »schöne Lippen« hat. Eigentlich heißt mein Name Lamya' – nicht Lamya. Klingt nach einer Lappalie, nach einer Spitzfindigkeit, ist es aber nicht. Das, was hier mit einem Apostroph dargestellt ist, hat im Arabischen ein eigenes Schriftzeichen. Es bezeichnet einen sogenannten Stimmabsatz. In der Arabistik nennen wir ihn *hamza*. Man bringt diesen stimmlosen Verschlusslaut mithilfe seines Gaumens hervor. So als ob ich im Deutschen ganz besonders betont »naiv« sagen würde: »na'iv«. In der Phonetik sagen wir Glottisschlag dazu. Dieser Glottisschlag, dieses *hamza*, müsste in meinem Fall eigentlich am Ende von Lamya stehen und Lamm-ja' ausgesprochen werden. Ich heiße aber Lamya mit einem langen, ausklingenden »a« am Ende: Lamm-jah. Das *hamza* wurde von meinen Eltern ganz bewusst weggelassen, und das hatte mit einer guten Freundin von ihnen aus Aleppo zu tun. Sie begutachtete für meine Eltern meine Namensgebung, denn sie kannte sich mit der Zahlenmystik im Islam aus. Das arabische Alphabet hat 28 Buchstaben, und jedem Buchstaben ist ein Zahlenwert zugeordnet: Einer, Zehner, Hunderter. Das sind 28 Zahlen von eins bis tausend. Was auch immer diese Freundin meiner Eltern mit diesen Informationen gemacht hat, weiß ich nicht genau, und meine Eltern wissen es auch nicht. Sie wägte diese Informationen mit dem Horoskop ab, das sie für mich erstellt hatte, und riet meinen Eltern dringend davon ab, das *hamza* zu setzen. Um mein Schicksal sei es ohne *hamza* um einiges besser bestellt, sagte sie. Man sollte es nicht meinen, aber Muslime können schon ein ziemlich abergläubisches Grüppchen sein.

Allerdings kann ich mich eh kaum daran erinnern, wann meine Eltern mich zuletzt mit meinem Namen angesprochen haben. Am liebsten benutzen sie unzählige Spitznamen, die ich mir im Laufe meines Lebens »erarbeitet« habe: »Lamo«, »Lamûsch«, »Umm al-Lam« (Mutter des Buchstaben Lâm), »Sitt Lamlam« (Madame Lamlam) und so weiter.

Außerhalb meines Elternhauses und jenseits des relativ kleinen Kreises derer, die Anfang der Achtzigerjahre in Ahlen Arabisch sprachen, war es zuerst mein Name, der mir zu verstehen gab: Irgendetwas ist anders an dir. Immer wieder fragte man mich aus staunenden Augen heraus: »Wie wird denn dein Vorname ausgesprochen? L-a-m-iiii-y-a oder L-a-m-ü-a oder wie?« Das geht im Grunde bis heute so. Es gibt viele Fragen in meinem Leben, die mich seit Jahren begleiten. Eine davon war diese, und etwas später kam dazu: »Wie schreibt man das denn?« Die Antwort darauf verbindet mich mit einem bestimmten Schreibutensil, das sich noch heute in moderner Ausführung in meinem Schreibtisch findet: »Genauso wie der Lamy-Füller, nur mit a hinten dran!« Ich muss meinen Namen seit eh und je erklären, den Deutschen einerseits, den Arabern andererseits, denn die fragen mich andauernd: Wieso Lamya und nicht Lamya'?

Meinen Eltern war die Sache mit dem Namen alsbald schnuppe, denn für sie ging es Ende der Siebzigerjahre nun darum, ein »deutsches« Kind arabischsprachig und islamisch zu erziehen. Genau das war die Erwartungshaltung ihrer Familie zu Hause in Syrien und ihrer arabischen Community, die sie sich Schritt für Schritt in Ahlen und Umgebung aufgebaut hatten. Es hieß: »Die Kinder müssen arabisch erzogen werden, damit sie die Verbindung zu Syrien nicht verlieren.« Und bei mir müsse man das noch einmal anders handhaben und ganz besonders auf der Hut sein, denn gerade bei einem »deutschen Kind« (ich war die erste in der Familie, die in Deutschland geboren wurde) hätten sich die Eltern darum zu bemühen, dass es seine syrisch-arabischen Wurzeln nicht kappe.

Der Anspruch, Kinder in Deutschland zu Arabern zu erziehen, scheiterte bei mir und bei meiner jüngeren Schwester, die drei Jahre später geboren wurde, schon im Kindergarten. Die erste Desillusionierung griff Raum: Ich sprach irgendwann schlicht besser Deutsch als Arabisch. Während der ersten Jahre in Deutschland schafften es unsere Eltern noch, Arabisch als »lingua franca« unseres Haushalts aufrechtzuerhalten. Sie sprachen ausschließlich Arabisch mit uns. Der Zungenschlag, der unsere Wohnung mit Leben erfüllte, wandelte sich jedoch bald. Wir Kinder kommunizierten außerhalb der Familie fast nur noch auf Deutsch oder probierten uns in anderen Sprachen aus, wie zum Beispiel Türkisch. Was hätten wir auch sonst tun sollen? In der Schule und in unserer Nachbarschaft gab es kaum Araber. So trainierten wir kontinuierlich Deutsch. Der sprachliche »Übergriff« auf unsere eigenen vier Wände erfolgte schleichend, aber unaufhaltsam. Recht bald unterhielten wir Geschwister uns auch untereinander nur noch auf Deutsch. Manchmal mit voller Absicht, damit Mama und Papa uns nicht verstanden, meist aber aus der Gewohnheit unseres deutschen Alltags heraus. Heute beobachten wir, wie selbst unsere Eltern mit ihren Enkelkindern Deutsch reden, während wir uns wünschen, sie würden ihnen im Sinne eines Zweitsprachenerwerbs lieber gutes Arabisch beibringen.

Während die Besinnung auf das Arabische für meine Eltern in den Vordergrund rückte, gewann für meine Geschwister und mich das Deutsche an Bedeutung. Mir selbst ging es ganz automatisch in Fleisch und Blut über. Deutsch lernte ich spielerisch, Arabisch musste ich mir aktiv erwerben. Das sah vor allem so aus, dass Mama mit mir regelmäßig Arabisch paukte. Deutsch habe ich nie bewusst gelernt. Von daher spreche ich selbstverständlich besser Deutsch als Arabisch. Bei bestimmten Fachtermini muss ich im Arabischen überlegen, im Deutschen nicht. Deutsch lese ich fließend, Arabisch vergleichsweise stockend. Für meine Eltern war dies ein weiterer Meilenstein auf dem Weg zur Erkenntnis, dass Kinder, die man in einem fremden Land zur Welt bringt und großzieht, mit diesem verwachsen und einen anderen Bezug dazu entwickeln, als man es selbst tut. Allerdings waren Mama und Papa sowie ihr Umfeld halbwegs zufrieden mit mir, denn mit ihnen und unseren Verwandten sprach ich ja Arabisch.

Meine Gedanken als Jugendliche drehten sich später darum, welchen Stellenwert das Arabische für mich künftig haben soll. Ich habe nie die eine Sprache besser oder schlechter empfunden als die andere. Es sind einfach zwei Sprachen, die ich beherrsche und die mir den Zugang zu unterschiedlichen Gruppen erleichtern. Beide Sprachen gehören zu meiner Identität. Ich klinge auf Arabisch anders als auf Deutsch. Wenn mich Leute auf Arabisch telefonieren hören, denken sie häufig, ich spräche sehr viel temperamentvoller. Selbst mein engstes Umfeld – sofern es kein Arabisch kann – denkt oft, ich würde mich streiten. Arabisch sei eine harte Sprache, erklären sie dann: »Diese Kehllaute und das schnelle Sprechen sind echt gewöhnungsbedürftig. Außerdem guckst du immer so komisch dabei.« Passend ist es da, wenn mir meine arabischen Verwandten und Freunde mitteilen, Deutsch sei so eine harte Sprache: »Du redest so schnell und immer dieses ›ch‹ (wie bei ›lachen‹). Streitest du dich etwa?«

Wer jetzt aber glaubt, das sei alles so einfach gewesen,

Deutsch hier, Arabisch da, den muss ich enttäuschen. Denn natürlich gab es Brüche und sprachliche Hürden. Bei Nachbarskindern etwa, die nicht Deutsch sprachen oder sprechen wollten, weil sie in ihrer Gruppe lieber auf Türkisch oder Aramäisch miteinander redeten, kam ich mit Deutsch nicht weiter. Also musste ich Bröckchen für Bröckchen Türkisch oder eben Aramäisch lernen. In Ahlen gibt es seit Langem eine größere türkischstämmige Community, aber eben auch eine nennenswerte Anzahl an Deutscharamäern. Die Aramäer sind ein semitisches Volk aus dem Nahen Osten mit eigener Sprache und Kultur. Sie leben überwiegend in den Ländern Irak, Syrien, Libanon und Türkei. Darüber hinaus gibt es in den USA und in Westeuropa größere Diaspora-Gemeinden, vor allem in Schweden und Deutschland, genauer gesagt in Ostwestfalen. Die meisten Aramäer sind Christen und gehören den unterschiedlichen Ostkirchen an. Nach 1915 wurden ihre Vorfahren im zusammenbrechenden Osmanischen Reich wie die Armenier Opfer grausamer Vertreibungen und Massaker, womit ihre Fluchtbewegungen einsetzten. In Ahlen wusste ich damals wenig davon. Ich spürte lediglich mal latente, mal offene Unstimmigkeiten zwischen Menschen mit türkischen und aramäischen Wurzeln, ohne dass ich mir einen genauen Reim darauf machen konnte. Noch heute sagen mir türkische und aramäische Freunde nach, ich hätte eine recht gute Aussprache im Vergleich zu anderen, die Türkisch oder Aramäisch als Fremdsprache sprechen. Beide Zungen haben in meinen Ohren einen sehr vertrauten Klang. Ich höre sie sehr gerne, und mein Bezug zu diesen beiden Kulturen ist nach wie vor sehr stark ausgeprägt.

Ob auf der Straße, beim Einkaufen oder bei öffentlichen Auftritten – ich werde oft gefragt: »Sen türk müsün?« (Bist du Türkin?) Manchmal antworte ich darauf gerne mit »hayir« (nein) und freue mich über die erstaunten Gesichter. Ich mag diese Verwirrung: Warum antwortet die dunkelhaarige Frau auf Türkisch, wenn sie gar keine Türkin ist? Die Situation löst sich dann meist in einem gemeinsamen Lächeln auf, und ich schildere, dass ich viele türkische Freunde habe und an der Uni etwas Türkisch lernen konnte. Wenn ich viel Zeit und Lust habe, erzähle ich von meinem damaligen Türkischdozenten Klaus, »Allah yarhamu« (Gott hab ihn selig), der plötzlich und viel zu früh verstorben ist. Er war ein linguistisches Genie, dem sämtliche türkische Muttersprachler bescheinigten, sie würden am Telefon nicht heraushören können, dass Türkisch für ihn eine Fremdsprache darstelle. Klaus versuchte gerne mal seinen Studenten komplizierte grammatische Phänomene des Türkischen oder Osmanischen mithilfe von sprachlichen Phänomenen in der Grammatik des Inuktitut, der Sprache der Inuit, oder des Georgischen näherzubringen. Während andere abends einen guten Roman lasen, las er Grammatikbücher von fernen Sprachen. Das Türkische gehörte von Anfang an irgendwie mit zu meinem Leben. Meine beste Freundin aus Kindheitstagen ist türkischstämmig, heute habe ich angeheiratete türkischstämmige Verwandte.

So wie mich türkischstämmige Mitbürger häufig nach meiner Herkunft fragen, tun es deutschstämmige Mitbürger: »Wo kommst du noch mal her? Aus der Türkei, ne?«, »Nein, ich komme aus Ahlen in Westfalen«, »Äh, ich meine, wo kommen deine Eltern her?«, »Meine Eltern kommen aus Syrien«, »Ah Syrien ... wo ist das noch mal?« Solche Gespräche führe ich von Kindesbeinen an, nur weiß anno 2018 jeder, wo Syrien ist. Daher nehmen die Gespräche an dieser Stelle nunmehr einen anderen Verlauf: »Oh, das tut mir leid. Syrien? Furchtbar, was in dem Land gerade passiert. Haben Sie noch Familie in Syrien, die von dem Krieg betroffen ist?«

Für mich gab es nie nur Deutsch oder Arabisch, sondern auch Türkisch und Aramäisch und Englisch und Latein. Dass mich dieses »babylonische Sprach- und Kulturgewirr« persönlich irgendwie überfordert hätte, kann ich nicht behaupten. Ich erlebte es von Anfang an als Bereicherung. Mein weiteres Umfeld schien indes irritiert von dieser Vielfalt zu sein. In den Achtzigerjahren war ich für die einen die Araberin, für die anderen die Türkin, und für wieder andere war ich die Aramäerin. Je nachdem, mit wem ich zu tun hatte, wurde ich entweder dazugezählt oder abgegrenzt. Nur eines sagte man mir damals übrigens nie: dass ich Deutsche sei.

Alle – ob Türken, Aramäer, Araber oder Deutsche – wünschten sich, dass ich entweder in diese oder in jene Schublade gehöre. So ist es mir jedenfalls in Erinnerung geblieben. Ich habe schon als Kind nicht verstanden, warum man sich immer nur für eine Gruppe entscheiden sollte. Meine Eltern wollten mich nur als Araberin sehen, meine Erzieher im Kindergarten und später die Lehrer in der Schule als Türkin. Viele meiner Freunde wollten mich ebenfalls lieber irgendeiner als keiner Schublade zuordnen. Wenn ich in ihren Augen nirgends so hundertprozentig hineinpasste, wurde ich kurzerhand für passend erklärt: »Ach, die Lamya ist doch im Grunde eine von uns.« Das geht zum Teil bis heute so. Aber so klar sind die Zuordnungen in einer Einwanderungsgesellschaft leider nicht. Nur damals war ich zu jung und zu unbedarft und sicherlich ein wenig zu bequem, um meinem Umfeld permanent klarzumachen, dass diese Zuschreibungen für mich alle nicht stimmig waren. Also ließ ich ihnen meist ihre Kategorisierungen und beschloss einfach, mich selbst als »anders« zu verstehen. Mit diesem »anders« konnte mein gesamtes Umfeld irgendwann dann ganz gut leben: meine Eltern wie meine Freunde. Und als meine Erzieher und Lehrer erstaunt feststellten, dass ich gar keine türkischen Eltern hatte, waren sie mit dem »anders« ebenfalls sehr einverstanden. »Anders« sollte lange Zeit meine Identität bleiben. Mir gefiel das, denn »anders« war für mich nicht negativ konnotiert. Es hatte vielmehr etwas Reizvolles, etwas Exotisches. Für mich bedeutete es, ich konnte mehr als andere, ich sprach mehr Sprachen, kannte mich in mehr Kulturen aus. Was sollte daran schlimm sein? Ich selbst war zufrieden mit meiner Position. Ich habe nur nie verstanden, warum andere sich mit Ambiguität und

Vielfalt so schwertaten, und in schlechten Momenten hat mich das zugegebenermaßen mitunter verärgert.

Ich konnte mich ganz gut anpassen. Kindern fällt das eh nicht so schwer. Rasch lernte ich die Spielregeln in den unterschiedlichen Gruppen und Communities, das ermöglichte es mir, mich unter ihnen ganz selbstverständlich zu bewegen. Wenn ich am Wochenende schon in aller Herrgottsfrühe zu meiner Freundin nach Hause in deren bescheidenes, backsteinernes Zechenhäuschen ging, redeten ihre Eltern Türkisch mit mir. Was sonst? »Hoş geldiniz, Lamya!« – »Hoş bulduk, teyze!« – »Willkommen, Lamya.« – »Danke, Tante.« Ich trat in den Hausflur, griff im Vorbeigehen meine *terlik* – meine Hausschuhe – und verschwand im Zimmer meiner Freundin. Wenn kurz darauf alle zu *çay* und *menemen* – Tee und eine türkische Eierspeise – in der Küche zusammenkamen, half ich natürlich mit, den Tisch zu decken, das *çay takımı* zu verteilen und Oliven, Schafskäse und Brot hinzustellen – *çay takımı* ist ein Teeservice aus kleinen Gläsern mit typisch geschwungener Wandung, gläsernen Untertassen und verzierten Teelöffelchen. Auch bei uns zu Hause wurde und wird noch viel Tee getrunken, aber bei Arabern muss sich der Tee seine hohe Stellung mit dem kardamomaromatisierten Mokka teilen. Am Tisch dauerte es nicht lange, bis die Eltern meiner Freundin mit ihren Sprüchen loslegten: »Lamya, wir verheiraten dich mit einem Türken! Du bist schon fast eine richtige Türkin.« Nun, ich hoffe, sie haben es mir verziehen, dass ich am Ende doch einen deutschstämmigen Mann geheiratet habe. An Festtagen war es für mich selbstverständlich, den Eltern meiner Freundin als Ehrerbietung die Hand zu küssen. Meine Eltern wollten das nie, sie zogen ihre Hand schon bei dem leisesten Versuch weg.

War ich bei meiner anderen Freundin zu Besuch, bekam ich das Kontrastprogramm geboten. Ihre Eltern waren beide Ärzte und lebten in einem riesigen Haus. »Hallo, Lamya! Geh einfach durch nach unten, du kennst ja den Weg!« Meine

Freundin hatte das gesamte Untergeschoss für sich. Das nötigte mir Bewunderung ab, befremdete mich anfangs aber auch. Was sollte ein Kind allein mit so viel Platz anfangen? Doch ich gewöhnte mich daran. Wenn ich bei ihr zu Tisch saß, war das Essen etwas komplizierter für mich. Pumpernickel mag ich bis heute noch sehr gerne, beim Pickert, eine Art Pfannkuchen aus Kartoffeln, ließ ich mich nicht zweimal bitten. »Dicke Bohnen« schmeckten mir, nur werden sie dummerweise überwiegend mit Speck zubereitet, sodass ich lieber die Finger davon ließ. Manchmal gab es sogar Panhas oder Stippgrütze. Ich nehme an, nicht nur für Menschen, denen anerzogen wurde, kein Schweinefleisch zu essen, ist das wohl mit Abstand die unüberwindlichste Hürde der westfälischen Küche: Das eine besteht unter anderem aus Speck, erhitzt in einem Sud von ausgekochten Knochen und Schweineblut, das andere aus Schweinenieren oder -herzen und Bauchfleisch mit Schwarte. Auch hier entwickelte ich nach der Sache mit der Bratwurst, von der ich noch berichten werde, eine schlafwandlerische Sicherheit, mich um solche Speisen herumzumanövrieren.

Die Ausflüge in andere kulturelle Welten hielten für mich die Möglichkeit bereit, mir alles in Ruhe anzuschauen und zu überlegen, was mich daran faszinierte oder weniger interessierte. Diese Lust am Beobachten und die Begeisterung für das Andere sind mir bis heute erhalten geblieben. Bald empfand ich richtig Freude daran, mir aussuchen zu können, zu welcher Gruppe ich zu einer bestimmten Zeit und an einem bestimmten Ort gehören wollte. Das ist nach wie vor ein Privileg. Denn darum geht es in unserer Kindheit und Jugend: Zugehörigkeit. Diese spielerische Herangehensweise funktionierte für mich bis zur Pubertät recht gut. Dann kam die Zeit, in der mein Umfeld seinen Drang nach einer klareren Positionierung von mir nachdrücklicher einforderte, aber das sollte noch dauern, und in der Zwischenzeit stellte ich meine Familie vor so einige Herausforderungen.

Irrungen und Wirrungen im deutschen Schulsystem

Als ich in die Grundschule kam, gab es einen sogenannten Muttersprachenunterricht. An meiner Schule wurde er für türkischsprachige Kinder angeboten. Türkische »Gastarbeiter« und deren Kinder prägten die Wahrnehmung. In den Achtzigerjahren hatten manche Lehrer nicht realisiert, dass Syrien und die Türkei zwei unterschiedliche Länder sind. Einzelne wussten nicht einmal, dass es sich bei Syrien um einen eigenen Staat handelt. Ich wurde tatsächlich mal danach gefragt, was Syrien eigentlich sei. Kein Witz! Man fragte mich, ob das etwas zu essen sei. Viele konnten Syrien damals geografisch nicht verorten, nur wenige wussten Näheres über das Land – welche Sprache dort gesprochen wurde, welche Menschen dort lebten und welchen Glauben sie hatten.

Schulen in Nordrhein-Westfalen boten fast immer muttersprachlichen (Ergänzungs-)Unterricht an – wie es bei mir damals hieß. Inzwischen spricht man von herkunftssprachlichem Unterricht (HSU), was dem Gedanken Rechnung trägt, dass die Muttersprache der Kinder, wie eben bei mir, häufig Deutsch ist, auch wenn die Muttersprache meiner Mutter etwa Arabisch ist. Herkunftssprache oder Familiensprache trifft es somit begrifflich besser. Die Stoffvermittlung verfolgte ursprünglich das Ziel, den Erhalt oder Erwerb der Herkunftssprache zugewanderter Kinder zu fördern, zuvorderst, um sie auf die Rückkehr in die Heimat der Eltern vorzubereiten. Die »Gastarbeiter« sollten irgendwann halt wieder zurückgehen. Damals wie heute hörte die Politik nur bedingt zu. Sie feierten Max Frisch, überhäuften ihn mit Auszeichnungen, machten seine Bücher zu Pflichtlektüren, aber sein berühmtes Bonmot von 1965 – »Wir riefen Arbeitskräfte, und es kamen Menschen« – verhallte bis spät in die Achtzigerjahre ungehört. In der dritten Klasse steckte man mich in den muttersprachlichen Ergänzungsunterricht – in den türkischen versteht sich. Ich kann nur vermuten, dass die Entscheidung nach rein äußerlichen Kriterien vorgenommen wurde. Vielleicht dachten sich die verantwortlichen Pädagogen damals: Dunkle Haare, dunkle Augen, muslimisch, die muss türkisch sein. Ergo fand ich mich für die erste Zeit stillschweigend in diesem Unterricht ein, bis dem Lehrer langsam dämmerte, dass meine Muttersprache gar nicht Türkisch war, sondern Arabisch. Zu dem Zeitpunkt beherrschte ich schon die ersten türkischen Wörter und Besonderheiten des türkischen Alphabets. Was nun? Einen muttersprachlichen Unterricht auf Arabisch gab es nicht. Wohin also mit mir? Niemand wusste es so recht. Zumindest durfte ich dem muttersprachlichen Unterricht auf Türkisch fortan fernbleiben. Mich persönlich hat dieser Vorgang damals wenig überrascht. Ich war es aus dem Kindergarten gewohnt, dass mich alle für eine Türkin hielten.

Als ich aufs Gymnasium wechselte, dachte man nicht nur, ich sei türkisch, sondern auch, dass ich kein gutes Deutsch sprechen würde. Damals waren Menschen wie ich, also Kinder von Einwanderern, in den Augen vieler Pädagogen offenkundig entweder Türken oder Ausländer und die konnten eben kein Deutsch, also musste man ihnen helfen. Also musste ich mit den zwei, drei anderen mutmaßlichen Türken in den Förderunterricht – bis es dem ersten Verantwortlichen dämmerte: Das Mädchen braucht das gar nicht. Sie spricht Deutsch wie Andreas, Norbert und Maria. Trotzdem musste ich im Förderunterricht bleiben. Warum? Weil ich für die weiterführende Bildungsanstalt nicht nur hinsichtlich der Sprache eine

Herausforderung war. Einmal die Woche wies der Stundenplan Religion aus. Selbstverständlich katholische und evangelische Religion. Aber diese Lamya war nicht katholisch oder evangelisch. Und nun? Man konnte dem Kind nicht einfach eine Freistunde geben. Das war erst in den höheren Klassen möglich. Also plante man an meiner Schule die Stundenpläne so, dass parallel zum Religionsunterricht der Förderunterricht stattfand, und damit war das Problem gelöst. Meine Klassenkameraden gingen in den Religionsunterricht, ich in den Förderunterricht. In der Mittelstufe gab es dann den ersehnten Wechsel: Raus aus dem unterfordernden Förderunterricht und rein in den christlichen Religionsunterricht – zumindest räumlich. Tatsächlich durfte ich nun endlich an dem Fach teilnehmen. Nicht, dass ich unbedingt hätte Religion machen wollen, aber ich hätte damals alles besucht, was für mehr Gleichberechtigung und Gleichbehandlung in der Schule sorgte. Leider konnte auch im Religionsunterricht von Gleichbehandlung keine Rede sein. Als muslimische Schülerin sollte ich nicht aktiv am Unterrichtsgeschehen teilnehmen, sondern nur im selben Raum still in der hintersten Reihe sitzen und nicht stören. Denn erstens sollte ich nicht missioniert werden und zweitens sollte ich nicht missionieren. Ich war nicht die Einzige, der es so erging, und teilte mein Schicksal mit anderen Muslimen und einigen Religionsverweigerern. Immerhin durften wir uns leise selbst beschäftigen. Also stöpselten wir uns die Ohrstecker unserer Walkmans ins Ohr und hörten Hip-Hop. Auch diese Phase zog sich lange hin. Erst in der Oberstufe war es endlich so weit: Ich war frei. Der Schulzwang war aufgehoben, wir durften unsere Fächer selbst wählen und aktiv an jedem Unterricht teilnehmen. Ich wählte den Philosophiekurs, den nicht nur »die Ausländer« oder »die Türken« besuchten, sondern ebenso »die Deutschen«. Deutschland war in den Achtzigerjahren einfach perfekt auf ein Kind wie mich eingestellt. Ich höre mich wahrscheinlich fürchterlich sarkastisch an – und so soll es vielleicht auch sein, denn wenn ich Ihnen, liebe Leser, sage, dass wir im Jahr 2018 immer noch mit denselben Problemen kämpfen, dann würde Ihnen auch nichts Besseres einfallen als Sarkasmus. Oder?

Einige meiner späteren Berufskollegen hielten es weiterhin mit der Gleichung: Ausländer = förderbedürftig, diese Einstellung muss anscheinend tief verwurzelt sein. Als ich 2003 meine Stelle als Lehrerin antrat, führte mich eine Kollegin in meine Klasse. Mit folgenden Worten stellte sie mich vor: »Kinder, das ist die Frau Kaddor, eure neue Islamlehrerin. Sie ist keine Türkin. Und jetzt passt mal auf, wie gut die Frau Kaddor Deutsch spricht.« Mal abgesehen davon, dass ich mir vorkam wie ein Löwe im Zirkus, kurz bevor er durch einen brennenden Reifen springen soll, war ich echt perplex, und das kommt bei mir eher selten vor. Zugleich war ich etwas gekränkt. Es wird mit dem Finger auf einen gezeigt, obwohl man nichts geleistet hat. Aber ich war neu, stand vor weit geöffneten Augenpaaren, die alle erwartungsvoll auf mich gerichtet waren, sodass mir schlicht keine angemessen schlagfertige Antwort einfiel.

Dass Schüler in der Schule systematisch diskriminiert werden, war mir schon als Fünftklässlerin bewusst, aber was hätte ich gegen die Schule, die Lehrer und letztlich gegen die Politik ausrichten können? Meine Eltern konnten mir nur bedingt weiterhelfen. Sie sind Einwanderer, hatten selbst nur eine unvollkommene Schulbildung erhalten und fühlten sich unsicher im Umgang mit dem deutschen System. Beim Elternsprechtag konnten sie allenfalls mal meine Klassenlehrer in ihrem gebrochenen Deutsch darauf hinweisen, dass wir nicht türkischstämmig sind und ich besser Deutsch als Arabisch sprechen würde. Das war's. Sonst hörten sie meinen Lehrern nur zu und versicherten sich, dass bei mir schulisch alles gut lief. Das war ihnen wichtig. Darauf konzentrierten sie sich. Über pädagogische Konzepte und Fragen von Gleichstellung machten sie sich keine Gedanken.

Wie schreibt man eigentlich Integration?

Integration gelingt immer dann besonders gut, wenn man auf Menschen trifft, die an einen glauben. Ich hatte das Glück, immer wieder auf Menschen zu treffen, die mich mochten und an mich glaubten. Sie lehrten mich Dinge und ermunterten mich, meinen eigenen Weg zu gehen. Das vermittelte mir Sicherheit und Bestätigung.

Im Alter von vielleicht sechs Jahren besuchte ich mit meiner jüngeren Schwester unsere Nachbarin. Sie wohnte über uns auf dem Amselweg, wo meine Eltern eine neue Wohnung gefunden hatten. Anders als in der Klosterstraße lag ihr neues Zuhause nun in einem Wohngebiet abseits des Zentrums. Die Siedlung grenzte im Norden an die damalige Bergarbeiterkolonie aus der Zeit des Ersten Weltkriegs, im Osten öffnete sich einem der unverstellte Blick auf die leicht hügelige westfälische Feld- und Wiesenlandschaft. Unser Haus war ein einfaches Mehrfamilienhaus mit vier Parteien, kahler Fassade und kleinem Grünstreifen davor, ein schmuckloser funktionaler Bau mit zwei oder drei Geschossen aus den Siebzigerjahren. Es gehörte zu einem größeren Ensemble ähnlich schlichter Mehrfamilienhäuser, die eingehegt waren von einer lockeren Einfamilien- und Reihenhausbebauung in den Parallelstraßen. Dort wohnten »die Deutschen«, in den Mehrfamilienhäusern lebten »die Ausländer«. So jedenfalls wurde es uns als Kinder erklärt – als gäbe es eine Art Trennung. Eine Einteilung von guten und besseren Menschen. Als Kinder aus zugewanderten Familien machten wir das gerne am wirtschaftlichen Status fest. Wenn jemand viel Geld hatte, war er deutsch.

Ein- bis zweimal pro Woche waren meine Schwester und ich bei Frau Herrmann. Sie war so etwas wie unsere deutsche Oma geworden. Frau Herrmann war verwitwet und hatte graue Haare, die stets ordentlich zurückgekämmt waren. Sie trug eine Brille, die sie auf Außenstehende ein wenig streng wirken ließ, dabei war sie allenfalls verbindlich und ansonsten mild und gütig. Ich weiß nicht mehr, wie Frau Herrmann mit Vornamen hieß oder ob sie eigene Kinder oder Enkel hatte. Mir wäre es nicht mehr bewusst, wenn ich jemals jemand anderen bei ihr gesehen hätte. Sie muss so um die achtzig Jahre alt gewesen sein, körperlich und geistig noch sehr fit. Besonders wohlhabend war sie nicht. Ich nehme an, sie lebte von einer bescheidenen Rente. Meistens trug Frau Herrmann einen Rock. Irgendwann klingelten wir bei ihr. Den Grund dafür kenne ich heute nicht mehr. Sie öffnete uns die Tür und bat uns hinein. Es war vermutlich das erste Mal, dass wir in einer »deutschen« Wohnung waren. Vorsichtig traten wir ein, schauten uns um und betrachteten die Einrichtung. In der Stube, gegenüber dem hölzernen Röhrenfernseher auf der massiven Nussbaumkommode, stand vor einem alten Marmortisch, auf dem die Fernbedienung stets griffbereit lag, ein alter, großer Ohrensessel. Das war ganz offenkundig ihr »Thron«. Darüber hing ein etwas zu großes, dunkles Holzkreuz mit dem gekreuzigten Jesus an der Wand, schräg darunter ein DIN A4 großes Bronzerelief, das die berühmten »Betenden Hände« von Albrecht Dürer zeigte. Wir durften bei Frau Herrmann all das, was man bei Großeltern so darf: Wir redeten aufgeregt durcheinander, lauter, als wir es sonst durften, und es gab Süßigkeiten. Frau Herrmann unterhielt sich mit uns und manchmal las sie uns Geschichten vor. Dann nahm sie in ihrem ausladenden Sessel Platz und wir setzten uns zu ihren Füßen auf den Boden und lauschten der etwas gebrechlichen Stimme. Das Tollste aber war, sie nähte uns beiden eine Puppe, eine echte kleine Stoffpuppe, die wir behalten durften. Sie hatte sie selbst entworfen, geschneidert und ausgestopft. An meine Puppe erinnere ich mich noch sehr genau. Ich war vernarrt in sie. Sie war mein kleines Dornröschen. Sie trug ein hellblaues Kleidchen und hatte zwei schwarze, lange, geflochtene Zöpfe, zwei dunkle Augen und einen knallroten Mund. Meine Schwester erhielt das Pendant in Blond und mit blauen Augen. Bald schon war Frau Herrmann für mich keine Fremde mehr. Nichts an ihr war merkwürdig. Sie war einfach nur wunderbar. Ich liebte sie. Bestimmt eine halbe Stunde und mehr dauerten unsere Aufenthalte bei ihr. Und das war für meine Verhältnisse äußerst bemerkenswert. Meine Eltern hielten mich für eine ausgesprochene kleine Herumtreiberin. Ich hatte eine fantastische Kindheit, von der ich hoffte, dass sie niemals enden würde. Ich gehöre zu denen, die gerne die Enten fütterte, mit dem Fahrrad die Umgebung erkundete, zwischen den Grünanlagen unserer Mietskasernen Plumpsack spielte oder Fünferstein. Dabei lässt man fünf Steinchen wie Würfel über den Boden rollen. Dann wirft man einen davon hoch, und während der fliegt, hebt man mit der Wurfhand schnell einen der vier anderen auf und fängt den fliegenden Stein wieder ein, bevor er auf den Boden fällt. Das geht so lange, bis man auf diese Weise alle vier Steinchen aufgenommen hat. Wer geschickt ist, hebt in der nächsten Runde jeweils zwei Steinchen auf, während ein Steinchen fliegt. In Runde drei grapscht man nach dreien und dann nach dem einen. In der letzten Runde versucht man dann, während der Flugphase alle vier Steinchen auf einmal zu ergreifen. Hatten meine Freunde und ich keine Lust mehr auf Fünferstein, fuhren wir Nachbarskinder Rollschuh, sprangen Seilchen oder Hüpfkästchen, machten Gummitwist und spielten Verstecken. Ich war eigentlich nie allein, sondern fast immer draußen mit anderen Kindern. Hauptsache, an der frischen Luft. Das war für mich das Wichtigste. Drinnen zu bleiben und still zu sitzen war mir eine Qual. Frau Herrmann schaffte es da besser, mich zu faszinieren, und dadurch zur Ruhe zu bringen, als alle anderen um mich herum. Meine Schwester und ich brachten ihr oft arabische Süßigkeiten vorbei. Für meine Eltern war das eine Selbstverständlichkeit, sie gaben von Herzen gern. Denn Respekt vor älteren Menschen, so hatten sie es in Syrien gelernt, überragt kaum etwas anderes in der Gesellschaft. Ich glaube, Frau Herrmann war richtig vernarrt in unsere Süßigkeiten, jedenfalls hatte sie immer so ein leichtes Lächeln auf den Lippen, wenn wir ihr ein Tellerchen vorbeibrachten. Anders als die türkischen sind die arabischen nicht in Honig ertränkt und weniger süß, außerdem hat meine Mama sie selbst gemacht. Leider brach der Kontakt zu Frau Herrmann dann abrupt ab. Meine Familie zog zum zweiten Mal innerhalb Ahlens in eine größere Wohnung an der Nordstraße um und damit wieder zurück ins Ahlener Stadtzentrum, nur wenige Fußminuten von ihrer ersten Wohnung in der Klosterstraße entfernt. Kurz darauf muss Frau Herrmann wohl gestorben sein. Ich sah sie nie wieder.

Als ich jüngst bei einer Tagung zum Thema »Ehrenamtliche Flüchtlingshilfe« auf dem Podium saß, bat man mich, davon zu erzählen, unter welchen Bedingungen ich aufgewachsen sei. Während ich so erzählte, kam ich auf die Bekanntschaft mit Frau Herrmann zu sprechen. Die Moderation hakte nach, ob sie mir bei der Integration und dem Spracherwerb geholfen habe. Mit Sicherheit. Die Nachfrage war also durchaus berechtigt. Dennoch implizierte sie einen Gedanken, der mir missfiel. Es stand die Vermutung im Raum, dass es ohne Frau Herrmann möglicherweise schwerer gewesen wäre, mich zu integrieren. Vielleicht. Ich glaube das aber nicht. Zunächst sei gesagt, weder habe ich mich jemals bewusst integrieren müssen, noch habe ich jemals bewusst Deutsch lernen müssen. Ebenso wie meine deutschstämmigen Freundinnen habe ich irgendwann ganz automatisch Deutsch gesprochen – nur zusätzlich eben noch Arabisch. Die Beziehung zwischen

Frau Herrmann und mir respektive meiner Schwester hatte sich einfach nach einer gewissen Zeit ergeben. Wir haben es wirklich genossen, eine deutsche Oma zu haben, doch Frau Herrmann hat es ebenfalls genossen, zwei aufgeweckte Kinder wie uns um sich zu haben. Wir brachten Freude in ihre Wohnung, wenn wir sie besuchten. Plötzlich war ihr sonst so stilles Gemäuer von Kinderlachen erfüllt. Sie hatte Spaß an uns und wir an ihr, einer lieben älteren Dame. Frau Herrmann hat uns nicht nur etwas gegeben, sie hat von uns auch etwas bekommen. Und genau so verstehe ich Integration: Es geht um ein Geben und Nehmen, das nicht erzwungen werden kann und woran im besten Fall alle Beteiligten Freude haben.

Es gab noch eine weitere wichtige Person in meiner Kindheit. Außerhalb der Familie hatte sie damals vielleicht den prägendstes Einfluss auf mich. Ich habe ihr viel zu verdanken und möglicherweise wäre mein Leben ohne sie tatsächlich anders verlaufen. Es handelt sich um meine Grundschullehrerin: Anne Leber, eine schlanke, zierliche Person mit kurzen Haaren und Brille, über die die Zeit hinwegzugehen scheint. Selbstbewusst im Auftreten, dabei aber immer liebevoll und ihren Schützlingen zugewandt, dazu ausgestattet mit einer angenehmen Sprechstimme und einem großen Herzen, das sie ihr Leben lang behalten sollte – so habe ich sie in Erinnerung. Sie war die Art von Grundschullehrerin, die man sich in der Theorie ausmalen würde. Aber Frau Leber war noch mehr. Sie verstand es, Kindern mit und ohne Zuwanderungsgeschichte ohne Geringschätzung zu begegnen, das lebte sie uns Woche für Woche in der Schule vor. Klar, sie wusste, dass meine Eltern aus Syrien stammten, aber das stand für sie nie im Vordergrund. Niemals hatte ich den Eindruck, sie hätte mich je anders behandelt als Kinder mit deutscher Herkunft. Ich bewundere sie noch heute für diese egalitäre Haltung, an der sie unermüdlich festhielt. Frau Leber machte einfach keinen Unterschied zwischen uns. Damit war sie ihrer Zeit weit voraus. Heutzutage erforschen Wissenschaftler an Universitäten gezielt, wie sich Pädagogen in der neuen deutschen Migrationsgesellschaft verhalten sollten, Frau Leber setzte seinerzeit schon die zentralen Grundprinzipien um, die inzwischen aufgestellt werden: 1. Migration nicht als Problem darstellen, 2. Zuwandererkinder nicht als abgegrenzte Gruppe im Klassenraum verstehen, 3. dichotome Weltsichten (»wir« und »die anderen«) vermeiden.

Dem Schulkind Lamya war die graue Theorie ziemlich egal, wichtig war für sie nur, von einer Lehrerin wie Frau Leber als kleines Wesen respektiert zu werden. Ich kenne viele Geschichten von Menschen mit Migrationshintergrund, denen als Schüler in den Siebzigerjahren und noch in den Achtziger- und Neunzigerjahren allein aufgrund ihrer Herkunft allzu oft der Stempel »dumm« aufgedrückt wurde. Das lief ab nach der Gleichung: Sprachprobleme = dumm, fremde Herkunft = dumm. Die Vorurteile, die große Teile der deutschen Öffentlichkeit gegenüber »Gastarbeitern« pflegten, kamen in der Schule unbarmherzig zum Tragen – und sie scheinen eine große Verwurzelung zu besitzen. Meine Schwiegermutter ging etwa vier Jahrzehnte vor mir zur Schule. Geboren mitten im Zweiten Weltkrieg, trug sie vermutlich aufgrund der Mangelsituation einen Hörschaden davon. Als sie in die Volksschule ihres kleinen Dorfes im Neckartal kam, hielten sie nicht nur Mitschüler für »dumm«, sondern auch der Lehrer Schäfer. Weil meine Schwiegermutter nicht hören konnte, was der Lehrer Schäfer von ihr wissen wollte, und der Lehrer Schäfer sich nicht dafür interessierte, was sie zu sagen hatte, war das Mädchen für ihn schnell abgeschrieben und in eine Ecke gestellt. Eingeschüchtert und bestärkt in ihrer Unsicherheit, richtete es sich in dieser Ecke ein, versuchte die Zeit totzuschlagen und dabei möglichst unauffällig zu sein. Es sollte eine Weile dauern, bis der Lehrer Schäfer, damals freilich der einzige Lehrer im Dorf, verstand, dass das Kind gar nicht »dumm« war, sondern einen Hörschaden hatte. Da es nach dem Krieg keine Geschäfte in der Umgebung gab, in denen man so ohne Weiteres Hörhilfen für Kinder hätte erwerben können, hatte der Lehrer Schäfer dann doch noch eine gute Idee: Er setzte sie in die erste Reihe um. Das war eine Riesenhilfe, denn so konnte sie ihm die Fragen von den Lippen ablesen – und letztlich beantworten. So verblasste mit der Zeit der voreilig aufgedrückte Stempel »dumm«. Die Geschichte hat Ähnlichkeiten mit den Erfahrungen, die Kinder mit Migrationshintergrund noch immer in der Schule machen. Frau Leber aber brauchte, anders als der Lehrer Schäfer, eben nicht erst einen Wink mit dem Zaunpfahl, denn sie war ihren Schützlingen interessiert zugewandt.

Positives Verstärken – so nennt man das, was Frau Leber an uns vollzogen hat. Wenn man etwas gut gemacht hatte, wurde man von ihr gelobt. »Prima, Lamya. Du schaffst das andere auch. Weiter so.« Wenn man etwas nicht so gut gemacht hatte, wurde, sofern es keine große Sache war, stillschweigend darüber hinweggesehen. Sie ritt nicht pedantisch auf Kleinigkeiten rum. Frau Leber wusste, dass wir wussten, und viel mehr brauchte es nicht. Sie war einfach eine gute Pädagogin. Nie wirklich sauer oder genervt, sondern geduldig und kreativ – ob wir nun Kresse anpflanzten und das Wachstum beobachteten oder zusahen, wie Kaulquappen zu Fröschen wurden. Sie war mit Leib und Seele bei der Sache und tat alles, damit wir ordentlich lernten und fürs Leben gewappnet waren. Ich war nicht ihre Lieblingsschülerin, sie mochte mich, ja. Aber genauso mochte sie ihre anderen Schüler, und diese Unvoreingenommenheit ist es, die sie für mich so besonders gemacht hat. Ich war für sie einfach nur eins: eine Schülerin.

Etwa fünfundzwanzig Jahre nach meiner Grundschulzeit, ich saß gerade am Laptop und schrieb an einem Aufsatz, da zeigte mein Computer oben rechts am Bildschirmrand den Eingang einer E-Mail an. Das passiert leider permanent, wenn ich am Rechner sitze. Also schaute ich zunächst gar nicht richtig hin, sondern beendete den Satz, den ich im Begriff war zu tippen. Im letzten Moment, bevor die Info auf dem Bildschirm wieder verblasste, erspähte ich im Augenwinkel den Namen des Absenders. Das gibt es doch gar nicht, dachte ich bei mir. Ich wechselte sofort zu meinem E-Mail-Postfach. Und tatsächlich, der Absender lautete: A. Leber. Sofort öffnete ich die E-Mail und las. Sie hatte mich im Fernsehen gesehen und von mir in der Zeitung gelesen. Daraufhin recherchierte sie im Internet nach mir und fand eine E-Mail-Adresse. Es folgten ein paar persönliche Zeilen. Ich war gerührt und überglücklich, wieder von ihr zu hören. Es wunderte mich kein bisschen, als ich erfuhr, dass sie in den Neunziger- und Nullerjahren einen Kindergarten in Tansania mit aufgebaut hatte und dass dank ihrer Mithilfe dort ferner ein Mädchenwohnheim entstehen konnte. Schon immer war mir klar: Diese Frau lebt, was sie denkt.

Ein paar Monate nach dem Eingang der E-Mail las ich im Forum der Volksbank an der Weststraße in Ahlen aus meinem Buch »Zum Töten bereit«. Ich bin immer etwas nervöser, wenn ich in Ahlen beruflich unterwegs bin. Erstens weiß man nie, welches bekannte Gesicht möglicherweise unter den Zuschauern ist, und zweitens würde es mich – bei aller Erfahrung damit – doch stärker mitnehmen als anderswo, in der eigenen Heimatstadt vielleicht angefeindet zu werden. Angepöbelt wurde ich an dem Abend glücklicherweise nicht, dafür saß Anne Leber im Publikum. Für gut zwei Stunden vertauschten sich unsere Rollen: Über Jahre hatte ich aufmerksam ihren Worten im Klassenzimmer gelauscht – okay –, meistens aufmerksam gelauscht, jetzt durfte ich ihr vortragen und sie schenkte mir ihre Aufmerksamkeit. Das war wirklich etwas Besonderes. Nach der Lesung kam sie zu mir, und sofort umarmten wir einander, fast wie zwei gute Freundinnen. Wir plauderten, so gut das bei dem Tohuwabohu nach einer Lesung eben möglich ist, und dabei überreichte sie mir eine Mappe, die sie selbst zusammengestellt hatte. Umzingelt von einigen Journalisten und anderen Gästen der Lesung, berichtete sie mir, darin seien alte Arbeiten, Malblätter und Basteleien von mir. Selten war ich so ergriffen, wie in diesem Moment. Dreißig Jahre lange hatte diese Frau meine Arbeiten aufbewahrt, um sie mir jetzt an Ort und Stelle zu überreichen. Was für eine Lehrerin.

Die Sache mit Gott

Für meine Mutter war es schwierig, einem aufgeweckten, temperamentvollen und zugleich wissbegierigen Kind wie mir Konzentration und Wissen beizubringen. Zu viel wollte ich sehen, lesen, malen, sammeln, entdecken, spielen, erfahren, und das am besten gleichzeitig. Sie, der zu Hause die Hauptaufgabe in diesem Bereich zugefallen ist, musste hart arbeiten, um mir den Ernst des Lebens, Gott und die Welt nahezubringen. Ich musste ruhiger werden. Doch wie konnte das gelingen? Und so erzählte sie mir von einem allsehenden, allhörenden, allwissenden Gott, der nur die braven Kinder lieb hatte. Dummerweise zog das bei mir nicht. Zu stark war der Drang, alles zu hinterfragen. Egal, ob es darum ging, warum es zum Frühstück Sucuk – das ist eine scharfe türkische Wurst – mit gebratenen Eiern gab und nicht pur? Oder warum Gott überhaupt ein Interesse daran haben sollte, dass ich ruhig war. Was hätte er schon davon? Kurzum: Ich traktierte meine Mutter mit meiner Neugier und meiner kindlichen Renitenz und gab mich zu allem Überfluss selten mit ihren Antworten zufrieden. Ja, ich war ein nerviges Kind. Ich wollte einfach nicht »vernünftig« werden.

Meine Mutter hielt jedoch die Methode »Gott« weiterhin für die beste und blieb dran. An alles, was ich tat und sagte, wurde Gottes Wohlgefallen als Maßstab angelegt. Tat ich etwas, das nicht gottgefällig war – und aus Sicht meiner Eltern muss das so einiges gewesen sein –, wurden die Strafen heraufbeschworen, die Gott für mich auswählen würde. Als

Kind sollte die kleine aufmüpfige Lamya Angst vor Gott haben. Nur hatte sie das einfach nicht. Immer wenn ich so etwas wie Angst verspürte, empfand ich sie als falsch. Ich stellte mir Gott als barmherzig und gnädig vor. Das betonten meine Eltern beharrlich, und bis auf eine beginnen alle Suren mit der Aussage: »Im Namen Gottes, des Gnädigen und Barmherzigen.« Dieser Ausspruch hat sogar einen eigenen Namen, man nennt ihn »Basmala«. Warum sollte Gott also derart bedrohlich sein, wenn das Barmherzige doch im Vordergrund steht? Es klang für mich außerdem unlogisch, mich vor »etwas« zu fürchten, das uns doch erschaffen hatte. Ich verstand Gott anders, als es zu Hause gewünscht war, behielt das aber für mich.

Meinen Eltern ging es mit ihren Erziehungsmethoden nicht so sehr darum, mich die Scharia zu lehren, also das göttliche Recht im Islam, jenes Konstrukt, das bei islamunkundigen Menschen oft Schreckensvorstellungen von Gewalt und Unterdrückung hervorruft, das aber eigentlich festlegen soll, welches Verhalten des Menschen Gott gutheißt und welches nicht. Meinen Eltern ging es primär darum, dass ich ein guter Mensch werde. Sie versuchten mir die Ethik beizubringen, wie sie im Koran vermittelt wird oder im Alten und Neuen Testament. Dem entsprachen die Werte, die bei uns zu Hause hochgehalten wurden: Die Demut vor Gott als Schöpfer stand selbstverständlich im Vordergrund. Mir wurde eingebläut, dass wir Menschen nur einen Funken der göttlichen Allmacht kannten. Meine Mutter zitierte dazu häufig folgenden Koranvers: »Wenn das, was es auf der Erde an Bäumen gibt, Schreibrohre wären und das gesamte Meer und danach sieben weitere Meere als Nachschub Tinte wären, würden die Worte Gottes nicht zu Ende gehen, denn Gott ist Allmächtig und Allweise.« (Sure 31, Vers 27) Ich lernte also von Kindesbeinen an: Gott ist der Größte, und wir ehren und preisen ihn.

Meine Geschwister und ich sollten dieser Ethik entsprechend auch gegenüber anderen Menschen fair sein. So wollten es meine Eltern, und dabei bezogen sie ganz unbescheiden – ein bisschen Eigennutz gehörte dazu – sich selbst mit ein. So bekam ich folgenden Koranvers zu hören: »Zu den Eltern sollt ihr gut sein. Wenn einer oder beide unter Altersschwäche leiden, sage nie ›Pfui!‹ zu ihnen. Schimpfe nicht mit ihnen, sondern sprich sanft zu ihnen.« (Sure 17, Vers 23) Diese Haltung bezogen sie aber sehr wohl in gleichem Maß auf Fremde – und zwar egal, ob Muslime oder Christen, Araber oder Deutsche. Für meine Eltern, so konservativ sie den Glauben für sich auslegten, zählte im Umgang immer zuerst, ob ein Mensch gut war oder böse. Das brachten sie mir bei, und das lebten sie mir vor. Wenn jemand nett ist, spielt es keine Rolle, welche Religion er ausübt oder wo er herkommt. Gewiss, es gab Situationen in ihrem Leben, in denen diese Haltung stark auf die Probe gestellt wurde – sei es, weil meine Eltern in Deutschland Diskriminierungserfahrungen machten, sei es, weil sie wütend über Entwicklungen in Nahost waren oder weil ihre Kinder allesamt Ehepartner anschleppten, für die sie selbst von ihren Eltern, also unseren Großeltern, niemals den Segen bekommen hätten. Mama und Papa wuchsen mit der Konstante auf: Geheiratet wird im näheren Umfeld der Dorfgemeinschaft, und zwar ein muslimischer Syrer oder eine muslimische Syrerin. Die bunte Mischung aus Türken, Russen, Deutschen und Kurden, die ihre Kinder einmal anschleppen sollten, hätten sie sich niemals träumen lassen; inzwischen sehen sie das übrigens aus eigener Überzeugung deutlich differenzierter. Das Leben in Deutschland hat auch sie verändert.

Wichtig in unserer Familie war zudem die Verantwortung als Gottes Geschöpf auf Erden. Aber wie soll ein Kind diesen *khalifa*-Gedanken (Stellvertreter des Propheten) verstehen lernen? Wie bringt man ihm bei, dass es behutsam mit der

Umwelt, mit Mitmenschen und Gegenständen umgehen soll? Wie lernt es, dass es für alle seine Taten um den Segen Gottes bitten soll? Wir wurden permanent aufgefordert, »bismi llahi r-rahmani r-rahim« zu sagen, so lautet die Basmala auf Arabisch – »Im Namen Gottes, des Gnädigen und Barmherzigen«. Wenn es nach meiner Mutter gegangen wäre, hätten wir es vor jeder Handlung intonieren müssen: vor dem Einsteigen ins Auto, vor dem Hausaufgabenmachen, vor dem Anstreichen einer Wand, vor dem Putzen, natürlich vor dem Essen und dem Schlafengehen und so weiter. Überspitzt gesagt: Ein frommer Muslim müsste, wäre er konsequent, eigentlich den ganzen Tag nur »bismi llahi r-rahmani r-rahim« vor sich hersagen. Macht natürlich keiner. Aber selbst der »vernünftige« Umgang meiner Eltern mit der Basmala war für mich nichts. Ich wollte eben nicht »vernünftig« werden und entschied mich, nur vor dem Essen, dafür aber für meine Eltern laut und deutlich vernehmbar, die Segensformel auszusprechen. Der Rest war mir zu anstrengend.

Ginge es nach meinen Eltern, hätte ich zudem jeden Tag kämpfen müssen – gegen das Böse in meinem Umfeld und in mir selbst. Dieser ursprüngliche »Dschihad«-Gedanke hat nichts mit dem Einsatz von Gewalt zu tun. Es ist eigentlich noch schlimmer. Meine Geschwister und ich sollten dauernd an uns arbeiten. Wir sollten uns immer auf das Gute in uns selbst und damit in unserer Gemeinschaft berufen. Schon früh wurde uns beigebracht, was *haram* bedeutet – also »verboten«. Und es war so einiges *haram*, das mag man gar nicht glauben: unachtsam mit Gegenständen umgehen, lügen, lästern, fluchen. »Haram, ya-binti!« – »Das darf man nicht, meine Tochter!«, so tönte es oft durch unsere Wohnung. Das mag erst mal sehr moralisch klingen. Aber es war mehr das Ideal meiner Eltern. Denn gewiss richteten wir uns nicht sklavisch danach – nicht mal meine Eltern selbst, auch sie waren Menschen, die Fehler machten. Aber der »Dschihad« bedeutet eben, gegen den inneren Schweinehund anzukämpfen und sich jeden Tag darum zu bemühen, schlechte Verhaltensweisen einzudämmen. Voraussetzung dafür ist, diese an sich zu erkennen.

Immer wenn ich als Kind zu meiner Mutter kam und mich darüber ärgerte, dass mir Unrecht angetan wurde, riet sie mir nicht etwa dazu, Abstand von der jeweiligen Person zu nehmen, nein, vielmehr gab sie mir einen Lehrsatz mit auf den Weg: »Allen Menschen ist das Gute und der Segen gemein. Egal, woher sie kommen, und egal, woran sie glauben. Verurteile diese nicht zu schnell und bemühe dich um jeden Einzelnen.« Bis heute begleitet mich dieses Mantra meiner Mutter. Es hilft mir, wenn ich wütend auf mein Gegenüber bin oder kurz davorstehe, mit harten Worten meine Position darzulegen. Aber es ist wirklich anstrengend, dieses Gutsein. »Dschihad« ist in der Tat ein sehr treffender Begriff dafür.

Teile, was du hast – Urgroßmutter Fattoums Vermächtnis

Wir Kinder wuchsen also mit vielen Ver- und Geboten auf, und manchmal schwirrte mir davon regelrecht der Kopf. Eine dieser Regeln nahm meine Mutter besonders ernst und die trieb die schönsten Blüten. Sie erzählte mir oft von meiner Urgroßmutter in Syrien. An deren Lebensabend überkam sie einige Jahre lang immerfort die konkrete Befürchtung, bald sterben zu müssen, und daraus machte sie keinen Hehl. Unsere Urgroßmutter war eine tiefgläubige Frau aus bäuerlichen Verhältnissen, so gütig und fürsorglich wie bestimmend und einnehmend. In meiner Vorstellung sehe ich sie in ihrer dörflichen Tracht vor mir – die im Winter aus schwerem, wallendem, schwarzen Samt, bestickt mit bunten Blumen, oder die im Frühjahr – die feierliche Abaya – aus Brokat, eine Art bodenlanges, lockeres Überkleid mit Arabesken durchwirkt, oder die im Sommer – luftig-leichte Gewänder aus Damast. Vor meinem geistigen Auge sitzt sie im Schneidersitz auf dem Boden oder steht aufrecht, wie zum Familienfoto aufgestellt. Im Angesicht ihrer Todesahnungen nervte sie ihre Kinder und Enkelkinder regelmäßig damit, dass ihre Habseligkeiten unter die Armen im Dorf gebracht werden müssten. »Geht alles verteilen«, rief sie. »Los, macht *sadaqa*!« (So heißt das freiwillige Almosen im Islam.) Widerspruch war zwecklos. Mindestens einmal im Jahr wurde folglich eine große Spendenaktion gestartet. Kinder und Enkelkinder gingen von Haus zu Haus und hinterließen Kleidungsstücke, Haushaltsgegenstände und sonstigen Tand. Jedes Mal, wenn meine Urgroßmutter dachte, sie würde sterben, tat sie es am Ende aber doch nicht. Also musste ihr Hausrat wieder neu aufgefüllt werden: »Geht, kauft mir eine Abaya! Besorgt mir neue Kurzwaren!« So wiederholte sich diese Episode ein ums andere Jahr, bis Urgroßmutter Fattoum dann doch noch völlig überraschend im Beisein ihrer Liebsten diese Welt friedlich und in Erwartung des Abendgebets verließ.

Spendabel und gütig zu anderen Menschen zu sein ist unserer Familie also quasi in die Wiege gelegt worden. Damals waren es noch andere Zeiten gewesen, insbesondere in der arabischen Welt auf dem Land, wo Familien und Nachbarn seit Jahrhunderten miteinander lebten und aufeinander achtgeben mussten, weil es noch keinerlei staatliche Auffangsysteme gab, wie wir sie heute kennen. Das hatte meine Urgroßmutter geprägt, meine Großmutter und noch meine Mutter. Sie waren deshalb keine Heiligen. Für sie war es ein Alltagspragmatismus in Korrelation mit der vierten Säule des Islam, wonach sie eine Armenabgabe zu leisten hatten. Und auch mir ist die Armenabgabe ein Anliegen, das ich sehr ernst nehme. Selbst in Zeiten als Studentin mit dauerhafter Ebbe im Portemonnaie und grundsätzlich schmalem Budget war es mir ein Bedürfnis, Menschen zu unterstützen, die es in meinen Augen schlechter hatten als ich selbst. Das moralische Erbe meiner Urgroßmutter bedeutet für mich wie für meine Geschwister, auch fernab religiöser Gebote Menschen in Not zu helfen, und seien es welche, die man nie zuvor gesehen oder von denen man nie zuvor gehört hat. Für meine ältere Schwester und ihren Mann etwa war es selbstverständlich, dass sie eine geflüchtete Familie, die sie zufällig kennengelernt hatten, anlässlich von Familientreffen dazu einluden, mit uns am Tisch Platz zu nehmen und mit uns zu essen.

Bei meiner Mutter trieb das eingetrichterte Prinzip der Spendenbereitschaft jedoch ganz andere Blüten. Wenn eine Reise nach Syrien anstand, war sie bestens vorbereitet. Bereits Monate zuvor hielt sie in Ahlens Innenstadt die Augen offen. Wenn sie die Flohmärkte der Region besuchte, schärfte sie ihren sechsten Sinn, der sie aufmerken ließ, wenn es irgendwo ein Schnäppchen zu ergattern gab. Sie tat das nicht für sich selbst, abgesehen von einer Kleinigkeit hier und da, die sie für ihre Schrankwand und ihre Regale abzwackte, sie tat das für ihre Familie und ihre Bekannten in Syrien. Hier ein paar Slipper für Khali Abu Jasim (mein Onkel mütterlicherseits, der Vater von Jasim), dort eine Handtasche für Amti Khadusch (meine Tante väterlicherseits, mit Namen Khadusch), hier eine Lesebrille für Abu Mustafa (den Vater von Mustafa), den gebrechlichen Nachbarn, dort Spielzeuge für meinen Milchbruder. Milchbrüder sind so eine Art Stiefgeschwister. Als meine Eltern noch in Syrien lebten und ich noch nicht geboren war, kamen mein Bruder und mein Cousin zur gleichen Zeit auf die Welt. Meine Mutter und ihre Schwester wollten ihre Kinder noch enger aneinanderbinden, als es eine Blutsverwandtschaft vierten Grades bereits gewährleistete. So beschlossen sie, den Sohn der jeweils anderen ab und an zu stillen. Auf diese Weise entsteht ein Milchbruder. Das Konzept dahinter ist im Vorderen Orient weitverbreitet. Im islamischen Religionsrecht begründet die Milch, mit der eine Frau ein Kind stillt, eine ebensolche Verwandtschaft wie Blut. Meinen Schwestern und mir wurde es damit unmöglich gemacht, diesen Cousin zu heiraten. Das Instrument der Milchverwandtschaft wird seit Jahrtausenden benutzt, um gesellschaftliche Ziele zu erreichen. Wie eine Heirat sollte eine Milchverwandtschaft zwar die Beziehung zwischen zwei Familien festigen, aber zugleich eine zu enge Bindung verhindern. Genau das wollten unsere Mütter wohl erreichen: Sie hielten nicht viel von Verwandtschaftsehen, da sie zu viele negative Beispiele im Umfeld ihres Dorfs erlebt hatten. Familienstreits ebenso wie gesundheitliche Beeinträchtigungen. Das Konzept der Milchverwandtschaft kennt nicht nur der Islam. Im Judentum und insbesondere im orthodoxen Christentum entfaltete das Konzept als Ehehindernis ebenfalls seine Wirkung. Zwischen meiner Mutter und meinem Milchbruder wurde so ein eisernes Band geschmiedet, das auch noch hielt, nachdem sie nach Deutschland gegangen war. Deshalb füllte sich unser Vorratsraum nicht nur mit Geschenken für die Großen in Syrien, sondern zugleich mit Spielzeug für den Kleinen – und selbstverständlich allerlei Kleinigkeiten für alle anderen Kinder. Kurz vor einer Syrienreise brach die Hektik aus. Der ganze Kram musste mühsam in die Koffer gestopft werden. Am Ende hatte ich das Gefühl, außer Geschenken nahmen wir nichts mit. Vollbeladen ging es mit dem Auto auf die rund 3500 Kilometer lange Strecke über den Balkan und durch die Türkei. Wegen der Balkankriege in den Neunzigerjahren führte die Route bisweilen über Italien, von wo aus es mit dem Schiff weiterging. Später flogen wir ab und an mit dem Flugzeug nach Syrien, mit dem sich ebenfalls verblüffend viele Geschenke rüberbringen ließen, wenn Mama das Kofferpacken überwachte. Die Freude und die Wonne, mit der meine Mutter dann ihre Beute an die Menschen verteilte, vergesse ich nie.

War sie zurück in Deutschland, nahm das Sammeln bald schon wieder seinen Lauf. Mama ging die Sache durchaus strategisch an, und damit war sie nicht allein unter ihren syrischen Freundinnen in Deutschland. Ich sehe Mama qualmend in unserer Küche sitzen, eine Tasse Mokka vor sich, in Gedanken versunken. Ihr gegenüber sitzt Katja, ihre Freundin, stets sehr gepflegt im Auftreten, akkurat geschminkt, eitel bis in die roten Haarspitzen, immer in einem Kleid unterwegs, das ihre drallen Rundungen scharf konturiert, um den Hals ein dickes Goldkreuz, denn Katja ist eine syrische Christin aus der Nähe von Damaskus, die Mama in Deutschland kennengelernt hat. Sie nippt an ihrem Kaffee: »Hast du gehört, Fatmeh?«, hebt Katja an, »der Sommerschlussverkauf soll dieses Jahr früher beginnen.« – »Wirklich? Dann müssen wir als Erstes unbedingt zu dem Schuhladen an der Ecke. Wie heißt der gleich?« – »Meinst du den schräg gegenüber der Eisdiele?« – »Ja, genau, der hat immer besonders gute Angebote. Und die sind immer so schnell weg.« – »Ach, ich weiß. Ja, letztes Jahr habe ich dort tolle Kinderschuhe für die drei Nachbarskinder bekommen. Ich meine, es gibt natürlich in Damaskus genug Schuhläden, du weißt das, aber Schuhe aus Deutschland ... puh, die waren so stolz, Fatmeh, die Kinder haben die nur angezogen, wenn wir in die Kirche gegangen sind. Und wehe, jemand kam ihnen zu nahe oder drohte, ihnen auf die Füße zu treten ...« Dann schallte Katjas herzliches und freudiges Lachen durch unsere Küche. Auswanderer können nicht ohne Geschenke für die »Daheimgebliebenen«, aber mit so viel Akribie und Engagement, wie meine Mutter es an den Tag gelegt hat, ist niemand, den ich kenne, ans Werk gegangen. Zeitungen haben meine Eltern nie gelesen, weder deutsche noch arabische. Aber kein Werbeprospekt landete in unserem Briefkasten, der nicht bis zur letzten Seite durchgearbeitet worden wäre. Wenn meine Mutter nur den Hauch einer Idee hatte, wem man was schenken könnte, wurde ein dickes Kreuzchen drangemacht. Das bedeutete dann, dass sie sich mit Katja verständigte, wer wohin ging, oder dass wir Kinder zum Einkaufen losgeschickt wurden!

Lamya Langstrumpf

Unter dem Einfluss der Erziehung meiner Mutter und all diesem Gutmenschentum wuchs ich zu einem der sittlichsten Kinder zwischen Werse und Beckumer Berge heran: gut zu allen Menschen, gehorsam gegenüber allen Erwachsenen, gottergeben und von oben bis unten perfekt. »Stimmt doch, Mama, oder?« Nun, die Antwort meiner Mutter möchte ich hier lieber nicht wiedergeben, das dürfte unangenehm für mich enden. Klar war ich darum bemüht, meine Eltern und damit in gewisser Hinsicht Gott zufriedenzustellen. Aber eigentlich war ich Pippi Langstrumpf oder dachte zumindest: Mit der musst du irgendwie verwandt sein. Ich glaube zwar, dass nahezu alle Kinder damals so sein wollten wie sie, aber nach Einschätzung meiner Eltern kam ich der literarischen Vorlage doch sehr nahe. Die Filmmusik wurde so etwas wie der Soundtrack zu meiner Kindheit: »Widdewiddewitt und drei macht neune! Ich mach' mir die Welt widdewidde wie sie mir gefällt.« Ganz klar, ich war ein Kind, das viel zu viel wissen wollte und viel zu wenige Antworten bekam. Also machte ich mich auf, die Welt eigenständig zu erkunden – wie Pippi eben: frech, stark und mutig. Aus Sicht meiner Eltern war Pippi ohne Frage das denkbar schlechteste Vorbild: unerzogen, verrückt und viiieel zu frei. Es gab keinen Tag, an dem ich nicht mit blauen Flecken an Schienbein oder Ellbogen nach Hause kam, einmal sogar mit einem recht tiefen Stich. Ich habe drei Geschwister und einen Milchbruder. Im Grunde genug für ein Leben. Doch mir reichte das nicht. Es war an einem tristen, kühlen Tag im Spätsommer 1983, als ich mit meiner Freundin Nuran Blutsschwesternschaft schloss. Vermutlich hatte eine von uns kurz zuvor »Winnetou 1« im Fernsehen gesehen, keine Ahnung, wie wir sonst darauf gekommen sein sollten. Zunächst simulierten wir den Akt nur, weil wir Angst hatten, uns tatsächlich in den Finger zu stechen. Wir benutzten irgendwelche Beeren, die wir von einem Strauch pflückten und die beim Zerquetschen rote Flüssigkeit abgaben – wir nannten sie einfach Blutbeeren. Der Schmu ließ uns aber einfach nicht los. Daher taten wir es letztlich doch: Heldenhaft stachen wir uns mit Dornen in den Finger, schluckten den Schmerz runter und hielten unsere Finger aneinander. So war das damals: nicht viel nachdenken, einfach machen. Kein Baum war zu hoch, kein Graben zu tief, und keine Freundin wohnte zu weit weg. Und dauernd ging bei meinen Experimenten und Unternehmungen irgendetwas schief – selbst im Haus. Beim Treppen-Schlittenfahren zum Beispiel. Kennen Sie nicht? Das sollten Sie mal ausprobieren. Man nehme eine herkömmliche Matratze und dann, yippie, ab die Hausflurtreppe hinunter. Macht Riesenspaß! Meistens hatte ich Glück, und es kam gerade niemand die Treppe hinauf. Meistens. Bis zu dem Tag, an dem ich Papas Bekannten beinahe »überfahren« hätte. Aber was hätte ich tun sollen? In Ahlen liegt nun mal so wenig Schnee! Mit dem Treppen-Schlittenfahren war es von diesem Tag an trotzdem vorbei, sodass ich mich mehr auf Aktivitäten in meinem Zimmer verlegen musste, wenn mir das Wetter erneut Fesseln anlegte. Mal war es Papas heilige Vase, die beim Kletterwettkampf an der Wohnzimmerschrankwand zu Bruch ging, mal Mamas Schmuck, den ich unbedingt für eine Modenschau brauchte. Wieder setzte es Senge. Irgendwann fand ich eine weniger gefährliche Beschäftigung, indem ich unseren Kassettenrekorder tagelang in Beschlag nahm, um eigene Radiosendungen zu produzieren. Das alles passte nicht zu den Vorstellungen meiner Eltern von einer Tochter. Aber was blieb ihnen schon übrig? Am Ende mussten sie dieses Kind tolerieren, es ließ sich nicht bändigen.

Zum Ausgleich mussten wir Kinder, also vor allem meine Schwestern und ich, allerdings viel im Haushalt tun. Damit die Aufgaben wirklich erledigt wurden, hatte vor allem ich immer einen Aufpasser hinter mir, ein personifiziertes Über-Ich meistens in Gestalt meiner Mutter am Wochenende, wenn Papa nicht bei der Arbeit war, sprang er schon mal für sie ein. Der Aufpasser tauchte immer dann auf, wenn man nicht damit rechnete: Mal wieder zum sonntäglichen Putzen verdammt, schlich ich missmutig mit Eimer und Lappen ausgestattet ins Bad, schloss die Tür und legte los. Nach einer Weile Schrubben verging mir, wie sollte es bei einem jungen Mädchen anders sein, die Lust. Also drehte ich den Wasserhahn auf, um einen Geräuschteppich zu erzeugen, hockte mich an den Rand der Badewanne und kramte das Buch hervor, das ich gerade las und das ich vorher natürlich unbemerkt ins Bad geschmuggelt hatte. Doch Papa nebenan im Wohnzimmer roch den Braten gleich. Ich kam nicht mal eine Seite weit, da flog die Tür auf: »Haram, ya-binti!«, tönte es mir mal wieder entgegen. Mitten in der Tür stand mein aufgebrachter Vater: »Das ist nicht in Ordnung, Tochter. Das ist Wasserverschwendung. Du kannst doch nicht einfach den Wasserhahn laufen lassen. Andere Menschen müssen weit laufen, um überhaupt sauberes Wasser zu bekommen. Und jetzt putz ordentlich! Und die Tür bleibt auf!« Rumms.

Wo wohnt Gott?

Selbst in Sachen Religion lebte ich der Ansicht meiner Eltern zufolge nach dem Vorbild von Pippi Langstrumpf. »Gott hat keinen Ort und keine Zeit«, trichterte mir meine Mutter ein – die in religiösen Alltagsbelangen wohl wichtigste Lehrerin in meinem Leben. »Wir stellen ihn uns nicht als Mann mit Rauschebart vor, wir stellen ihn uns gar nicht vor! Er ist einfach da. Wir Menschen können ihn mit unserem Verstand nicht erfassen! Hast du das verstanden, Lamya?«, mahnte sie. »Klar«, entgegnete ich etwas schnippisch, und trotzdem lebte Gott in meiner Vorstellungswelt in Mekka in der Kaaba. Das ist jenes Gebäude, behangen mit einem schwarzen Vorhang, dessen Grundstein der Stammvater von Juden, Christen und Muslimen, Abraham, einst gelegt haben soll. Es ist das wichtigste Heiligtum im Islam und steht im Zentrum der Großen Moschee von Mekka, der Geburtsstadt des Propheten Mohammed. Jedes Jahr umkreisen es Millionen von Menschen auf ihrer Pilgerfahrt. An der östlichen Ecke des Gebäudes ist ein schwarzer Stein eingefasst. Dem Glauben nach stammt er aus dem Paradies. Nüchtern betrachtet, handelt es sich vermutlich um einen Meteoriten. Die genaue Beschaffenheit kennt man nicht, weil bislang keine wissenschaftlichen Forschungsberichte dazu veröffentlicht wurden. Als Kind stellte ich mir vor, dass Gott in dem Gebäude lebte, alt und weise, auf einen Krückstock gestützt, und auf uns Menschen aufpasst. Er war irgendetwas zwischen streng und liebevoll.

Diese Vorstellungen ließ ich mir nicht nehmen – weder

von meinen Eltern noch von Gott, erst recht nicht von anderen. Gewiss revidierte ich später meine Überzeugung und erkannte an, dass Gott doch nicht in der Kaaba wohnt. Aber ich wollte nie irgendetwas nur deshalb glauben oder mich einfach nur deshalb so oder so verhalten, weil jemand mir sagte: Du musst – stillsitzen müssen, lieb sein müssen, ruhig sein müssen, essen müssen, Arabisch sprechen müssen und eben dies oder das glauben müssen. Immer wenn ich das Gefühl hatte, dass zu viel von mir verlangt wurde oder ich etwas als unlogisch oder unvernünftig empfand, tat ich es einfach nicht. Das musste nicht zwangsläufig offen konfrontativ geschehen. Dafür liebte ich meine Eltern zu sehr. Außerdem hatte ich zu viel Respekt vor meinem Vater, der mich zwar nie geohrfeigt oder sonst wie geschlagen hat, von dem ich aber annahm, er könnte es tun, wenn er nur wollte. Im Vergleich zu meiner Mutter hatte er sogar mehr Verständnis für meine Pippi-Langstrumpf-Mentalität. »Lass das Kind doch«, sagte er oft und freute sich über mein lebhaftes Wesen; wobei man kritisch anmerken könnte, dass er es großzügigerweise überwiegend meiner Mutter überließ, mich im Zaum zu halten. Statt die Konfrontation mit meinen Eltern zu suchen, fand ich meistens Mittel und Wege, meinen Willen außerhalb ihres Einflussgebiets durchzusetzen. Meistens, wohlgemerkt. Immer griff diese Strategie nicht. So entspannen sich einige Endlosdiskussionen – über Gottes Eigenschaften oder ob in der Hölle wirklich Feuer lodern, über praktische Dinge wie die Frage, was züchtig gekleidet sein heißt und was nicht. Mein Vater zog es in der Regel vor, irgendwann darüber zu schmunzeln und sich abzuwenden, ein wenig Bequemlichkeit, wie gesagt, tat ihr Übriges. Meine Mutter indessen war mit allen Wassern gewaschen. Theologisch waren sie und mein Vater ziemlich gut gebildet, vor allem wenn man bedenkt, dass sie nur eine geringe Schulbildung genossen hatten. Bei uns zu Hause standen zig arabische Bücher im Regal, in denen sie lasen. Rhetorisch aber war meine Mutter begabter als mein

Vater. Zugleich verspürte sie einen größeren Drang danach, mich auf Linie zu bringen. So diskutierten wir beide oft und intensiv, was nicht immer harmonisch verlief. Manchmal zogen echte tiefschwarze, unheilgetränkte Wolken über unseren Köpfen auf, bis es richtig knallte: Stimmen überschlugen sich, Tränen flossen, Zimmertüren flogen ins Schloss. Mama konnte mich selten überzeugen, was ihr natürlich nicht gefiel. Aber wie hätte es ihr gelingen sollen? Ich hatte schlichtweg meinen eigenen Kopf und wuchs so gänzlich anders auf als sie im dörflichen Syrien. Wieso sollte auf mich also das Gleiche wie auf sie zutreffen, fragte ich mich. Es erging mir wie allen Teenies in Deutschland, nur mit dem einen Unterschied, dass ich neben der Pubertätsfront zusätzlich noch an einer zweiten Front zu kämpfen hatte, an der Vorstellungswelt von Syrern, die in einfachen Verhältnissen ganz woanders auf dem Lande sozialisiert worden waren und über Jahre Mühe hatten, sich im modernen Mitteleuropa zurechtzufinden. Aber instinktiv taten meine Eltern das Richtige – mit Zuckerbrot und Peitsche ermöglichten sie als einfache Einwanderer einer Arbeiterschicht all ihren vier Kindern eine akademische Karriere in einem fremden Land. Ehrlich gesagt stehe ich heute noch staunend und bewundernd da, wenn ich darüber nachdenke. Und ehrlich gesagt kann ich selbst nicht genau erklären, wie sie das geschafft haben.

Jenseits oder Diesseits?

Besonders eingeprägt hat sich mir der arabische Ausspruch: »fi d-dunya wa-fi l-akhira« (»Im Diesseits und Jenseits«). Wie oft kamen diese Worte über Mamas Lippen? Als Muslimin sollte ich nicht nur an mein irdisches Leben denken, sondern auch ans Jenseits: *al-akhira* – vor allem ans Jenseits, denn aus Sicht eines gläubigen Muslims geht es um das ewige Leben. Aus Sicht der monotheistischen Religionen ist unser Dasein auf dieser Welt eine Durchgangsstation auf dem Weg zum eigentlichen Ziel: Paradies oder Hölle. Im Islam wird dieser Gedanke betont. Mein Leben zwischen meiner Heimatstadt Ahlen, meinem Studienort Münster, meinem Wohnort Duisburg und meinem Sehnsuchtsort Aleppo dient demnach dazu, herauszufinden, ob ich im Jenseits einmal in der Hölle oder im Paradies enden werde. Dazu bewertet Gott mein Verhalten anhand seiner Scharia, also seiner Gebote und Verbote, bewertet, welche meiner Handlungen *haram* – also unerlaubt – und welche *halal* – also erlaubt – sind, darauf gründet er schließlich sein Urteil am Tag des Jüngsten Gerichts. Diese Vorstellungen verinnerlicht, war für meine Eltern klar: Aufs Jenseits kommt es an. Als junger Mensch interessiert man sich nur bedingt für *al-akhira*. Tod und Krankheit sind im Regelfall für Kinder weit weg und nur schwer zu erfassen.

Diese Ausrichtung aber nach dem Jenseits und eine gewisse Geringschätzung des irdischen Lebens, die das impliziert, beschäftigen mich seit dieser frühen Kindheit. Heutzutage werde ich von Journalisten, Studenten und Schülern oft danach befragt, warum sich viele Muslime so schwertun mit der Moderne. Eine Antwort auf die Frage hat mit muslimischer Erziehung zu tun. Monotheisten müssen ihren Kindern vom Leben nach dem Tod erzählen und davon, wie wichtig das Einhalten von Regeln für ein gottgefälliges Leben ist. »Bete und faste regelmäßig und denke an die Armenabgabe und an die Pilgerpflicht, dann hast du alles richtig gemacht.« So hört man es von Imamen und Geistlichen und von einzelnen Gläubigen. Mir ist das zu einfach; was daraus abgeleitet wird, tendiert häufig ins Fundamentalistische. Einer meiner Hauptkritikpunkte an der real existierenden islamischen Erziehung ist somit die schwerpunktmäßige Vermittlung eschatologischer Aspekte. Zu oft wird den Kindern gepredigt, dass sie Strafen im Jenseits zu erwarten hätten, wenn sie im Diesseits nicht gottgefällig lebten. Einigen meiner früheren SchülerInnen wurde in der Moschee klipp und klar vermittelt, das Diesseits sei nichts wert. Der Mensch sei nur deshalb am Leben, weil er in seiner Zeit auf Erden gottgefällig leben müsse. Der konservative, in Teilen fundamentalistische deutsche Islamverband Islamische Gemeinschaft Millî Görüş (IGMG) rät ganz offen dazu, »dem vergänglichen, diesseitigen Leben keinen Wert beizumessen, sondern an den Segen zu denken, den Allah im Jenseits für seine geliebten Diener bereithält«. Wenn man Kindern immerzu signalisiert, das Leben weniger wertzuschätzen als das Jenseits, befördert man manchmal sogar eine gewisse Sehnsucht nach dem Paradies oder nach einem ewig glücklichen Zustand. Solche Lesarten greifen gewaltbereite Islamisten auf, wenn sie die Bedeutungslosigkeit der Welt und des irdischen Lebens im Angesicht des ewigen Jenseits propagieren und den Tod zum kürzesten Weg ins Paradies verzerren. Fällt ihre Propaganda auf fruchtbaren Boden, beseitigen willige Selbstmordkommandos oder willige Selbstmordattentäter damit ihre letzten Zweifel und schreiten zur Tat.

Jenseits dieses islamistischen Extrems entfaltet die – nennen wir sie zugespitzt – Diesseitsverachtung ihre Bedeutung im

Alltagsleben. Über Leid, Schmerz und Ängste trösten sich viele gläubige Muslime mit dem Gedanken hinweg, dass diese Welt nur eine Übergangsstation sei und wahre Gerechtigkeit erst nach diesem Leben möglich werde. Das spendet einem zwar in der konkreten Situation Kraft, es bleibt aber mitunter nicht ohne unerwünschte Nebenwirkungen. Junge Menschen machen oft die Erfahrung, dass sie den hohen moralischen Ansprüchen einer Gottgefälligkeit, die an sie gerichtet werden, nicht genügen können. Die Welt wird zunehmend als Schein und nicht Sein wahrgenommen. Als Zustand, in den sie sich zu fügen haben und den Gott für sie so bestimmt hat. Sie werden passiv. So etwas wie Schule wird für manche zur Nebensache, denn: »Hauptsache, ich bin gottgefällig.« Erfordert das Privatleben Energie, um Konflikte beizulegen, heißt es auf Gott vertrauend: »Was kann ich schon ausrichten, Hauptsache, ich bin gottgefällig.« Wenn der berufliche Erfolg ausbleibt: »Ach egal, Hauptsache, ich bin gottgefällig.« Mir geht es hier nicht um eine Verallgemeinerung, die Muslime per se skizziert. Neben meinen Geschwistern sind viele meiner muslimischen Freunde und Bekannten als Akademiker, Unternehmer oder Facharbeiter Bildungsgewinner und Berufsaufsteiger, die sich sehr wohl im Diesseits um Erfolg bemüht haben. Islam und Bildung schließen sich nicht aus. Ich trällere hier also nicht das Lied von jenen »Islamkritikern«, die für alle Missstände immer nur eine Erklärung haben: die Religion. Dennoch musste ich in meinem bisherigen Berufsleben beobachten, wie Menschen ihren Glauben gezielt hervorkramten, um damit ihre sozialen Misserfolge zu kaschieren oder ihn an die Stelle von Engagement in gesellschaftlichen Belangen setzten. Die radikalste Version davon brannte sich mir ins Gedächtnis, als einige meiner ehemaligen Schüler dem Salafismus anheimfielen. Fünf versuchten sogar, sich der Terrormiliz IS im syrischen Bürgerkrieg anzuschließen, einer davon zieht es bis zum heutigen Tag durch.

Eng verknüpft mit dieser problematischen Gewichtung

von Diesseits und Jenseits ist der Fatalismus. Menschen, die einen eng gefassten Schicksalsglauben teilen, der keinen Raum für freien Willen lässt, glauben, Gott habe bereits alles vorherbestimmt, was in ihrem Leben geschieht, weshalb sie sich in ihr Schicksal fügen. Diese Haltung mag hilfreich sein, wenn eine tödliche Krankheit diagnostiziert wurde oder ein geliebter Mensch verstorben ist. Sie hilft einem jedoch ganz und gar nicht, wenn man in der Schule eine Sechs kassiert, weil man nicht gelernt hat, oder keinen Job findet, weil man sich mit den Bewerbungen keine Mühe gibt. Der Schicksalsglaube verstärkt die Geringschätzung des Diesseits. Manchen fehlt dann die innere Kraft, in der Schule, der Ausbildung oder dem Privatleben über sich hinauszuwachsen. Überall, wo man sich bemühen muss, um Hürden zu nehmen und Schwierigkeiten zu meisten, lockt der Gedanke: »Ist doch nicht so wichtig, Hauptsache, ich bin eine gute Muslimin, nur das zählt am Ende.« Dabei steht nirgends im Koran geschrieben, dass man sich im Diesseits nicht gleichfalls um Erfolg bemühen darf. Wir sollten unsere Kinder anders an das Leben heranführen, sollten sie mehr Wertschätzung für die Wirklichkeit und mehr Verantwortlichkeit für das eigene Leben lehren. Die atemberaubende Geschichte der islamischen Zivilisation mit ihren unzähligen wissenschaftlichen Errungenschaften vor allem in der Blütezeit des Islam vom 8. bis zum 13. Jahrhundert, die in Europa den Weg in die Renaissance und dann in die Aufklärung ebneten, zeugt davon, dass Muslime von jeher das Diesseits zu schätzen gewusst haben. Religion und Bildung haben sich in der Geschichte des Islam nie ausgeschlossen. Ich hatte mal eine gläubige Studentin. Aus meiner Sicht muss man sie ganz klar als fundamentalistisch bezeichnen. Sie bemühte sich darum, jedes göttliche Gebot haargenau einzuhalten. Sie las in ihrer Freizeit die heiligen Schriften, ließ keinen religiösen Feiertag aus, kleidete sich religionskonform und hielt sich streng an die Speiseregeln. Zugleich gehörte sie mit Abstand zu meinen besten Studenten. Ihre Arbeiten waren tadellos.

Ihre mündlichen Eingaben zeugten von Klugheit und Sachverstand in weltlichen Belangen. Meines Wissens erhielt sie später ein Stipendium für die Harvard University und ging in die USA. Ich habe ihre Spur verloren. Ihr Name war Rebecca. Sie war orthodoxe Jüdin. Wie gesagt, Religion und beruflicher Erfolg schließen sich nicht per se aus – sogar nicht einmal dann, wenn man religiös-fundamentalistisch lebt. Die Entscheidung liegt in der Hand des Individuums selbst oder seiner Eltern oder seiner Gemeinschaft. Wer frei handeln kann, kann sich frei für das Streben nach beruflichem Erfolg entscheiden. Wenn die Eltern diese Freiheit nicht fördern oder sogar aktiv unterbinden, wird es für das Individuum schwer, sich dagegen aufzulehnen. Wenn die eigene Gemeinschaft den Wert beruflichen Erfolgs nicht vermittelt oder die Vermittlung aktiv behindert, kann sich der entsprechende Antrieb beim Individuum nur schwer entfalten. Wir müssen also lernen: Beides ist gleichzeitig möglich. Niemand ist gezwungen, sich für den Glauben und damit gegen ein engagiertes Leben im Diesseits zu entscheiden, oder andersherum, sich für ein engagiertes Leben im Diesseits und damit gegen den Glauben zu entscheiden. Meine Eltern haben solche Dinge nie abstrahiert. Für sie ist zwar das Jenseits das Ziel ihrer Sehnsüchte, aber den Blick fürs Diesseits haben sie darüber nie verloren – woran ich spätestens dann erinnerte wurde, wenn ich bei Schulaufgaben schlampig zu werden drohte und es dafür Schelte gab. Ich würde daher gerne jenen Musliminnen und Muslimen, die es betrifft, zurufen: Strengt euch auch im Leben an. Euch werden sich so noch mehr Gelegenheiten eröffnen, Gutes zu tun, was euer Leben bereichern wird und womit ihr womöglich im Jenseits noch größeren Gefallen finden werdet.

Das Leben ist schön! Kennen Sie den gleichnamigen Film mit Roberto Benigni? Eine bewegende Geschichte aus der NS-Zeit, die meine Gedanken auf drastische Weise verdeutlicht, indem sie die Schönheit des Lebens mit der unvergleichlichen

Barbarei von Auschwitz kontrastiert. Der so unendlich traurig-schöne Film zeichnet die Geschichte eines jüdischen Vaters nach, der seinem kleinen Sohn die Hölle von Auschwitz als Spiel mit viel Humor weiszumachen versucht, um ihn vor der grausamen Realität zu schützen. Selbst im Angesicht des unvorstellbaren Grauens versucht er seinem Sohn mitzugeben: Das Leben ist zu kostbar, um es aufzugeben oder einfach verstreichen zu lassen, wir müssen uns darum bemühen.

Aus meiner muslimischen Sicht ist das Diesseits zu wertvoll, um es nur in *haram* - verbotene Dinge - und *halal* - erlaubte Dinge - einzuteilen. Das Leben soll mir helfen zu wachsen und mich gleichzeitig durch bestimmte Rituale erden und an meinen göttlichen Ursprung erinnern. Ich muss also nicht verzichten, um später mehr zu erhalten. Ich kann und soll sogar auf der Erde Verantwortung übernehmen, Freude und Spaß erleben und gleichzeitig all dies im Kontext einer metaphysischen Wahrheit spiegeln. Um es einfacher auszudrücken: Ich darf das Leben genießen, ohne das große Ganze aus den Augen zu verlieren.

Fünfzehn Jahre lang habe ich Kinder und Jugendliche in Islamkunde und Islamischer Religion unterrichtet. Und die Schüler stellten mir fortwährend Fragen zu Jenseitserwartungen, zu Bestrafungen, zu Geboten und Verboten. Darf man dies, darf man das, ist jenes erlaubt oder nicht erlaubt. Die meisten wollten einfach nur ein Ja oder Nein hören. So hatten sie es zu Hause oder in der Moschee gelernt. Ich aber diskutierte alles mit ihnen aus, einschließlich der Frage, ob und warum etwas im Koran steht. Über fast jedes einzelne Wort im Koran, selbst über einzelne Buchstaben lässt sich streiten, weil die Bedeutung immer eine menschliche Interpretation darstellt. Wer sich ernsthaft für Religion interessiert, der bekommt keine einfachen Antworten. Selbstständiges Abwägen in religiösen Fragen, Diskutieren, Überzeugen und Überzeugtwerden, die Auseinandersetzung und der Streit sind Grundvoraussetzung für einen starken und gesunden Glauben.

Diese religiöse Mündigkeit würde langfristig sicherlich auch Fragen der Integration positiv beeinflussen. Das Diesseits wie das Jenseits lässt sich nicht allein in den Kategorien von *haram* und *halal* verstehen. Dazu ist alles viel zu uneindeutig. Der Mensch ist daher gezwungen, sich mit Mehrdeutigkeiten abzufinden. Das pure Befolgen von Geboten und Verboten, ohne nach dem Sinn zu fragen, ist kein sinnvolles pädagogisches Konzept. Glauben, ohne nach dem Wie zu fragen, ist zwar eine grundlegende Auffassung sunnitischer Orthodoxie, doch im Zeitalter des Internets, der Bildung und der Ubiquität von Informationen stößt man mit dieser Auffassung schnell an Grenzen. Darauf müssen wir uns einstellen. Ich persönlich faste zum Beispiel nicht nur deshalb, weil Gott es so gesagt hat. Das reicht mir nicht. Ich will ergründen, warum Gott es mir als Pflicht auferlegt hat. Er tat es sicherlich nicht, um dadurch selbst größer, erhabener oder barmherziger zu werden. Gebote und Verbote erfüllen einen Sinn, der dem Menschen zugutekommen soll und nicht Gott selbst. Er braucht das nicht. Ich soll fasten, weil es mir meine Laster vor Augen führt: meine Ungeduld etwa oder meine Impulsivität. Über diesen Weg kann man selbst zu dem Schluss kommen, dass einem die Gebote wichtig sind. Und dann weiß man, was einem im Leben wichtig ist.

Der Familienmufti

Für meine Eltern musste es nicht dauernd um Religion gehen, sie waren ebenso weltlich orientiert. Nichtmuslime in Deutschland glauben manchmal, gläubige Muslime redeten ununterbrochen über Gott, lebten von einem der fünf täglichen Gebete zum nächsten und hockten in der Zwischenzeit ständig vor dem Koran oder rennen in die Moschee. Das ist natürlich ein Vorurteil. In meiner Familie war Religion ein selbstverständlicher Teil unseres Alltags, nicht mehr und nicht weniger. Es gab nur einen Grund dafür, der Religion bei uns etwas präsenter machte als in anderen Familien: Meine Eltern konnten mich nicht in einen Konfirmations- oder Kommunionsunterricht schicken. Arabischsprachige oder deutschsprachige Moscheen gab es damals in Ahlen keine, und in eine türkischsprachige wollten sie mich nicht schicken. Also mussten meine Eltern die religiöse Erziehung genauso wie unsere arabische Sprachbildung in die eigenen Hände nehmen. Was in Syrien die soziale Infrastruktur übernommen hätte, musste in der Fremde selbst geregelt werden. Davon und von Mamas und Papas persönlichem Interesse für Religion abgesehen, waren wir eine ganz »normale« Familie. Wir unterhielten uns im Alltag vorwiegend über Themen wie Schule, Sport, Musik, Filme, Politik, Wirtschaft, Technik, über Freunde, Familie, Glück und Leid. Ich wage mal die Behauptung, so sieht es in fast allen muslimischen Familien in Deutschland aus. Entsprechend nahmen wir Kinder den Islam zwar als gegeben hin, thematisierten ihn untereinander aber so gut wie nie.

Meine Eltern wünschten sich, wir Geschwister würden ohne Wenn und Aber glauben. Doch von uns Vieren konnte ich das wohl am allerwenigsten. Als ich drei Jahre alt war, begann der »Familienmufti« – von mir auch Mama genannt – Verse aus dem Koran vorzusprechen, die ich dann nachsprechen sollte. Zunächst tat ich noch, wie mir geheißen, und imitierte brav die Laute, die über Mamas Lippen kamen. Es handelte sich vor allem um die Suren am Ende des Korans. Sie sind kurz und damit leicht zu erlernen. Ich prägte sie mir rasch ein, allerdings ohne zu begreifen, was ich da eigentlich aufsagte. Ich sprach also ein Gebet, das keinen Punkt und kein Komma kannte. Außer »Allah« für Gott konnte ich kaum ein Wort identifizieren. Dafür fiel mir etwas anderes auf: Mama legte besonderen Wert darauf, die Sätze – der Koran gilt als Gottes eigenes Wort – möglichst weich und fließend und rhythmisch zu intonieren. Das verstärkte mein Gefühl, nie zu wissen, wann eigentlich ein Wort, ein Satz oder gar ein Gedanke endete. Meiner damaligen Auffassung nach musste es sich bei dem, was ich da wiederholte, um ein einziges unendlich langes Wort handeln. Das sollte sich erst später verändern, als ich mich mit arabischer Grammatik auseinandersetzte und meine Mutter mir dabei half. Als ich nach einiger Zeit – ganz Lamya-like – anfing nachzufragen, was dies oder das bedeutete, was ich da vortrug und rezitierte, erklärte sie es mir. Gerne nahm sie bei ihren Erklärungen weitschweifige Umwege und erzählte von den verschiedenen Propheten, ihren Wundertaten und ihren Aufträgen. Von Jesus, der laut dem Koran schon als Säugling gesprochen hat. Von Moses, der die Sklaven vor dem Pharao in Ägypten rettete und mit ihnen ins gelobte Land ging. Von Salomon und dessen Begegnung mit der Königin von Saba – Belkis, die auf einem sagenhaften Thron saß und von aller Welt für ihre Klugheit und Stärke geachtet wurde. Von Salih und der wunderbaren Kamelstute, die das ungehorsame Volk der Thamud grausam gequält hatte. Von Abraham, der den Grundstein der Kaaba in Mekka legte.

Von Noah, der Arche und der Sintflut. Und natürlich vom Propheten Muhammad, der in Mekka aufwuchs und später mit seinen Getreuen nach Medina floh. Aber ihre Erzählungen und Erklärungen reichten mir oft nicht aus, und so quälte ich den »Familienmufti« mit Fragen und Rückfragen. Meine Mutter gab alles und scheiterte doch an vielen Punkten. Selbstverständlich legte mir der »Familienmufti« dar, dass ich fünf Mal am Tag beten soll. »Aber warum fünf und nicht vier oder sechs Mal?«, »Und warum überhaupt so oft, kann sich Gott mein Gebet etwa nicht merken?«, »Welchen Sinn ergibt es, wenn man nur betet, weil man beten muss?« Dieses ständige Anzweifeln von Dingen, die für meine Eltern ganz normal waren, war für sie mehr als nervig. Dass ich religiöse Praktiken hinterfragte, galt ihnen als eindeutiges Indiz dafür: »Das Kind glaubt nicht richtig!«, und somit versuchten sie, mich durch noch mehr Religionspraxis näher an Gott heranzuführen.

Heute im Programm: Beten

Als Kind konnte ich mich meinen Eltern selbstverständlich nicht gänzlich entziehen. So tat ich als Neunjährige das, was viele Kinder tun, wenn ihre Eltern etwas von ihnen fordern, was sie so nicht erfüllen wollen. Ich spielte ihnen vor, dass ich beten würde. Ich ging in unser Zimmer, zog die Gebetskleidung an: ein weites, weißes Gewand mit Kopftuch, das man leicht überstreifen kann. Dann breitete ich den Gebetsteppich aus, kniete mich drauf und ließ die Zimmertür sperrangelweit offen stehen. Ich wartete, bis der »Familienmufti« vorbeikam, und schwups erhob ich mich und sagte die Fatiha auf. Das ist die erste Sure im Koran. Sie ist Bestandteil eines jeden der fünf Pflichtgebete am Tag und lautet: »Im Namen Gottes, des Gnädigen und Barmherzigen. Gelobt sei Gott, der Herr der Welten, der Gnädige und Barmherzige und König des Jüngsten Tages! Dir dienen wir und Dich bitten wir um Hilfe. Führe uns den geraden Weg, den Weg derjenigen, denen Du gnädig bist, und nicht den Weg derjenigen, über die Du zornig bist. Aber auch nicht den Weg derjenigen, die sich geirrt haben.« Sobald klar war, dass der »Familienmufti« mich gesehen hatte, hörte ich auf. Manchmal zog ich mir im Bad die Gebetskleidung über. Bevor man sich zum Gebet niederwirft, muss man eine rituelle Waschung vollziehen. Als ich noch kleiner war, rätselte ich, warum in muslimischen Bädern neben dem Klo eine Amphore oder ein anderes Behältnis für Wasser stand. Vielleicht zum Händewaschen? Aber warum gab es dann ein Waschbecken? Zum Trinken etwa? Neben dem Klo ist das doch ekelig … Meine Mutter hat mir schließlich erklärt, zur muslimischen Sauberkeit gehöre die Intimreinigung. Inzwischen sind die Gefäße installierten Wasserschläuchen oder neuerdings modernen Toiletten mit Waschfunktionen gewichen. Da es bei der rituellen Reinheit nur sekundär um Hygiene geht, folgt sie einem festgelegten Ablauf: erst Hände, dann Mund, Nase, Gesicht, rechten Unterarm, linken Unterarm, mit nasser Hand über den Kopf fahren, in die Ohrmuscheln, schließlich den rechten und dann den linken Fuß. Natürlich nahm ich im Bad eine Abkürzung und warf mir lediglich ein bisschen Wasser ins Gesicht. Dann stolzierte ich wie ein Storch durch die Wohnung, sodass mich der Familienmufti gewiss in voller Montur sah, ging weiter in mein Zimmer – schloss die Tür und tat, was ich wollte. Das Schauspiel wiederholte sich eine Zeit lang, bis ich aufflog. Da setzte es eine gehörige Standpauke. Auch mein Vater nahm mich nun ins Gebet. Normalerweise bezieht sich der religiöse Erziehungsauftrag des Vaters primär auf seine Söhne, doch das, was ich da abgezogen hatte, ging selbst ihm zu weit. Fortan musste ich neben meiner Mutter beten. Dazu bugsierte sie mich jedes Mal ins elterliche Schlafzimmer. Auf dem schönen cremefarbenen Teppichboden lag der farbenfroh gewebte Kelim meiner Mutter jederzeit bereit für die kleine Beterin. Wer weiter ins Zimmer eintreten wollte, musste mit einem großen Ausfallschritt über ihren Gebetsteppich staken. Ohne vorherige rituelle Reinheit darf man die *msallayeh*, wie wir ihn im Dialekt nennen, nicht betreten, will man die Besitzerin nicht verärgern. Das sah bei allen immer recht komisch aus, nur bei Mama nicht. Niemand bewegte sich mit einer derart selbstverständlichen Eleganz daran vorbei oder darüber hinweg wie sie. Während die kleine Lamya betete, nutzte der »Familienmufti« die Gelegenheit für eine willkommene Pause und legte sich aufs Bett. Tja, da stand ich nun und blickte auf den Körper meiner Mama. »Denkste«, sprach die kleine Rebellin in mir: »Wenn du glaubst, ich würde jetzt beten, hast du dich geschnitten!« Ich verschränkte die Arme und murmelte irgendetwas Unverständliches vor mich hin, beugte den Oberkörper vor, warf mich auf den Boden, stand wieder auf und so weiter. Auch dieses Schauspiel ging eine Weile gut, weil Mama nicht wirklich aufpasste. Irgendwann, ich fühlte mich sicher, packte mich der Übermut. Ich machte Faxen. Das geht bei einem echten Gebet natürlich gar nicht. Es folgt festgeschriebenen Abläufen und Bewegungen. Drohend erhob sich die Stimme des »Familienmuftis«: »Lam-ya! Yiqta'ik!« Was so viel heißt wie: Gott möge dich von dem Guten abschneiden. »Was machst du da, willst du mich auf den Arm nehmen? Glaubst du, ich sehe nicht, dass du Quatsch machst?« So mündete auch dieses Theaterstück in einen Haufen Ärger und fand ein unrühmliches Ende. Die Details der mütterlichen Predigt erspare ich Ihnen. Meine Darbietungen sollten weder jemanden verletzen, noch waren sie despektierlich gegenüber Gott gemeint. Ich wollte nur nicht zum Gebet gezwungen werden. Für mich war Gott jemand, an den ich nur ohne Zwang glauben konnte und wollte. Es fühlte sich einfach schon als Kind nicht richtig an, mit etwas negativ Besetztem – Zwang – an etwas Positives – Gott – zu glauben. Meine Scheingebete führten letztlich dazu, dass meine Eltern begriffen, dass es so nicht funktionieren würde. Ich legte ihnen meine Position dar, und fortan ließen sie mich damit in Ruhe. Das Gebet habe ich erst später für mich entdeckt – ganz von allein, still und heimlich …

Ramadan – Das erste Mal fasten

Im Alter von elf Jahren begann für mich der Ernst des Lebens. Ich fastete zum ersten Mal. Die kleine Lamya wollte von nun an groß sein wie die Erwachsenen. Anfangs scheiterte ich noch öfter an der großen Aufgabe, brach das Fasten frühzeitig ab oder ließ Tage aus. Aber das ist ganz normal. Ab der Pubertät zog ich es dann durch. Als Jugendliche war das gar nicht so schwer. Heute empfinde ich das Fasten an manchen Tagen als viel anstrengender. Der Clou als junger Mensch ist nämlich: Man kann sich einfach hinlegen, wenn man von der Schule kommt, oder viel später ins Bett gehen, um morgens länger zu schlafen, wenn keine Schule ist oder der Unterricht später beginnt. Auch Erwachsene, die nicht berufstätig sind oder ihre Arbeitszeit frei einteilen können, sind hier klar im Vorteil. Als berufstätige Mutter kann ich das heute so nicht mehr.

Vielleicht fragen Sie sich jetzt: Wie bitte, die Kleine hat schon gefastet? Muslimisches Fasten ist bis heute für viele ein Mysterium. Den gesamten Tag nichts zu sich nehmen? Wie soll das gehen? Das hält der Körper doch gar nicht aus! Aber ich kann Sie beruhigen, Muslime fasten schon seit etwa 1400 Jahren – vom ersten Morgenlicht an, das es ermöglicht, einen weißen von einem schwarzen Faden zu unterscheiden, bis nach Sonnenuntergang. Es gibt gegenwärtig 1,5 Milliarden Muslime auf der Welt, die gewiss nicht alle fasten, ein paar hundert Millionen dürften es aber schon sein, die gemäß ihren religiösen Geboten für eine festgelegte Zeit auf Essen, Trinken, Rauchen, Geschlechtsverkehr und Übermut verzichten. Und glauben Sie mir, diese Menschen sind keine Übermenschen. Einen Tag lang zu fasten ist keine außerordentliche Leistung. Kommt es denn bei Ihnen nicht vor, dass Sie den ganzen Tag gemacht und getan haben, und am Abend stellen Sie unvermittelt fest: Mensch, ich habe heute gar nichts zu mir genommen! Fasten kann durchaus anstrengend sein, das will ich nicht bestreiten, aber eine Tortur ist es gewiss nicht. Bei Kindern ist gewiss noch mal eine andere Betrachtungsweise notwendig, obwohl es bei mir damals völlig klar war, dass ich irgendwann fasten werde wie die Großen. Ich wurde so sozialisiert. Die Diskussionen, die wir heute führen, zum Beispiel über die Belastung des Fastens für Schüler, die gab es damals noch nicht. Unsere Lehrer, die an meinem Gymnasium inbegriffen, wären nie auf die Idee gekommen, das zu thematisieren. Sie haben es damals vermutlich gar nicht gemerkt, da ich es ganz für mich getan habe. Wenn man mich gezielt gefragt hat, habe ich es nicht verleugnet. Aber solche Fragen kamen selten vor. Das Thema Islam fand damals schlicht nicht statt, und damit fehlte die Sensibilität für das Fasten. Damals unterhielt man sich schließlich noch über »Gastarbeiterkinder«, nicht über muslimische oder nichtmuslimische Kinder.

Im Ramadan herrschte zu Hause in meiner Familie der Ausnahmezustand – einen Monat lang – manchmal 29 Tage, manchmal 30. Die schwankende Anzahl ergibt sich aus der islamischen Zeitrechnung. Muslime haben einen eigenen Kalender. Während ich diese Zeilen schreibe, befinde ich mich im Jahr 1438 nach der Hidschra. Das Wort »Hidschra« markiert das Jahr Null. Übersetzt heißt der Begriff »Auswanderung«, was sich darauf bezieht, dass Muhammad und seine Getreuen nach der Vertreibung aus Mekka nach Medina gingen und dort die muslimische Gemeinde aufbauten, die Umma, wie sie im Arabischen heißt. Das Jahr Null nach der Hidschra entspricht nach unserer Zeitrechnung dem Jahr

622 nach Christus. Mathe-Genies werden nun stutzen: Dann müssten wir nach Adam Riese im Jahr 2060 leben. 622 + 1438 = 2060. Nein, in der Zukunft leben die Muslime auch wieder nicht. Ihr Kalender wird gemäß der älteren Methode zur Strukturierung von Zeit durch den Mond bestimmt. Genauer gesagt durch die Mondphasen: vom Neumond über den Halbmond zum Vollmond und wieder zurück über den Halbmond zum nächsten Neumond. Das dauert zwischen 29 und 30 Tage, dann ist ein Monat um. Wie der Gregorianische Kalender zählt der Mondkalender ebenfalls 12 Monate, der neunte heißt übrigens Ramadan (»sengende Hitze«). Die Monate werden im Gregorianischen Kalender aber nach dem Lauf der Erde um die Sonne in etwas mehr als 365 Tage eingeteilt, was pro Monat 30 bis 31 Tage ausmacht, die Mondmonate sind somit gut einen Tag kürzer. Demzufolge ist das Mondjahr etwa elf Tage kürzer als das Sonnenjahr. Was wiederum bedeutet, dass der Monat Ramadan durch den Sonnenkalender wandert und jedes Jahr circa elf Tage früher beginnt. Somit findet der Ramadan zum Beispiel alle dreiunddreißig Jahre zur Weihnachtszeit statt. In Deutschland ist es natürlich am schönsten, im Winter zu fasten, wenn die Tage kürzer und die Nächte länger werden. Die Fastendauer beträgt zu dieser Jahreszeit weniger als zehn Stunden – und wenn man dann noch schlafen kann …

Meine Mutter sagt immer, dass man in der kurzen Zeit nicht mal einen Anflug von Hunger verspürt. Anders hingegen verhält es sich mit dem Fasten im deutschen Sommer. 2017 betrug die tägliche Fastenzeit rund siebzehn Stunden. Dazu herrschten mitunter Temperaturen von über dreißig Grad, und die relative Luftfeuchtigkeit lag an einigen Tagen bei über siebzig Prozent.

Die Fastentage während meiner Kindheit waren von Bräuchen geprägt, die ich bis heute hege und pflege – mit wenigen Ausnahmen. Ein Tag im Ramadan begann für uns in der Regel nachts. Zwei bis drei Stunden vor Sonnenaufgang weckten uns unsere Eltern, um gemeinsam zu frühstücken. Es muss eine unwirkliche Szenerie gewesen sein: Vier Gestalten in Pyjamas schleichen gähnend, die Augen noch halb geschlossen, in die Küche, sinken teilnahmslos auf ihre Plätze am gedeckten Esstisch nieder und nehmen wie Schlafwandler wortlos Speisen und Getränke zu sich. Meine Schwester nickte häufig am Tisch ein und aß noch, während sie schlief. Mein Bruder saß meist muffelig daneben. Ich dagegen war natürlich hellwach, wenn auch etwas weniger redselig als am Tag. Das ganze Schauspiel nennt sich auf Arabisch *sahûr* und kommt in vielen muslimischen Familien im Ramadan zur Aufführung: Um den Fastentag gut zu überstehen, nimmt man noch schnell eine letzte Mahlzeit vor Tagesanbruch ein. Wir aßen das, was es in Syrien oft zum Frühstück gibt: *zayt wa-za'tar* (Olivenöl mit Thymian-Sesam-Essigbaumfruchtmischung), *labneh* (Frischkäse oder Quark), *jibneh mschallaleh* (Käsezopf), *zaytûn* (Oliven), *makdûs* (mit Walnüssen und Paprika befüllte Miniauberginen eingelegt in Olivenöl), *fûl* (Bohnen in Sesam-Joghurt-Creme), *mrabbet mishmish* (Aprikosenmarmelade) und häufig *mâmunîye* (sehr süßer Griesbrei mit Mandelblättchen und viel Zimt darauf). Zu unserem Ramadanfrühstück gehörten des Weiteren Gouda, Mortadella, Nutella, Omelette, wahlweise Spiegelei, Sucuk, Kiri, Philadelphia und Müsli. Wenn ich mir das so in Erinnerung rufe, war der schwerbeladene Frühstückstisch ein echtes Symbol für gelebtes »Multi-Kulti«, und das schon lange bevor wir in der deutschen Gesellschaft angefangen haben, uns darüber die Köpfe zu zerbrechen. Nach dem Essen legten sich alle wieder in ihre Betten. Störend an unserem feudalen Frühstück war nur, dass niemand mitten in der Nacht wirklich Hunger verspürte.

Wir Kinder beteiligten uns ein paar Jahre an diesem Ritual, bis wir unser Veto einlegten. Einer nach dem anderen quittierten wir die Teilnahme an der *sahûr*-Tafel. Seither stehe ich nicht mehr mitten in der Nacht auf, um zu frühstücken. Ich stelle mir zwar den Wecker, trinke ein Glas Wasser, schlafe dann aber direkt weiter. Wenn man nachts nichts isst, stellt sich im Laufe des Tages weniger Hunger ein, der Körper gewöhnt sich an den Nahrungsverzicht. Nach zwei oder drei Wochen werde ich demütig. Körperlich fühle ich mich gut, weil ich ein paar Pfunde loswerde, das will man eigentlich immer, und seelisch geht mir das Fasten unter die Haut. Ich fange an zu begreifen, wie gut es mir geht. Warum Verzicht etwas mit Überzeugung und weniger mit Verpflichtung zu tun hat. Fasten ist eine Übung zur Selbstdisziplin, ein Teil meines persönlichen Dschihads – meines steten Kampfes gegen meinen inneren Schweinehund, der mich drängt, meinen Neigungen nachzugeben. Im Ramadan erkenne ich meine »Baustellen« klarer. Der Ramadan ist mir eine Mahnung, gewisse Emotionen zu kontrollieren.

Zugegeben, das klappt mal besser, mal schlechter. Und wenn die Fastentage besonders lang werden, kann es vorkommen, dass ich an den Anforderungen scheitere. Ich habe inzwischen einen sehr, sehr dichten Terminkalender und muss mich jedes Jahr aufs Neue fragen, wie ich den Ramadan integrieren kann. In einer Zeit, in der sich die Arbeit derart verdichtet hat, muss man seine Ansprüche relativieren können. Heute nehmen sich immer mehr Muslime die Freiheit heraus, genau das zu tun. Nicht nur Profi-Fußballer, die den ganzen Tag über trainieren müssen, setzen Fastentage aus. Es gibt – unter bestimmten Voraussetzungen – die Möglichkeit, sie nachzuholen. Für Frauen ist das eine Selbstverständlichkeit, weil sie während ihrer Periode aus rituellen Gründen ohnehin nicht fasten müssen. Wer besonders gläubig ist, fastet jeden einzelnen verlorenen Tag nach dem Ramadan nach. Meine Eltern haben sich früher nie den Kopf darüber zerbrochen. Sie waren daran gewöhnt, von morgens bis abends zu fasten. Sie kannten das aus Syrien. Allerdings muss man wissen, dass sich in islamischen Ländern der Tagesrhythmus dem Ramadan anpasst, in nichtmuslimischen Ländern ist das nicht der

Fall, was das Fasten dort erschwert. Hinzu kommen die Veränderungen durch die Tageslänge. In Mekka, wo das islamische Fasten »erfunden« wurde, variierte die Dauer im Jahresverlauf nur zwischen rund elf und rund dreizehn Stunden am Tag, und nicht zwischen acht und siebzehn Stunden. Außerdem übersteigt die Luftfeuchtigkeit dort nicht die Fünfzig-Prozent-Marke, was zumindest das Hungergefühl besänftigt. Während die Generation meiner Eltern sich solche Fragen kaum zu stellen traute, denken die Jüngeren inzwischen schon darüber nach, wie gerecht es sein kann, dass die Belastungen für einen Fastenden in Deutschland so viel höher sind als beispielsweise die in Saudi-Arabien. Und was wäre, wenn man nun in Skandinavien leben würde, wo die Nacht mitunter nur eine Stunde dauert: Fallen dann »Fastenbrechen« und *sahûr* zusammen? Und was ist, wenn die Sonne gar nicht untergeht? Isst man dann dreißig Tage nichts mehr, und im Winter, wenn die Sonne nicht aufgeht, fällt das Fasten dann aus? In meinem Umfeld finden sich heute zunehmend Personen, die aufgrund solcher Fragen während des Ramadan entsprechend unterschiedlich fasten. Einige vollziehen das »Mekka-Fasten«. Das heißt, sie fasten etwa elf bis dreizehn Stunden, so wie es der Prophet Muhammad in Mekka getan hat, und fangen deshalb entweder erst nach dem ersten Morgenlicht an zu fasten oder hören schon vor dem Sonnenuntergang auf. In den kurzen Wintertagen hieße das natürlich, vor dem ersten Morgenlicht zu beginnen beziehungsweise das Fasten erst nach dem Sonnenuntergang zu brechen. Ob das so kommt, werden wir in einigen Jahren beobachten können. Andere orientieren sich am nächstgelegenen muslimischen Land, das ist für viele die Türkei. Wieder andere richten sich gegebenenfalls nach dem Heimatland ihrer Vorfahren. Manche Muslime bestimmen für sich generell eine feste Zeit, wie acht Uhr am Abend, für das Fastenbrechen. Schließlich fasten einige einfach so lange in den Abend hinein, wie sie es gefühlt für richtig erachten.

Durch diese Individualisierung wird allerdings ein wichtiger Bestandteil des Ramadans ausgehöhlt: das Gemeinschaftsgefühl beim Fastenbrechen. Gewöhnlich trifft man sich mit Freunden und Verwandten privat oder in der Öffentlichkeit zum gemeinsamen Fastenbrechen. Wer will, macht jeden Abend so zu einer geselligen Festivität. Um das aufrechtzuerhalten, muss man sich inzwischen gut absprechen.

Der Ramadan ist ein Fest für Köchinnen und Köche. Wem die Hände finanziell nicht gebunden sind, der wird sich mit einem einzigen Gericht beim Fastenbrechen kaum zufriedengeben. Nein, es muss viel und gutes Essen auf den Tisch kommen. Spötter nehmen das immer wieder zum Anlass, sich lustig zu machen: Fasten? Was hat das mit Fasten zu tun, wenn man sich abends die Bäuche vollschlägt? Richtig, mit dieser Art von Fasten hat der Ramadan nichts zu tun. Allerdings hat auch niemand behauptet, beim Ramadan ginge es um Heilfasten, ebenso wenig geht es ums Abnehmen, selbst wenn das bei manchen ein Nebeneffekt sein kann. Es geht um Spiritualität, Reinigung, um Gottesnähe, um Erkenntnis und um Gemeinschaft. Man kann sich das abendliche Fastenbrechen wie Weihnachten vorstellen, inklusive der Vorfreude. Familie, Verwandte und Freunde kommen zusammen, um gut zu essen und beieinander zu sein, mit dem Unterschied, dass dies nicht an drei Tagen im Jahr geschieht, sondern dass es sich über einen ganzen Monat erstreckt. Zudem ist die freudige Erwartung vermutlich noch ausgeprägter, weil man sich nach dem täglichen Fasten ganz besonders auf das Essen freut.

Ist der Startschuss fürs Fastenbrechen gefallen, greifen die meisten nach Herzenslust zu. Dabei gibt es durchaus einige disziplinierende Bräuche, denn freilich hatte der Urheber des Fastens keine Völlerei im Sinn. Viele Muslime folgen zum Beispiel einem ganz bestimmten Vorbild des Propheten: Wie Muhammad brechen sie das Fasten mit einer Dattel. Sehr gläubige Menschen sprechen dann ein Gebet: »O Gott, für Dich habe ich gefastet und mit Deinen guten Gaben habe ich das Fasten gebrochen.« Wer es ganz genau nimmt, der füllt den Magen zu einem Drittel mit Flüssigkeit, das zweite Drittel mit Speisen und das letzte Drittel lässt er leer. Auch das soll der Prophet so vorgelebt haben.

Fasten soll übrigens nur der, der gesundheitlich in der Lage dazu ist. Kranke sind nach einhelliger Meinung ausgeschlossen. Ich erinnere mich noch gut an ein lautstarkes Gespräch zum Thema Fasten mit meinen Eltern. Es ging damals um die Frage, ob ich trotz Asthma mitmachen könne; gelegentlich benötige ich noch heute ein Asthmaspray. Meine Eltern vertraten den Standpunkt: »Selbstverständlich kannst du fasten! Wenn du das Spray jedoch benutzt, wird das als Fastenbruch gewertet, und du musst den Tag nachholen.« Sie stellten es mir frei, alternativ eine Ausgleichszahlung an Bedürftige zu leisten. Diese Option ist laut islamischem Recht legitim, wenn zum Beispiel jemand nicht mehr fasten kann, weil er chronisch krank ist. Meine Eltern verhielten sich päpstlicher als der Papst, das war mein Eindruck, und ich konnte ihren Forderungen so nicht nachkommen. Sie wollten damals keine Fehler machen und sorgten sich um mein Seelenheil, daher gingen sie auf Nummer sicher. Ich nahm ihnen die Verantwortung ab und fastete, aber weder holte ich Fastentage nach, noch zahlte ich etwas zum Ausgleich, wenn ich mein Asthmaspray benutzen musste. Ich verließ mich auf meinen Verstand und setzte darauf, dass Gott meine Absichten schon kennen würde und somit wusste, dass ich das Asthmaspray nicht etwa nahm, weil es so wunderbar schmeckt oder ich damit meinen Hunger oder Durst stillen wollte. Meine Eltern schmollten zwar, hatten aber auch hier keine besseren Argumente.

Viele Muslime freuen sich sehr auf den Ramadan. Sie richten ihren Urlaub danach aus oder planen viel Zeit für Familie und Freunde ein. Später am Abend, nach dem Fastenbrechen, machen sich manche auf den Weg in die nächste Moschee, um das sogenannte *tarâwîh* zu beten. Dabei handelt es sich um ein zusätzliches Gebet in den Nächten des Ramadan, das zuweilen eine Stunde in Anspruch nehmen kann – vor allem, wenn man der Predigt des Imams lauschen will.

Deutsche Muslime entwickeln inzwischen eigene Bräuche oder adaptieren andere: Zum Beispiel basteln oder kaufen sie für die Kinder einen Ramadan-Kalender mit dreißig Taschen. Diese befüllen sie mit Süßigkeiten, kleinen Spielsachen, Nützlichem fürs Federmäppchen, Söckchen, Haarspangen und so weiter, für jeden Fastentag eben ein kleines Geschenk. Das Fasten der Muslime in Deutschland hat sich mit den Jahren erkennbar verändert, vielleicht kann man sogar sagen, es hat sich integriert?

Als ich Anfang der Nullerjahre in Dinslaken nördlich von Duisburg meinen Dienst als Lehrerin aufnahm, fasteten weitaus mehr Schüler als heute. Nach meiner Einschätzung waren es über neunzig Prozent der muslimischen Schüler. Wer es nicht tat, verhielt sich eher unauffällig. In meinem letzten Jahr an der Schule 2016 fastete zwar immer noch die Mehrheit meiner Schüler, aber es waren deutlich weniger. Das hat mit den kürzeren und längeren Fastentagen im Sommer und Winter zu tun, aber nicht nur: Die Schüler gingen offensiv damit um, dass sie nicht fasteten. Beispielsweise aßen sie während der Pausen, ohne dies zu verheimlichen, wie es die Generation von Schülern wenige Jahre zuvor noch getan hatte, oder sie erzählten ganz offen davon im Religionsunterricht. Als komplette Abkehr von der Religion wollten die meisten das jedoch nicht verstanden wissen. Wenn ich nachhakte, führten sie kräftezehrende Sportstunden, Menstruation, Krankheit oder zu große Erschöpfung als Gründe dafür an, nicht zu fasten, das hörte sich für sie akzeptabler an, als zu sagen: »Ich hab keinen Bock zu fasten.« Nur selten sagte mir jemand offen heraus: »Lasst mich in Ruhe mit dem religiösen Unsinn.« Trotzdem deute ich dieses Verhalten als wachsende Emanzipation und Säkularisierung.

Fastende Schüler können eine besondere Herausforderung sein. Sie sind oftmals müde und mies gelaunt, weil sie neben Nahrung und Flüssigkeit auch auf Zigaretten und andere Konsumgüter wie Kaugummis verzichten mussten. Lehrer benötigen da mitunter eine zusätzliche Portion Sensibilität und Geduld. Im Zweifelsfall müssen sie einschreiten und das Gespräch mit den Eltern suchen, wenn das Verhalten dem Schulfrieden schadet oder dem Lernerfolg des Schülers im Weg steht. Einzelnen Schülern muss man mitunter eindeutig davon abraten, weiter zu fasten. Aber als Lehrer hat man nur begrenzte Möglichkeiten, denn das Thema fällt unter das Erziehungsrecht der Eltern oder ab einem Alter von vierzehn Jahren unter die Religionsmündigkeit der Schüler. Hier wird in den kommenden Jahren weitere Aufklärungsarbeit bei allen Beteiligten zu leisten sein. Eine wichtige Rolle fällt dabei dem islamischen Religionsunterricht und den Moscheegemeinden zu, die zum Wohle der Schüler eine liberale Haltung zum Fastengebot unterstützen sollten.

Jugendliche Schüler wollen wissen, ob sie in ihrem Alter wirklich fasten müssen. Was sei, wenn es ihnen nicht gut gehe? Was, wenn sie sich nicht konzentrieren könnten? Was, wenn sie frören? Was, wenn sie einfach keine Lust darauf hätten? Ich begegnete diesen Fragen als Religionslehrerin, indem ich auf den Koran verwies, wo es heißt: »Es gibt keinen Zwang im Glauben.« Und: »Gott bürdet keiner Seele etwas auf, was sie nicht zu ertragen vermag.« Ich riet zunächst dazu, es ruhig zu versuchen. Ich ermunterte sie aber auch, nicht zu streng mit sich zu sein, da wir hier in einer mehrheitlich nichtmuslimischen Gesellschaft leben und unser Alltag demzufolge nicht auf den Ramadan abgestimmt sein kann wie etwa in der islamischen Welt, wo Schulunterricht, Öffnungszeiten von Geschäften und Behörden, Arbeitszeiten für den einen Monat oft angepasst werden und sich die Gesellschaft als Ganze auf den Ramadan einstellt. Von daher dürfe man hier durchaus Probleme mit dem Fasten haben. Religionsmündigen Schülern sagte ich, es sei letztlich ihre eigene Entscheidung. Jüngere Schüler ermutigte ich, in Absprache mit ihren Eltern nur am Wochenende zu fasten oder nur ein paar Stunden am Tag. Signalisierte ein Kind an dieser Stelle Schwierigkeiten, führte ich weitere Gespräche mit den Eltern. Nach meiner festen Überzeugung muss man sich als religionsmündiger Mensch von den Reaktionen des Umfelds unabhängig machen. Aus sozialem Druck zu fasten wird dem Anliegen des Ramadan in keiner Weise gerecht.

Das Hundetrauma

Es gab und gibt Dinge, die fast jedes muslimische Kind in Deutschland lernen muss. Dazu gehören beispielsweise Begegnungen mit Hunden. Sie haben richtig gelesen. Begegnungen mit Hunden sind für uns deutsche Muslime etwas Besonderes und Prägendes. Ich war bis zu meiner Pubertät von Hunden traumatisiert oder zumindest auf das Einhalten von Distanz zu ihnen programmiert. Wir arabischstämmigen Frauen neigen allerdings oft dazu, vor allen möglichen Tieren Angst zu haben. Mein Hundetrauma fing früh an. Ich musste, um zu meinem Kindergarten zu gelangen, an einem größeren Grundstück mit einem Einfamilienhaus und hüfthohem Palisadenzaun vorbei. Hinter dieser Demarkationslinie, die mir nicht besonders viel Schutz zu bieten schien, bellte oder besser kläffte stets ein Hund, sobald jemand dort entlanglief. Das Tier stürmte heran und machte deutlich: »Mädchen, ich hab ein Problem mit dir. Geh hier weg!« Unbehagen dürfte da wohl bei jedem Kind aufkommen, so ein Wachhundverhalten kann schon bedrohlich klingen – selbst wenn es nur von einem Dackel kommt, die aber bekanntlich besonders gut kläffen können. Wenn ich damals mit meinen Freundinnen die ruhige Straße entlangschlenderte, wir zusammen Quatsch machten, Bonbons teilten, fantasierten, die Welt um uns herum vergaßen und an diesen Zaun gelangten, stieß uns dieser Hund schlagartig in die Realität zurück, wir zuckten zusammen und stieben auseinander wie aufgeschreckte Vögel. Bis uns unsere Erfahrung wieder erdete, wir Ort und Hund erkannten, uns sammelten und einfach weitergingen, als sei nichts geschehen. Meine Eltern warnten mich vor diesem Tier. Aber nicht, weil es mich hätte beißen können, wenn ich zu nah an ihm vorbeiging, oder weil ich es nicht provozieren sollte. Sondern weil ein Hund im Islam als rituell unrein gilt. Einen Hund in der Wohnung oder im Haus zu halten ist bei vielen Muslimen verpönt. Manche glauben, Engel würden eine Wohnung nicht betreten, wenn dort ein Hund sei. Ich wurde eindringlich davor gewarnt, diesen Hund zu berühren. »Dann bist du unrein!« Also hielt ich mich von diesem und anderen Hunden fern. Ein Kind kennt den Unterschied zwischen kultischer und physischer Unreinheit nicht und weiß ebenso wenig, dass man kultische Unreinheit durch spezielle Waschrituale wiederherstellen kann. Es wird einem nur gesagt: »Cave canem!« (»Hüte dich vor dem Hund!«) Hunde sind unrein. Manche entwickeln daraus eine ernsthafte Angst oder zumindest eine gestörte Beziehung zum besten Freund des Menschen. Wir so sozialisierten Muslime mussten also einem Umfeld, das Hunde überwiegend liebt, vermitteln, dass wir lieber auf Distanz zu diesen Tieren gehen wollten. Das ist kaum möglich, weil es so weltfremd und tierfeindlich klingt. So entstehen bei muslimischen Kindern zwei Gedankenstränge: a) »Dann haben die Hundebesitzer eben Pech gehabt.« Oder b) »Dann haben unsere Eltern eben Pech gehabt.« Aber eine Frage bleibt im Kopf hängen: »Werde ich von Gott bestraft, wenn ich diesen Hund streichle?«

Tierschutz spielt im Islam eine große Rolle. Izz al-Dîn Ibn 'Abd as-Salâm war ein muslimischer Rechtsgelehrter. Er lebte im 13. Jahrhundert und befasste sich mit dem Umgang mit Tieren. Er arbeitete eine Erklärung zum Tierschutz aus, die auf den islamischen Quellentexten Koran und Sunna (die Aufzeichnungen über das Verhalten des Propheten Muhammad) fußt. Hunde werden mehrfach im Koran erwähnt. Für Izz al-Dîn war zum Beispiel klar, dass Tiere, selbst wenn sie aufgrund ihres Alter oder einer Krankheit keinen Nutzen mehr für den Menschen darstellen, ein Anrecht auf Futter, Wasser, Gesellschaft und angemessene Unterkunft hätten. Muslime erzählen sich bis heute eine berühmte Geschichte, die schon der Prophet Muhammad selbst erzählt haben soll: »Es gab einmal einen Mann, der entlang seines Weges sehr durstig wurde. Er fand einen tiefen Brunnen, stieg mühsam hinunter und trank. Als er wieder hinaufkam, sichtete er einen Hund, der hechelte und Erde fraß, weil er so durstig war. Er sagte zu sich: ›Dieser Hund ist so durstig, wie ich es gewesen bin‹, weshalb er wieder in den Brunnen hinunterstieg. Er füllte seine Schuhe mit Wasser, hielt sie beim Hinaufklettern in seinem Mund, damit er nichts verschüttete, und gab dem Hund davon zu trinken. Gott dankte ihm dafür und verzieh ihm seine Sünden.« Auch im säkularen Alltag von Arabern werden Hunde seit Jahren geschätzt. Muslimische Jäger hielten schon immer Jagdhunde. Besonders bekannt ist bis in unsere Zeit der arabische Saluki, ein drahtig-eleganter Windhund mit ruhigem Wesen, den seine Liebhaber darüber hinaus zu schätzen wissen, weil er nicht den typischen Hundegeruch verströmt.

Im islamischen Recht wird die Hundefrage vor allem auf den Speichel des Tieres bezogen, der den Zustand der rituellen Unreinheit bewirkt, nicht auf den Hund als Ganzes. Durch die rituelle Waschung lässt sich der Reinheitszustand problemlos wiederherstellen, und beinahe vor jedem rituellen Gebet nimmt ein frommer Muslim sowieso diese rituelle Waschung vor. Um ein Gebet gültig zu machen, müssen drei Voraussetzungen erfüllt sein: der Gebetsort, sprich, der Gebetsteppich, die Gebetskleidung und der Körper müssen nach klassisch-islamischem Recht rituell rein sein. Sind nun Kleidung oder Teppich durch den Speichel eines Hundes rituell verunreinigt, ist das Gebet nach Ansicht der meisten Theologen ungültig. Aber: Leg den Gebetsteppich einfach in einen Raum, den der Hund nicht betritt, oder pack ihn in einen Schrank, wo du zugleich deine Gebetskleidung hinlegst, und fertig.

Da es aus religiöser Sicht also durchaus Mittel und Wege gäbe, mit einem Hund zusammenzuleben, dürften die heutigen Vorbehalte eher andere Ursachen haben – soziologische und psychologische. Der Hinweis auf die Religion scheint jedenfalls oftmals vorgeschoben zu sein, um die eigenen Ängste zu kaschieren. Bis heute werden jedenfalls junge Muslime noch vielfach mit diesem diffusen Unbehagen vor Hunden erzogen oder dadurch geprägt. Aber Hunde sind von ihrem Wesen zu einnehmend, als dass man sich ein Leben lang von ihnen fernhalten könnte. Zumal einem in Deutschland immer wieder Hunde begegnen, auf dem Bürgersteig, am Arbeitsplatz oder wenn man zu Besuch ist. Also zur Beruhigung: Die meisten Muslime haben schon mal einen Hund gestreichelt. Und wenn mich meine Beobachtungen nicht täuschen, gibt es in der dritten und vor allem in der vierten Generation von muslimischen Familien mit Zuwanderungsgeschichte beinahe so etwas wie einen Trend zum Hund. Die kleine Lamya hatte irgendwann Freunde, die Hunde als Haustiere hielten, und spätestens seitdem musste sie sich ihrem Trauma stellen. Ich gebe zu, es hat anfangs etwas Überwindung gekostet, das eigene Unbehagen und die Angst, gebissen zu werden, zu überwinden. Heute bin ich zwar weiterhin vorsichtig, aber manchmal wünsche ich mir sogar selbst einen Hund. Bislang habe ich davon Abstand genommen, weil ich durch meine berufliche Tätigkeit, die mit vielen Reisen verbunden ist, und meine Lust auf Fernreisen so einem Tier nicht gerecht werden könnte. Aber sollte ich mir später mal einen Hund zulegen, dann habe ich bereits eine relativ genaue Vorstellung. Nein, es wäre kein Saluki. Es wäre ein Border Collie – so einer wie im Film »Ein Schweinchen namens Babe«, ein kluges, energiegeladenes, flinkes, knuddeliges Tier!

Schwein gehabt – oder eben nicht

Apropos Tiere und Trauma: Hunde stellen für Muslime eine Herausforderung dar, doch das ist nichts im Vergleich zu Schweinen. Inzwischen weiß die ganze Welt, dass Muslime das Fleisch dieser Tiere aus religiösen Gründen nicht essen, ebenso wie die Juden oder ähnlich wie Hindus kein Rindfleisch essen und die Aleviten kein Hasenfleisch. Nahrungstabus sind so irrational wie verbreitet: In Europa und anderenorts gilt der Genuss beispielsweise von Hunde- oder Katzenfleisch als Tabu – wenn auch nicht religiös begründet.

Die Regelung zum Schweinefleisch ist im Koran an mehreren Stellen explizit erwähnt: »Verboten ist euch das Verendete sowie Blut und Schweinefleisch und das, worüber ein anderer Name als Gott angerufen worden ist.« (Sure 5, Vers 3) Aber warum ausgerechnet das Schwein? Das fragen sich auch Muslime. Sie berichten einander die unterschiedlichsten Gründe für das Verbot: »Das Fleisch von Schweinen war im heißen Wüstenklima schwerer zu lagern, es verdarb schneller und konnte Krankheiten auslösen und parasitäre Fadenwürmer übertragen wie Trichine. Es kommt nicht von ungefähr, dass man ausgerechnet Schweinefleisch immer pökeln muss.« Auch beliebt ist die Begründung: »Schweine leben im und vom Unrat. Sie sind Allesfresser und konkurrieren mit den Menschen um die Nahrung, die ebenfalls Omnivore sind.«

Etwas esoterischer: »Wer Schweinefleisch isst, der empfindet weniger Eifersucht, weil Schweine keine eifersüchtigen

Tiere sind. Einem Eber ist es quasi egal, ob sich andere Eber der Sau nähern, mit der er sich gepaart hat oder nicht.«

Und die medizinische Fassung: »Schweinefleisch, -häute, und -organe sind denen von Menschen sehr ähnlich. Deshalb greift man in der modernen Medizin bevorzugt bei Transplantationen darauf zurück.«

Und es gibt noch zahlreiche weitere Erklärungen, warum Muslime kein Schweinefleisch essen sollen: Schweinefleisch sei verboten, weil es bei den Juden ebenfalls verboten sei. Der jüdische Leibarzt und Gelehrte am Hof des berühmten Sultans Saladin, Maimonides, habe die Ansicht vertreten, dass das Schwein schlichtweg zu schmutzig gewesen sei, um es zu essen oder zu berühren.

Der Gott im Alten Testament sei ein Gott der Nomaden und der Hirten, die ausschließlich Rinder, Kamele, Schafe und Ziegen mit sich geführt oder gehütet hätten. Das Schwein indes sei das wichtigste Tier der bäuerlichen Lebensweise gewesen. Das Schweinefleischverbot sei somit ein Ausdruck des Konflikts zwischen Sesshaften und Nichtsesshaften.

Oder: In vorarabischer Zeit habe es im Vorderen Orient Gottheiten gegeben, die als Schweine dargestellt und verehrt wurden: allen voran bei den alten Ägyptern die Schweinegöttin Nut, über die es zum Beispiel in einer Inschrift heißt: »Nut, das Mutterschwein, das alle Götter gebiert.« Und: Bei der römischen Fruchtbarkeitsgöttin Demeter und der Göttin des Ackerbaus, Ceres, habe das Schwein als heilig gegolten. Wieder andere führen das Verbot auf die damals vorherrschenden ökonomischen und ökologischen Veränderungen zurück: Auf der Arabischen Halbinsel sei die Archäologie auf relativ viele Belege für Schweinehaltung gestoßen. Wasserknappheit und Lebensmittelknappheit hätten die Zucht der Tiere aber zunehmend erschwert und sie somit in den Augen der Menschen unattraktiv gemacht.

Insbesondere fromme Muslime interessieren sich gar nicht für solcherlei Erklärungsversuche. Manche haben die Haltung verinnerlicht: Schweinefleisch ist verboten, weil es so im Koran steht. Der Mensch sollte nicht nach dem Grund fragen, er sollte schlicht und einfach gehorchen.

Viele dieser Erklärungen tragen zwar Wahrheiten in sich, ich persönlich vermute, dass das Verbot im Islam schlicht auf der Übernahme jüdischer Speise- und Reinheitsvorschriften gründet.

Wenn meine Beobachtungen mich nicht täuschen, ist das Schweinefleischverbot meist die letzte der prominenten islamischen Regelungen, die Muslime aufgeben, wenn sie den traditionellen Pfad des Glaubens verlassen. Die fünfmaligen Gebete am Tag fallen in der Regel als Erstes. Dicht darauf folgen das Brechen des Ramadan, das Ablegen des Kopftuchs, das Einbehalten der Almosenabgabe und der Genuss von Alkohol. Aber das Letzte, was viele Muslime konsequent befolgen, ist eben in den meisten Fällen das Schweinefleischverbot. Das dürfte zwei wesentliche Gründe haben. Erstens: Im Laufe der Sozialisation stellt sich ein gewisses Ekelgefühl ein – wie es andere etwa bei bestimmten Innereien wie Herz oder Leber überkommt. Zweitens: Es ist heute relativ einfach, auf Schweinefleisch zu verzichten. Es gibt genügend Alternativen, da es insgesamt um den gesellschaftlichen Ruf des Schweinefleischs bekanntlich nicht zum Besten steht.

Wenn ich als Islamlehrerin eine neue Klasse in der Mittelstufe übernahm, dauerte es nicht lange, bis die Frage kam, warum wir Muslime kein Schweinefleisch essen dürfen. Es gibt im Schulbetrieb einige Standardfragen, und diese gehört dazu. Die Gespräche kamen irgendwann alle an den Punkt, an dem mir die Schüler mit fester Überzeugung erklärten, wir dürften es nicht essen, weil Schweine Allesfresser seien und sogar ihre eigenen Exkremente fräßen. Das dürften die Mädchen und Jungen in ihren Elternhäusern oder in ihrer Moscheegemeinde aufgeschnappt haben oder vielleicht im Internet. Für eine Lehrerin ist es nicht gerade einfach, solche Vorstellungen zu relativieren, denn was aus der Perspektive der Kinder und Jugendlichen einleuchtend klingen mag, ist auf den zweiten Blick kein Argument, das taugt: Hühner zählen bekanntlich zu den Omnivoren und landen trotzdem ununterbrochen auf den Tellern von Muslimen. Hausschweine in ihren Koben achten, wenn sie ausreichend Platz haben, sehr wohl darauf, Exkremente und Liegeplatz räumlich voneinander zu trennen. Und mag es auf den ersten Blick schmutzig wirken, durch das Suhlen im Schlamm schützen die Tiere ihre Haut vor Insekten und vor der Einwirkung der Sonne – eine ebenso pragmatische wie kluge Problemlösungsstrategie. Eine Religionspädagogik, die es sich so einfach macht und fadenscheinige Begründungen für Verbote akzeptiert und verbreitet, hat mit Erziehung und Bildung von Kindern nichts zu tun, sondern kommt einem fahrigen Hantieren mit vermeintlichen Totschlagargumenten gleich. Zu viele muslimische ErzieherInnen versuchen ihre Kinder auf diese Weise gefügig zu machen. »Du darfst kein Schweinefleisch essen, weil diese Tiere schmutzig sind«, »Du musst beten, weil Gott dich sonst bestraft«, »Du musst ein Kopftuch tragen, sonst bist du keine richtige Muslimin«, »Du darfst keinen Alkohol trinken, denn sonst wird dein Gebet ungültig«, »Du darfst der Frau nicht die Hand zur Begrüßung reichen, weil du so nicht beten kannst«. Solche oder ähnliche Sätze kennt jeder, der islamisch-konservativ erzogen worden ist. In jedem dieser Sätze schwingt der Anspruch mit, der Sprecher kenne Gottes Plan. Wie kann man sich so etwas anmaßen? Viele tun das nicht bewusst, sie wissen es einfach nicht besser. Manche benutzen diese Argumente jedoch, um Macht über andere zu erlangen – zum Beispiel Salafisten agieren so. Keine Widerrede wird geduldet, kein Hinterfragen. Das ist für die salafistischen »Hirten« angenehm, doch gleichsam genießen ihre »Schäfchen« die Bequemlichkeit des Schwarz-Weiß-Denkens, der radikalen Reduzierung von Komplexität, die unsere Realität nun einmal ausmacht. Mir geht es hier nicht darum, islamische

Gebote oder Verbote infrage zu stellen, was mich stört, ist das pädagogische Konzept vieler Eltern und Geistlicher, das dahinter aufscheint. Es lässt Kindern keinen Raum zur freien Entfaltung, man engt sie ein. Eine gesunde Haltung zum Islam kann so nicht entstehen, nur eine erzwungene, und die sieht der Islam nicht vor. Wir können Kinder informieren über religiöse Vorschriften, wir können sie ermutigen, diese zu befolgen, wenn uns das als Erzieher wichtig ist, aber wir müssen ihnen Raum für eigene Überlegungen und Entscheidungen lassen. Religion kann wie Medizin wirken. Falsch dosiert bewirkt sie das Gegenteil. Richtig schlimm wird es, wenn Totschlagargumente mit schwarzer Pädagogik kombiniert werden: »Wenn du dies oder das nicht tust, dann kommst du in die Hölle, wo du über den Flammen hängst und fürchterliche Qualen erleidest!« Solche Aussagen lösen bei Kindern Angst aus. Und mit diesen Ängsten werden sie dann alleingelassen. Und wer Angst hat, der lässt sich leicht instrumentalisieren und steuern. Das passt weder zur Vorstellung eines mündigen Bürgers, den wir in einer demokratischen Gesellschaft brauchen, noch passt es zum Islam. Gott zeichnet im Islam vor allem eines aus: Er ist der Barmherzige. Nur an sehr wenigen Stellen im Koran ist davon die Rede, was mit denen passiert, die Vorschriften nicht einhalten. Entgegen der verbreiteten Idee, der Koran sei ein Gesetzbuch, enthält er in Wahrheit kaum klare Rechtsvorschriften, geschweige denn ein Strafmaß. Die meisten Regelungen sind nachträglich von Menschen mittels Interpretation der Heiligen Schrift (und anderer Quellen) formuliert worden. Strafrechtliche Vorgaben beschränken sich im Koran auf die berüchtigten drakonischen Körperstrafen wie Handabhacken, Auspeitschen und Hinrichten, wobei zahlreiche klassische Islamgelehrte betonen, dass diese Strafen vor allem eine abschreckende Wirkung entfalten und nicht tatsächlich angewandt werden sollten. Um dies zu belegen, verweisen sie unter anderem darauf, dass viele Voraussetzungen für die Anwendungen solcher Strafen kaum erfüllbar sind, beispielsweise die geforderte Anzahl von Zeugen, die bestimmte Charaktereigenschaften erfüllen müssen.

Kehren wir zurück zum Schweinefleisch. Der vorhin erwähnte Vers 3 aus Sure 5 schließt in Vers 4 mit den Worten: »Und fürchtet Gott. Gott ist schnell im Abrechnen.« Wie dieses Abrechnen im Detail aussieht, steht dort nicht. Das ist typisch für den Koran. Gott warnt zwar vor dem Übertreten, führt aber nicht konkret aus, was passiert, wenn man es doch tut. Wieso vermittelt man Kindern also den Eindruck, man wisse, welche Strafen Gott vorgesehen habe? Ich kann hinter diesen Methoden nur Egoismus erkennen, den Willen, sich das Leben einfacher zu machen, indem man Kinder gefügig macht oder andere Menschen unter Kontrolle bringt.

Sind uns unsere Kinder weniger wichtig als die Botschaft Gottes? Wer hierauf Ja sagt, sollte darüber nachdenken, warum Gott Abraham abhielt, seinen Sohn zu opfern, und stattdessen ein Tier vorschickte. Gott und unsere Kinder wertzuschätzen widerspricht einander nicht. Wir brauchen eine neue Generation von selbstbewussten Muslimen, die sich mit Liebe an Gott binden. Wenn mich Schüler fragten, warum wir kein Schweinefleisch essen dürfen, antwortete ich: »Wir wissen es nicht genau. Der Koran benennt das Verbot, aber er liefert keine Begründung. Daher versuchen wir, uns dieses Verbot selbst zu erklären. Eine dieser Erklärungen ist vielleicht richtig, viele sind mit Sicherheit falsch. Gewissheit werden wir in der Frage nie erlangen können. Aber egal, was tatsächlich der Grund für das Verbot ist, die meisten Muslime halten sich daran – und das seit Jahrhunderten. Ich auch. Und wer das Verbot nicht akzeptieren kann oder will, der soll Schweinefleisch essen. Welche Strafe Gott dafür vorsieht, weiß niemand. Und ob Gott sie tatsächlich vollzieht oder am Ende doch Barmherzigkeit walten lässt, weiß ebenfalls niemand, auch wenn manche Menschen behaupten, sie wüssten es!«

Die Sache mit der Bratwurst

In der Zeit, in der ich aufwuchs, war eine Haltung, wie ich sie heute vertrete, nicht gang und gäbe. Und so trug sich folgende Geschichte zu: Es war Sommer, irgendwann zu Beginn der Achtzigerjahre, vermutlich war es 1983. Ich freute mich wie wahnsinnig, denn obwohl es Sonntag war, durfte ich zu meinen Freundinnen Sandra, Bianca und Hanan in den Kindergarten gehen. Es fand das jährliche Sommerfest statt. Mein Papa musste leider arbeiten, und Mama war aus irgendwelchen Gründen verhindert, ich weiß es nicht mehr. Also musste ich dieses Mal alleine zum Fest gehen. Schon von Weitem konnte ich die anderen Kinder und leise Musik durch die Hecke und den Mattenzaun hören. Als ich näher kam, drang mir ein Wohlgeruch in die Nase, irgendwo zwischen Gegrilltem und Kirmessüßigkeiten, der meine Fantasie beflügelte. Am Eingang schlängelten sich bunte Buchstaben über ein Willkommensplakat mit lauter Luftballons daran. Ich öffnete die Vorgartentür und trat über die Schwelle ins Kinderparadies. Der Kindergarten war an diesem Tag besonders penibel aufgeräumt, es hingen noch ein paar mehr unserer gemalten Bilder an den Wänden. Im Garten mit den kleinen Grünflächen, um die herum sich die angelegten Wege schlängelten, waren kleine Stände aufgebaut, an denen man entweder etwas spielen konnte oder an denen kleine Kunstwerke präsentiert wurden, die wir Kinder selbst gebastelt hatten. Diese Ausstellung diente genau zwei Zwecken: Sie sollte die Erwachsenen zum Griff ins Portemonnaie verführen, um unsere Kindergartenkasse ein wenig aufzubessern, und wir Kinder sollten vor Stolz platzen, wenn jemand ausgerechnet unser Werk erwarb. Nicht fehlen durften ein Getränkestand, eine Kuchentafel und eine Grillstation. Wir tollten den ganzen Vormittag übers Gelände, von drinnen nach draußen und wieder nach drinnen. Nichts und niemand konnte uns stoppen – bis auf eines: der Hunger. Sandra und Hanan wollten unbedingt Kuchen essen, so einen ganz bunten mit Smarties drauf. Bianca ging zur Grillstation, und mir war auch nach etwas Deftigem, so lief ich ihr hinterher. Akkurat wie die Dielen eines Stegs lagen sie da und brutzelten auf dem Holzkohlenfeuer: Bestimmt dreißig Bratwürste, schnurgerade aufgereiht, verströmten das typisch rauchig-würzige Röstaroma, gebettet auf dem Geruch von verbrennendem Fett, mit leicht süßlicher Note. Das Wasser lief uns im Munde zusammen. Wir stellten uns an, jede mit einem weißen Pappteller in den Händen, den wir erwartungsvoll und mit großen Augen und knurrendem Magen dem Grillmeister – also Peters Vater – hinhielten. Es war immer Peters Vater mit dem kugelrunden Gesicht und dem kugelrunden Bauch, der für uns grillte oder Bäumchen pflanzte oder kleine Reparaturen vornahm. »Wollt ihr ein Brötchen dazu?«, fragte er in seiner Grillschürze, auf die ein lustiges dickliches Männchen gestickt war, das jubilierend mit einem Kochlöffel winkte und irgendwie an ihn selbst erinnerte. Bianca und ich nickten nur, vor lauter Ungeduld kaum noch in der Lage zu reden. »Na dann, hier, bitte sehr, jetzt könnt ihr euch einen richtigen Hotdog machen! Ketchup oder Mayo könnt ihr euch selbst nehmen.« Bianca folgte dem Hinweis und quetschte sich einen Streifen Ketchup aufs Würstchen. Ich tat es ihr nach, baute mir meinen Hotdog und stellte mich ihr gegenüber auf, betrachtete das Gesicht meiner Freundin, sah darin die Freude über den bevorstehenden grandiosen Sieg über den Hunger gespiegelt. In absoluter Harmonie und kindlicher Unbekümmertheit bissen wir gleichzeitig rein in unsere heiße, knusprig-braune Bratwurst, die rechts und links ein gutes Stück aus dem Brötchen hervorragte. Der Geschmack entfaltete sich in unseren Mündern, und genüsslich kauten wir im Takt. Dann wendeten wir unseren Hotdog und schoben uns das andere Ende in den Mund, nur um das Brötchen gleich darauf erneut herumzudrehen und wieder am anderen Ende zu knabbern. Ich glaube, eingehüllt in diese Glückseligkeit aßen wir absolut synchron. Bianca und ich lächelten einander zufrieden an. Dann durchzuckte es mich. Ich spürte, wie das Wohlbehagen rasch verschwand und sich ins Gegenteil verkehrte. Ich hielt inne, bemerkte, wie sich Panik ankündigte und langsam in mir aufstieg. Ich schaute zu Peters Vater, ging zu ihm und fragte vorsichtig: »Was ist das denn für Fleisch?« Für einen Moment herausgerissen aus seiner Grillmeisterlichkeit blickte er mich an. Dann sagte er dieses furchtbare, schreckliche Wort: »SCHWEINEFLEISCH.« Meine Gefühle gerieten komplett durcheinander. Ich schwankte zwischen Scham und Ohnmacht und dem Gefühl, etwas sehr Dummes getan zu haben. Ein Wust ungeordneter Gedanken wirbelte mir durch den Kopf. Soll ich die Wurst jetzt wegwerfen? Doch weiteressen? Was denkt Bianca? Ist es nicht *haram*, Essen wegzuwerfen? Aber es ist doch Schweinefleisch! Werden meine Eltern davon erfahren? Was wird Mama sagen? Bekomme ich jetzt Ärger? Sagt sie es Papa? Falle ich nun tot um? Bestraft mich Gott? Haben sie nicht gesagt, Gott wird dir ein Loch in den Bauch machen, wenn du Schweinefleisch isst? Oder: Gott wird dich am Tag des Jüngsten Gerichts selbst in ein Schwein verwandeln? Haben sie nicht gesagt, man wird genauso rosa wie ein Ferkel, wenn man Schweinefleisch isst? Oder war es, dass man davon krank würde? Tut sich jetzt die Hölle auf und verschlingt mich?

Irgendwann merkte eine der Erzieherinnen, dass etwas nicht stimmte, und kam auf mich zu. »Alles in Ordnung, Lamya?«, fragte sie und hielt mich am Arm. »Das ist Schweinefleisch«, presste ich mühsam heraus. Hilflos starrte sie mich an. Vermutlich hatte sie ähnliche verwirrende Gedankengänge wie ich bezüglich der Folgen meines Schweinefleischkonsums, oder doch andere. Jedenfalls war sie völlig aufgeschmissen und wusste weder, was sie sagen, noch was sie jetzt tun sollte. Stumm legte ich das Brötchen mit der Bratwurst auf den Grillstand. Plötzlich war alles verschwunden, was mich vorher erfüllt hatte. Die bunte Kindergartenwelt, die Gerüche, die Zufriedenheit, selbst Bianca spielte jetzt keine Rolle mehr. »Ich muss nach Hause«, sagte ich zu der Erzieherin, entwand mich ihrem Griff und ließ sie stehen. Offenbar immer noch völlig ratlos muss sie mir einfach hinterhergeschaut haben, wie ich den Kindergarten verließ, denn sie unternahm nichts, um mich irgendwie aufzuhalten. Auf dem Weg nach Hause kam ich mir vor, als hätte ich eine schwere Schuld auf mich geladen. Hätte ich es nicht herausschmecken können, dass es kein Rindfleisch war? Warum hatte ich gleich zweimal reingebissen? Der Nachhauseweg erschien mir endlos lang. »Aber ist denn was passiert?«, fragte ich mich. Die Hölle hat sich nicht aufgetan. Ich bin noch da. Ich bin weder krank, noch habe ich Schmerzen. »Aber es ist SCHWEINEFLEISCH!«, schrie es in mir. Zu Hause angekommen, erzählte ich meiner Mutter davon. Sie saß in der Küche und rauchte. Ich hatte Angst, ja, und ich war verwirrt. Meine Mutter vergewisserte sich, ob ich bewusst Schweinefleisch gegessen hätte. Mit großen Augen starrte ich sie an, verwundert über ihre Frage: »Natürlich nicht«, verneinte ich. Ich hatte ja gar nicht gewusst, wie mir geschah. »Dann ist es nicht schlimm«, sagte sie nüchtern. Mama drückte die Zigarette aus und nahm mich auf den Schoß. Sie erklärte mir, dass es nicht schlimm sei, wenn man unbeabsichtigt Schweinefleisch aß oder eine andere Sünde beging. »Eine Sünde«, setzte sie fort, »kann man nur begehen, wenn man etwas absichtlich macht. Gott bestraft nichts, was aus Versehen geschieht.« Ich lauschte ihren Worten, aber ich war immer noch sehr aufgewühlt. »Allerdings musst du künftig besser aufpassen, Lamya«, mahnte sie. »Du musst immer erst fragen, was das für Fleisch ist, wenn du bei Menschen bist, die nicht an unsere Religion glauben.« Das könne niemand anderes für mich tun, es sei schließlich nicht die Aufgabe meiner Erzieher, mich darauf hinzuweisen. Meine Beunruhigung legte sich nach und nach. Mama hatte es in ihrer nüchternen Art geschafft, mein kleines Waterloo vergessen zu machen. Der restliche Tag nahm schließlich seinen üblichen sonntäglichen Verlauf, und ich vergaß die Episode schneller, als ich es am Vormittag gedacht hätte. Am nächsten Tag erfuhr ich, dass Sema, Mehmet und Enes, die ebenfalls muslimisch waren, schon mal die gleiche Erfahrung mit der Bratwurst gemacht hatten.

Kindergärten in den Achtzigern waren noch nicht so weit, für muslimische oder jüdische Kinder andere Würstchen anzubieten. Das lag nicht unbedingt daran, dass die Kindergartenleitung es nicht gewollt oder keine Toleranz für »andere Kinder« aufgebracht hätte. Es war zu der Zeit einfach unüblich, und man kam nur mit Sonderaufwand an Bratwürstchen zum Beispiel aus Geflügelfleisch heran. Denn selbstredend gab es vor vierzig Jahren in Deutschland Würstchen, die *halal* waren – für Muslime unbedenklich. Wir hatten schließlich immer Salami, Wurst oder Leberpastete zu Hause im Kühlschrank. Allerdings musste man dafür in einen türkischen Supermarkt gehen. Reine Geflügelprodukte fand man bis in die Neunzigerjahre nur selten in deutschen Supermarktregalen. Das ist heute kaum noch vorstellbar, Geflügel- und Rinderwürstchen erfreuen sich größter Beliebtheit, und zwar nicht nur bei Juden und Muslimen, sondern in breiten Teilen der Gesellschaft. Inzwischen bieten alle Supermärkte eine Alternative zu Schweinefleisch an, selbst klassische deutsche Wurstfabriken und Metzgereien haben inzwischen mehr Auswahl. Und sogar vegetarische und vegane Bratwürste sind heute überall erhältlich.

So weit ist es mit der »Islamisierung« also schon gediehen. Das Schweinefleisch wird zunehmend verdrängt. »Schweinefleisch aus der Kantine verbannt«, »Kindergärten und Schulen nehmen Schweinefleisch vom Speiseplan«, »Muslimische Kunden kritisieren Discounter für Schweinefleisch-Produkt«. Solche Schlagzeilen erscheinen regelmäßig in den Medien und werden gerne im rechtspopulistischen und rechtsextremen Spektrum geteilt. Das Schweinefleisch wird zum Sinnbild eines Showkampfs gegen den herbeifantasierten Untergang des Abendlands. Meinen Eltern war es egal, ob es im Kindergarten Schweinefleisch gab oder nicht. Ihnen war nur wichtig, dass ihre Kinder nicht gezwungen wurden, etwas zu essen, das sie nicht essen sollten, und dass im besten Fall eine Alternative angeboten wurde. Gab es diese nicht, fanden sie sich damit ab. In eine nichtmuslimische Umgebung ging man stets mit dem Gedanken: Womöglich kannst du dort nichts essen, entweder du bringst dir etwas Eigenes mit, oder du musst hungern. Trotz aller Vorsicht: Jeder in Deutschland aufgewachsene Muslim kann seine persönliche Geschichte mit der Bratwurst erzählen.

Die Haltung zum deutschen Staat hat sich im Laufe der Zeit für viele Muslime der zweiten Generation verändert. Denn wer in diesem Land geboren wird, hier aufwächst, seine Pflichten erfüllt, seine Steuern zahlt, wie ich es zum Beispiel tue, den darf man nicht anders behandeln. »Alle Menschen sind vor dem Gesetz gleich«, so steht es in Artikel 3 des Grundgesetzes, welches unter dem Eindruck des größten Zivilisationsbruchs der Menschheitsgeschichte und nach dem Ende der nationalsozialistischen Diktatur, in der viele Menschengruppen ihrer Rechte beraubt worden waren, ausgearbeitet worden ist. Wenn Muslime heute auf bestimmte Dinge drängen, wie Islamunterricht, dann tun sie das nicht, weil sie maßlos wären, sondern weil man ihnen diese Rechte vorenthält. Das gilt freilich nicht für Extremisten, Fundamentalisten und Querulanten wie jener Muslim, der juristisch gegen seine Kündigung vorging, die ihm sein Arbeitgeber ausgesprochen hatte, weil er keine alkoholischen Getränke in die Supermarktregale stellen wollte. Oder jener Muslim, der den Kabarettisten Dieter Nuhr wegen Beschimpfung von Bekenntnissen und Religionsgesellschaften verklagte, weil Nuhr Sätze sagt wie: »Im Islam ist die Frau zwar frei, aber in erster Linie frei davon, alles entscheiden zu müssen.« Oder jener Muslim, der sich ans Bundesverfassungsgericht gewandt hat, weil er sich vor einer Richterin in Mannheim unter Berufung auf seinen Glauben nicht erheben wollte und dafür ein Ordnungsgeld kassiert hatte. Von solchen ungehörigen Fällen abgesehen, dient das Recht auf Religionsfreiheit der Gleichberechtigung, und es hat nichts mit einer angeblichen »Islamisierung« zu tun, wenn sich Muslime, die Staatsbürger in diesem Land sind, darauf berufen.

Deshalb gefällt es mir, wenn Kindergärten heute entweder Schweinefleisch und Alternativen anbieten oder wenn sie sich auf etwas einigen können, das alle essen dürfen. Das Gleiche gilt selbstverständlich, wenn ein Kindergarten von Hindus besucht wird, die kein Rindfleisch essen.

Meine Eltern wollten nie, dass Schweinefleisch verdammt und verboten wird, ebenso wenig wie ich. Für sie war der Umgang mit Andersgläubigen normal, in Syrien leben viele Menschen, die anderen Glaubensrichtungen angehören, wie Christen, Alawiten oder Drusen, seit Jahrhunderten ohne nennenswerte Konflikte zusammen. Vielfalt war für meine Eltern weitgehend normal. Die Geschichte des Orients insgesamt war entgegen heutiger Vorurteile generell von ziemlich viel Toleranz geprägt – jedenfalls im Vergleich zur Geschichte des Okzidents. Das haben sie mir und meinen Geschwistern stets vermittelt – und das gilt sogar für die Liebe.

Küssen muss gelernt sein

Und was mich betrübt: dass, als sie mir begegnet,
sie sich abwandt und im Aug ihr Tropfen quollen;
Dann als aus der Ferne sie nach mir sich wieder
umsah, ließ vom Schleier sie die Tropfen rollen.

aus der Hamâsa des Abu Tammâm

Apropos Liebe: Kaum eine andere Kultur hat sich so sehr der Liebeslyrik verschrieben wie die, die mir in die Wiege gelegt wurde: arabische Poesie, hier zitiert nach einer der berühmtesten Anthologien, der Hamâsa von Abu Tammâm, in der Übersetzung des großen deutschen Dichters Friedrich Rückert. Abu Tammâm war ein »Landsmann« meiner Eltern, wenn man so will, der zu Beginn des 9. Jahrhunderts dort wirkte, wo heute der Staat Syrien ist. Ein ziemlich schlüpfriger Zeitgenosse mit Faible für Dinge, die heute noch viele Menschen erröten lassen würden. Von diesem großen Erbe wird Markus nicht viel gewusst haben. Jedenfalls stellte er sich ziemlich unbeholfen und tollpatschig an. Aber durfte man wirklich erwarten, dass er die Kunst der Liebe beherrschte, so wie sie ein Abu Tammâm einst für gut befunden hätte? Er hatte noch nie im Leben von diesem Mann gehört. Aber Markus hat trotzdem einen bleibenden Eindruck hinterlassen. Es geschah, als ich die vierte Klasse in der Grundschule besuchte. Markus mochte mich schon länger und rannte mir dauernd hinterher. Dummerweise mochte ich ihn nicht sonderlich und rannte dauernd vor ihm weg. Alle Versuche, ihm zu erklären, dass ich nicht mit ihm zusammen spielen wollte, schlug er in den Wind. Und so kam es, wie es kommen musste: Eines Tages nahm er all seinen Mut zusammen. Wir standen in der Klasse herum und warteten auf Frau Leber. Ohne jegliche Vorwarnung rannte er auf mich zu und drückte mir einen Kuss auf – nicht auf die Wange, nicht auf die Hand, nein, geradeheraus, direkt auf den Mund. Alle haben es gesehen. Zunächst herrschte absolutes Schweigen in der stickigen Klasse, dann hörte ich ein lautes »Iiiiiiiiihhhhh« der Mädchen und ein riesiges Gelächter der Jungen. Markus ließ von mir ab und rannte zurück auf seinen Platz, weil in diesem Moment Frau Leber in den Unterrichtsraum kam. Er wurde rot wie eine Tomate. Ich war geschockt und angewidert zugleich. Ich war zu dem Zeitpunkt zehn Jahre alt, und es gibt für kleine Mädchen nichts Ekligeres, als von einem Jungen auf den Mund geküsst zu werden. Die Reaktionen der übrigen Mädchen bestätigten mich in meinem Gefühl. Auf dem Nachhauseweg überlegte ich mir, wie und ob ich das zu Hause meinen Eltern erklären sollte. Vermutlich hätten sie es ganz lustig gefunden, aber womöglich wären sie am nächsten Tag zur Schule gegangen und hätten ein ernstes Wörtchen mit der Lehrerin gesprochen, und das hätte für mich bedeutet, dass noch mehr über diesen Zwischenfall gesprochen worden wäre. Also verschwieg ich die Tat und mied Markus seitdem wie der Teufel das Weihwasser. Auch er ging sicherheitshalber lieber auf Abstand. Markus hatte endlich begriffen, dass es nicht »gefunkt« hat. Nach der Grundschule besuchte ich das Gymnasium und Markus die Hauptschule, sodass sich unsere Wege trennten. Ich hakte die Geschichte ab und dachte 28 Jahre lang nie wieder daran. Bis zu dem Zeitpunkt, als mir Markus eine Freundschaftsanfrage über Facebook schickte. Ich erkannte ihn sofort, denn es gab nur einen Markus mit diesem Nachnamen. Kurz darauf chatteten wir miteinander, und er erzählte, wie er mich gegoogelt habe. Wie es mir so gehe, wollte er wissen, er selbst lebe genau wie ich inzwischen nicht mehr in Westfalen. Die Episode aus der Grundschule hatte Markus nach wie vor präsent und fragte mich, ob ich mich genauso daran erinnern könne. Ich bejahte, und wir amüsierten uns prächtig.

Mein Syrien

Zu meinen Kindheitserinnerungen gehören nicht nur Kindergartenfeste, Kuss-Attacken von Mitschülern, Rollschuhfahrten vor unserem Haus, lautes Musikhören, Lesen und Basteln, nicht nur meine Erkundungstouren durch Ahlen, sondern auch Traktorfahrten, durch Olivenhaine ziehen, Feigen und Granatäpfel pflücken, barfuß durch die Felder streifen, in geselliger Runde bei sternenklarer Nacht auf Dachterrassen Wasserpfeife bis zum Morgengrauen rauchen. Ich spreche von meiner zweiten Heimat. Rund 3500 Straßenkilometer entfernt von Deutschland, oder Pi mal Daumen drei Flugstunden. Ich spreche von Syrien. Die tiefe Verbundenheit zu dem Land meiner Eltern gehört fest zu mir. Ein Großteil meiner entfernteren Familie lebt bis heute dort. Das Land ist ein Teil von mir und wird es immer bleiben.

Ich war gerade sieben Jahre alt, als meine Eltern erstmals wieder nach Syrien reisten und meine jüngere Schwester und ich ihre Heimat endlich kennenlernen sollten. Meine Verwandtschaft freute sich sehr auf das Wiedersehen mit Mama und meinen älteren Geschwistern. Uns Kleine kannten sie ja bisher nur aus Erzählungen, doch umso mehr waren sie auf diese beiden »Deutschen« gespannt.

Wir beschlossen, mit dem Auto zu fahren. Mein Onkel begleitete uns. Er war extra dafür nach Deutschland gekommen, weil Papa nicht mitfahren konnte. Irgendjemand musste uns also hinbringen, da Mama keinen Führerschein besaß und Papa sie und uns Kinder nie alleine auf eine so lange Reise geschickt hätte. Mein Onkel war für uns Kinder eine Lichtgestalt, ein herrschaftlicher, groß gewachsener Mann von Welt. Als Diplomat hatte er Deutschland schon lange vor meinen Eltern bereist, und jetzt war er in Fernost im Einsatz. Gemeinsam mit ihm beluden wir unseren alten Mercedes-Benz. Es war ein legendärer »Strich acht« in edlem Weinrot, ein 240D, Baujahr 1975. Das Auto war der ganze Stolz meines Vaters. Schon am ersten Tag der Sommerferien ging es los. Man hätte meinen können, wir wollten auswandern, so vollbepackt war der Wagen: unzählige Taschen im Kofferraum und auf dem Dachgepäckträger, Essen für uns Kinder, die auf ihren Schokoaufstrich und andere Süßigkeiten nicht verzichten wollten, allerlei Mitbringsel und – Bargeld, denn in Syrien kam man in den Achtzigern noch nicht so einfach an Bargeld. EC-Automaten gab es dort nicht, Travellerschecks quittierten die meisten Syrer allenfalls mit einem mitleidigen Achselzucken, den Staatsbanken traute man nicht, und Wechselstuben waren verpönt, weil die Kurse so mies waren. Also nahmen wir Bargeld mit, um dieses in den Läden des engen Gassengewirrs auf dem größten überdachten Basar der Welt in Aleppo in syrische Pfund umzutauschen. Der Weg mit dem Auto nach Syrien ist eine echte Herausforderung. Meine türkischen Freunde ächzten damals schon, wenn sie mit ihren Familien das Auto bepackten, um in die Türkei zu fahren. Darüber konnte ich nur müde lächeln. Im Vergleich zu ihnen mussten wir noch ein paar hundert Kilometer weiter durchhalten. Die türkisch-syrische Grenze bei Bab al-Hawa erreicht man von Ahlen aus normalerweise in zwei Tagen und zwei Nächten – allerdings nur, wenn man durchfährt. Bei mehreren Mitfahrern mit Führerschein kann man sich abwechseln, das erleichtert die Reise. Mit meinem Onkel, der als Einziger das Auto fuhr, dauerte die Reise länger – mehr als drei Tage. Sie, liebe Leser, fragen sich nun bestimmt: Was macht man so lange in einem Auto? Nun, wohl dem, der während der Fahrt gut schlafen kann. Wir Kinder verdösten damals viel Zeit.

Wer von uns schon lesen konnte, hatte ein, zwei Bücher dabei. Der Walkman lag natürlich griffbereit im Seitenfach der Autotür. Zwischendurch gab es mal längere, mal kürzere Pausen. Streit, den man vermuten könnte, wenn Menschen so lange Zeit so eng aufeinanderhocken, gab es selten. Das lag an unserer Vorfreude. Wir hatten uns monatelang oder zumindest wochenlang auf diese Fahrt vorbereitet. Alle wollten unbedingt nach Syrien. Und wenn es doch mal knallte, starrte ich eben eine Weile aus dem Fenster und beobachtete die Landschaft, die draußen an mir vorbeizog. Auf so einer gewaltigen Fahrt gibt es einiges zu sehen: die Alpen, die Pannonische Tiefebene, das Balkangebirge, Sofia bei Nacht, den Schlaglochslalom auf bulgarischen Straßen, Ostthrakien, und dann: der Bosporus mit der Metropole Istanbul und der atemberaubenden Fahrt auf der gigantischen Brücke über den Meeresarm zwischen Europa und Asien. Allein für dieses Erlebnis lohnt sich die lange Reise. Und wenn man in Istanbul ist, sind es nur noch rund tausend Kilometer bis nach Syrien, man ist also schon fast da. Die Strecke lässt an Reizen kaum nach. Es geht durch Zentralanatolien in Richtung Ankara und weiter durch das Hochland. Hin und wieder machten wir einen Schlenker zu Sehenswürdigkeiten und Naturwundern nahe unserer Route, etwa zum großartigen Tuz Gölü, dem Salzsee auf halber Strecke zwischen Ankara und Aksaray, der das Tote Meer an Salzgehalt noch übertrifft und so groß ist wie ganz London. Zwei Drittel des türkischen Salzbedarfs werden über diesen See gedeckt. Von dort geht es weiter nach Adana, wo niemand einfach vorbeifährt, denn in Adana wartet das fantastische Adana Kebab auf den hungrigen Reisenden. Gesättigt und gestärkt ist es nicht mehr weit bis ans Mittelmeer und zur historischen Stadt Antakya, dem früheren Antiochia, wo einst Paulus für die christliche Urgemeinde wirkte und die Anhänger Jesu Christi erstmals den Namen »Christen« erhielten. Heute sprechen dort viele Leute Arabisch, weil die Grenze zwischen der Türkei und Syrien nach der Aufteilung des Osmanischen Reichs künstlich gezogen wurde. Schon unter den Hethitern im zweiten Jahrtausend vor unserer Zeitrechnung bildeten die heutige Südosttürkei und das heutige Nordwestsyrien eine kulturelle Einheit. Die Römer fassten die Region politisch als Provinz Syrien zusammen. Antakya im Rücken sind es nur noch vierzig Kilometer bis Reyhanli, der letzten größeren Stadt vor der Grenze, und weitere zehn Kilometer bis Bab al-Hawa. Hier habe ich zum ersten Mal in meinem Leben Syrien gerochen. Es ist ein ganz eigenartiger, typischer Duft. Würde man mich blind dorthin beamen, ich würde sofort wissen, wo ich bin. Diesen erdigen, leicht modrig-süßlichen Geruch werde ich nie vergessen. Er ist unterlegt mit einer metallischen Note wie bei einem alten, verrosteten Vorhängeschloss, in das seit Jahren niemand mehr einen Schlüssel gesteckt hat. Dazu die sommerliche Hitze und die hohe Luftfeuchtigkeit. Der Blick des Reisenden schweift über die Terra Rossa, rotbraune, fruchtbare Erde, über Getreidefelder und natürlich über Olivenbäume. Für mich war es damals wie ein Ankommen zu Hause. Obwohl ich zum ersten Mal einen Fuß auf diesen Landstrich setzte und noch ein Kind war, erfasste ich sofort: Das hier ist nicht nur eine Reise an einen Urlaubsort. Das ist mehr.

Nach der Grenze sind es dann nur noch ein paar Kilometer bis zum Dorf meiner Eltern. Ich kam in ein Land, dessen Gesellschaft ich nicht kannte, sprach die Sprache mit deutschem Akzent und verspürte eine unbändige Neugierde. Ich hatte nicht damit gerechnet, dass so viele Menschen meinen Namen kannten, wohingegen ich, was das anging, völlig aufgeschmissen war. Meine Eltern sind über einige Ecken miteinander verwandt, sodass quasi ein Drittel des Dorfes zu meiner Verwandtschaft zählt. Dutzende mir wildfremde Menschen stürmten auf mich zu, umarmten, küssten mich, reichten mich weiter wie eine Puppe. Ich ließ all das tapfer geschehen, sah mich um, sah den Sandstaub, die Bäume, die einfachen Häuser und begriff, ich war in einer anderen Welt gelandet, die mir sehr gefiel. Ab diesem Moment wollte ich gar nicht mehr raus aus dem Dorf, das so idyllisch anmutete. Es gab dort aus Sicht eines Kindes alles, was das Herz begehrte: Tiere und Kinder zum Spielen und viel, viel Platz zwischen Olivenhainen, Gemüsefeldern und Obstplantagen. Wir konnten uns je nach Jahreszeit vom Baum oder Strauch einfach das pflücken, worauf wir gerade Lust hatten: Feigen, Trauben, Tomaten, Melonen, Mandeln, Kirschen, Zitronen, Walnüsse und vieles mehr. Zu verdanken ist dieser Reichtum dem Winterregengebiet am nördlichen Rand der syrischen Wüste, man spricht auch vom fruchtbaren Halbmond, weil es sich wie eine Sichel an die nordarabische Trockensteppe anschmiegt. Das Gebiet erstreckt sich genau über die Region, aus der meine Familie stammt, und ist ein Segen für Mensch und Natur. Die Grenze der Türkei verläuft entlang der Felder, man könnte zu Fuß rübergehen. In den Sommernächten erstrahlt ein prächtiger Sternenhimmel. Mit bloßem Auge sieht man die Milchstraße in ihrer ganzen Pracht. Dazu zirpen die Grillen ihr Lied. Tagsüber klettern die Temperaturen auf über vierzig Grad, was man nur mit einer langen Siesta oder dank des immer frischen Windes auf den Hügeln erträgt. Für ein Kind gibt es sicher nichts Schöneres, als so seine Sommerferien zu verbringen. Ich konnte mir jedenfalls nichts Schöneres vorstellen. Allerdings sollte ich feststellen, dass dieses Paradies für ein Kind aus der Stadt auch einige Gefahren barg …

Ärger im Paradies

Als ich mich daranmachte, die fremde Welt zu erkunden, bemerkte ich schnell, dass vieles im Dorf im Vergleich zu Ahlen irgendwie halbfertig, kaputt oder schmutzig wirkte. Da waren diese holprigen Schotterpisten, aus so manch einem obersten Stockwerk ragte aus frei stehenden Betonpfeilern der nackte Bewehrungsstahl hervor, hier und da waren Wände eingezogen, an anderer Stelle fehlten sie. Viele Häuser sahen aus wie Rohbauten. An den Außenmauern spross das Unkraut und rankte wilder Wein, die Terrassen waren nicht gefliest, sondern präsentierten den nackten Beton. So baut man in Syrien. Jemand fängt an, dann gehen ihm die Finanzen aus, es wird gewartet, bis man wieder flüssig ist oder eines der Kinder das Geld aufbringt, um weiterzubauen. Trotz dieser äußerlichen Unordnung war meine syrische Familie äußerst reinlich. Meine Mutter und ihre Halbschwestern putzten jeden Morgen die *mastabeh* meiner Tétéh, meiner Großmutter. Mit einem Wasserschlauch und einem Wasserschieber befreiten sie diese halbfertige Vorderterrasse von Staub, bevor sie die *hasira* darauf ausbreiteten, eine Binsenmatte, auf der wir es uns mit Sitzkissen, Weintrauben und Tee im Schatten des Hauses bequem machten. Ich wollte nicht danebenstehen, griff mir tatendurstig den Schieber und half kräftig mit. Aber leider endete die *mastabeh* meiner Tétéh abrupt und fiel über einen halben Meter steil zur Schotterstraße vor dem Haus hinab. Die Erhöhung sorgte dafür, dass das Regenwasser sie nicht überflutete, ein Geländer oder sonstige Absturzsicherungen gab es natürlich nicht – wir waren schließlich in Syrien auf dem Land, kein Ort für Ordnungsämter. Und so passierte es. Im Eifer des Gefechts rutschte ich auf dem nassen Beton aus und knallte mit einem grellen Schrei rücklings wie ein Brett von der *mastabeh* auf den Schotter. Mama stieß einen Schrei aus und sprang zu mir hinunter. Die anderen waren wie erstarrt vor Schreck. Mama nahm mich in den Arm. Blut floss keines, aber ich war kreidebleich: »Mama, ich will zu meiner Mama«, stöhnte ich unter Schmerzen. Sie schaute mich entgeistert an: »Aber ich bin doch deine Mama.« Man brachte mich ins Haus und legte mich aufs Bett. Ein Hospital gab es im Dorf damals nicht. Meine Tante rief den Arzt, der nach einer halben Stunde endlich eintraf. Seine Diagnose: »Verdacht auf Gehirnerschütterung.« Sein Rat: »Das Kind braucht Ruhe. Sollte es sich im Laufe des Tages übergeben, müsst ihr doch ins Krankenhaus.« Dann griff er nach seinem Arztkoffer, erhob sich von dem Bett und schwirrte wieder ab.

Ein Schrecken für mich, ein Schrecken für meine Mutter. Und doch gar nichts im Vergleich zur zweiten Geschichte, die sich zwei Jahre später ereignete. Mit meinen gleichaltrigen Onkeln und Tanten, meinen Cousinen und Cousins war ich im Dorf unterwegs. Wir liefen über die Felder, quatschten, blödelten und erzählten einander Geschichten. Es war ziemlich heiß, und irgendwann wollten wir wieder nach Hause. Ähnlich wie bei uns am Amselweg gab es im Dorf nur wenig Verkehr. Selten fuhren Autos, noch seltener Lkws vorbei. Trotzdem waren da immer Geräusche, entweder bohrte jemand ein Loch in die Wand, oder der Dieselmotor einer Wasserpumpe ratterte, Menschen unterhielten sich lautstark, oder Tiere meldeten ihr Existenz an. Es war nicht mehr weit bis zu dem Haus meines Onkels, wo wir in den ersten Jahren immer unterkamen, wenn wir nach Syrien reisten. Wir gingen die Hauptstraße des Dorfes entlang. Cousin Maher erzählte von den Ausflügen mit seinem Vater. Sie waren oft gemeinsam auf der Jagd nach Federwild. Selten bemühten sie sich um anderes Niederwild, davon gab es hier nämlich nicht so viel. So gingen sie überwiegend auf Grasmücken, Drosseln oder Feldlerchen, auf Bülbüls, Dohlen oder Greife. Natürlich hielt Maher in seinen Erzählungen ständig die Flinte seines Vaters im Arm, weil er angeblich ein so hervorragender Schütze war und eine Coladose aus fünfzig Metern Entfernung treffen konnte. Er musste immer übertreiben. Ich glaube, ihm liegt dieses Dramatische im Blut oder er wollte uns imponieren. Wir ließen ihn gewähren. Ich für meinen Teil verachte das Töten von Tieren zum Zeitvertreib, wollte es damals jedoch nicht so offen sagen, um niemanden zu verletzen. Gerade erzählte er wieder, wie er und sein Vater sich an irgendein Gebüsch herangepirscht hatten, als Amira aufschrie und Mahers Geschichte damit jäh ein Ende setzte: »Achtung, zur Seite! Lamyaaaaaa, pass auf!!!« Alle sprangen an den Straßenrand, ich tat es ihnen gleich, sprang aber nicht weit genug. Völlig konsterniert blieb ich stehen. »Hinter dir, Lamyaaaa!«, schrie Amira panisch. Ich drehte mich um und blickte in das Gesicht eines Mulis. Für einen kurzen Augenblick sah ich unmittelbar vor mir sein weißes Maul mit den schwarzen Nüstern und den schwarzen Lippen, die vor seinen Zähnen schlackerten. Die Augen des Tieres waren weit aufgerissen und die langen Ohren zurückgelegt. Ich konnte seinen Atem auf meiner Wange spüren und wusste nicht, wie mir geschah. Gleichzeitig begannen die anderen zu schreien. Doch es war längst zu spät. Das Tier erfasste mich wie ein Tornado. Zuerst spürte ich, wie die Knochen seiner Beine auf meinen Körper trafen. Sofort stürzte ich hin. Das Tier war über mir. Seine Hufe schlugen mir in die Seite. Dann polterte der Karren, vor den das Maultier gespannt war, über mich hinweg. Zum Glück streiften die beiden großen Wagenräder meine Gliedmaßen nur. Ich wurde herumgeschleudert, meine Kleidung verfing sich in der Unterkonstruktion des Karrens, und ich wurde ein ganzes Stück über den Straßenschotter mitgeschleift. Es muss wie eines der Wagenrennen aus Ben Hur angemutet haben, nur dass ich nicht in der Rolle von Charlton Heston auftrat, sondern in der des Messala, der von einem Vierspänner überrollt wird und blutüberströmt und mit gebrochenen Knochen fast reglos im Sand der Arena liegen bleibt. Meine Cousins und Cousinen weinten, als sie mich so sahen, ich hatte Abschürfungen am ganzen Körper, und meine Kleider waren zerrissen. Aus mehreren Wunden quoll Blut heraus. Meine Brille – damals brauchte ich noch eine Brille – war völlig hinüber. Die Kinder stürmten zu mir. Ich war bei vollem Bewusstsein. So brutal das Geschehene von außen ausgesehen haben muss, so glimpflich war ich in Anbetracht der Umstände davongekommen. Eigentlich war es wie ein Wunder. Die Kinder halfen mir aufzustehen. Ich war derart geschockt, dass ich nur an meine Brille denken konnte. Dass sie kaputt war, war für mich in dieser Situation das Schlimmste. Zwar konnte ich aus eigener Kraft gehen, doch nach ein paar Minuten brach sich der Schmerz bahn und kam mir voll zu Bewusstsein. Erstaunlicherweise habe ich nicht eine Träne vergossen. Als wir das Haus meines Onkels erreichten, kamen die Erwachsenen sogleich angelaufen. Meine Tanten holten meine Mutter, die mal wieder irgendjemand einen Besuch abstattete. Sie eilte aufgeregt herbei, säuberte meine Wunden mit Jod und verarztete mich. Unerklärlicherweise war nichts gebrochen, nicht mal eine Gehirnerschütterung hatte ich. Geblieben sind mir allerdings die Abschürfungen am Unterarm, auf die heute ein leichter Schatten auf der Haut verweist, und auf dem Kopf habe ich eine größere Furche, von der einige meiner Verwandten behaupten, sie rühre von diesem Unfall her. Der Karren mit dem Maultier war übrigens so rasant weitergefahren, wie er aufgetaucht war, nicht weil die beiden Wagenlenker, Vater und Sohn, Fahrerflucht oder zutreffender »Kutscherflucht« begehen wollten, sondern einfach nur deshalb, weil das Tier mit ihnen durchgegangen war. Später kamen sie zu uns und baten tausendmal um Entschuldigung und dankten Gott, dass mir nichts Schlimmeres zugestoßen war.

Tétéh und Dschiddo

Mit der Zeit lernte ich mich im Dorf zurechtzufinden und durchdrang die Verwandtschaftsverhältnisse in unserer Familie. Die Geschichte meiner Großeltern ist dabei eine ganz besondere. Nein, keine große Lovestory, aber eben doch besonders. Verwandtschaft ist in arabischen Familien eine komplizierte Angelegenheit. Man unterscheidet zwischen der Seite des Vaters und der Seite der Mutter und kennzeichnet das mit entsprechenden Begriffen. Während man in Deutschland den Bruder und die Schwester des Vaters oder der Mutter schlicht Onkel oder Tante nennt und man keine weitere Unterscheidung trifft, gibt es im Arabischen unterschiedliche Bezeichnungen für die Familienangehörigen, je nachdem, ob es sich um Verwandte mütterlicherseits oder väterlicherseits handelt, die man dann sprachlich noch einmal in männlich und weiblich unterteilen muss. Diese Detailverliebtheit ist ein Vermächtnis der traditionellen Clanstrukturen im Vorderen Orient, unter anderem sollte sie bei den früher so wichtigen Erb- und Heiratsfragen für mehr Klarheit sorgen. Vielleicht gibt es diese Unterscheidungen aber auch nur deshalb, weil jeder zweite Mann Mohammed oder Mahmud heißt und jede zweite Frau Fatima, und jeder vom Jüngsten bis zum Ältesten sonst gänzlich überfordert wäre und jede familiäre Unterhaltung in heilloser Verwirrung enden würde. Zu den unterschiedlichen Begriffen für Verwandte kommen in den Augen eines deutschen Kindes noch zahlreiche Kuriositäten hinzu: Wie bitte soll es sich vorstellen, dass die eigene Mutter einen

Halbbruder über ihre Mutter hat, drei Geschwister vom selben Vater und derselben Mutter sowie weitere elf Halbgeschwister über ihren Vater? Hinzu kommen die fünf Geschwister deines Vaters. Deine Onkel und Tanten sind jünger als du selbst, und du weißt zunächst nicht, ob du sie als ebenbürtig oder besser doch ehrfürchtig anreden sollst. Du hast eine Stiefoma, und dein Opa ist zugleich Uropa mit diversen Urenkeln. Deine Großeltern haben zahlreiche Geschwister, von denen du damals nicht mal wusstest, dass man sie im Deutschen Großonkel und Großtante nennt. Selbstverständlich haben diese Großonkel und Großtanten wiederum Kinder, Enkel und Urenkel, und alle sind über was weiß ich wie viele Ecken mit dir verwandt. Und obwohl meine Oma und mein Opa väterlicherseits schon verstorben waren, tauchten auch sie in Erzählungen und Geschichten noch auf, und ich musste verdammt gut zuhören, wenn ich den Faden nicht verlieren und außen vor bleiben wollte. Auf den staubigen Straßen und Wegen unseres Dorfes sprachen mich auf Grund dieser verwandtschaftlichen Verstrickungen scheinbar x-beliebige Menschen an: »Inti bint Qaddûr min almâniyâ?« – »Sag mal, bist du die Tochter des Kaddor aus Deutschland?« Und ich murmelte nur leise »Mhm« und wartete verunsichert darauf, was noch kam. Aber sie glotzten mich nur an, prüften, wie ich aussah, ob ich mich irgendwie anders verhielt und ob ich Arabisch reden konnte. Danach gingen sie meist ihrer Wege oder forderten mich auf, meinen Eltern oder Großeltern Grüße zu bestellen.

Als ich zum ersten Mal den Vater meiner Mutter sah, nahm mich dessen Aura aus Ehrfurcht und Macht komplett ein. Das sonst so aufgeweckte, quirlige, flinke Mädchen namens Lamya war mit einem Mal klein, behäbig und schüchtern wie ein kleines Kind im Sandkasten, vor dem plötzlich ein kräftiger Halbwüchsiger auftaucht, der die Sonne verschwinden lässt und es mit finsterer Miene anschaut. Aber so erging es nicht nur mir. Alle näherten sich diesem Patriarchen mit Vorsicht. Alle hörten auf seine An- und Aussagen. Und niemand wagte es, ihn zu verstimmen. Jedenfalls niemand, der nicht zu seinen Lieblingen gehörte. Ob er mich dazuzählte, wusste ich natürlich noch nicht. Ich ging also behutsam mit meiner Mutter und meinen Geschwistern zu ihm und sah, wie Mama ihm respektvoll die Hand zunächst küsste und sich als Zeichen der Demut anschließend den geküssten Handrücken an die Stirn führte. Daraufhin küsste er sie auf die Stirn, sprach ein paar Gebete für sie und dankte Gott, dass wir sicher in Syrien angekommen waren. Ich stand direkt hinter meinen Geschwistern, die instinktiv alle dasselbe taten wie unsere Mutter. Dann war die Reihe an mir. Mein Großvater war damals Mitte, Ende siebzig, trug eine weiße Häkelmütze und eine Dschallabija, ein langes orientalisches Obergewand. Es war blütenweiß, geradezu jungfräulich, ohne den kleinsten Ansatz eines Schmutzschattens. Er saß nach seiner Pensionierung immer draußen im Hof am Haus und rauchte, nicht etwa Zigarette, er rauchte echten Tabak aus einer Wasserpfeife. Falten durchfurchten sein Gesicht, ein buschiger, aber penibel gepflegter weißer Schnäuzer zierte seine Oberlippe. Er schaute mich aus seinen stahlblauen Augen an. Streng musterte er mich von oben bis unten, eben ganz der Polizeidirektor, der er in seinem Berufsleben gewesen war. Mit tiefer Stimme fragte er, wer ich sei. Ich antwortete, ich sei Lamya, seine Enkeltochter aus Deutschland. Sofort nahm ich seine Hand und küsste sie und führte sie an meine Stirn. Daraufhin nahm der Patriarch meinen Kopf in seine kräftigen Hände, sein Griff war überraschend liebevoll und zärtlich, ich spüre die Wärme seiner Finger noch heute. Er drückte mir einen Kuss auf und brummelte etwas, das ich nicht verstand, vermutlich einen Segen, danach sprach ich ihn nicht mehr an, denn Dschiddo durften wir Kinder nicht stören. Nebenbei bemerkt: Er hieß natürlich Mustafa, aber so hätte ich ihn niemals angesprochen, das ziemte sich nicht. Dschiddo war ein beliebter Gesprächspartner für die Männer unseres Dorfs. Die Zeit schien im Dorf in den Achtzigerjahren stehen geblieben zu sein. Smartphones, Laptops, Computerspiele oder andere elektrische Luxusgüter lagen noch in weiter Ferne. Die Menschen konzentrierten sich auf echte Begegnungen und echte Gespräche. Da Großvater so etwas wie der Dorfälteste war, nicht unbedingt der Anzahl seiner Lebensjahre wegen, aber in Kombination mit Rang und Ansehen eben doch, empfing er viel Besuch. Die Leute kamen zu ihm, setzten sich an seine Seite, seine Enkelinnen und Enkel reichten Tee und Sonnenblumenkerne. Im Vergleich zu vielen anderen im Dorf galt Dschiddo zugleich als gebildet, sogar als weltgewandt, weil er die großen Städte Syriens bereist hatte, und seine beiden ältesten Söhne, der Diplomatenonkel, der uns bei unserem ersten Besuch nach Syrien gefahren hatte, und Onkel Ahmad, von dem ich später noch berichten werde, zwei mächtige Männer in Syrien geworden waren. Dschiddo und ich lächelten einander meist nur zu und unterhielten uns selten. Mit einem Kind wusste er nicht allzu viel anzufangen, trotzdem genoss ich zunehmend das Band der Blutsverwandtschaft.

Dschiddo hatte in den Dreißigerjahren eine verwitwete Frau geheiratet. Deren erster Mann war während des Ersten Weltkriegs für das Osmanische Reich in den Kampf gezogen und nicht mehr wiedergekommen. Er hatte ihr einen Sohn hinterlassen, den sie von nun an alleine großziehen musste. Dschiddo traf diese Frau und war von ihrer Stärke wie von ihrer Schönheit gleichermaßen beeindruckt. Obwohl sie bereits verheiratet gewesen war und ein Kind von einem anderen Mann hatte, ließ sich Dschiddo von einer Hochzeit mit ihr nicht abhalten. Er selbst war bis dato unverheiratet gewesen. Es kam somit einem kleinen Skandal gleich, dass er Amina ehelichte – meine Tétéh – meine Oma. Mit ihr bekam er vier Kinder, darunter meine Mama. Sie lebten eine Zeit lang zusammen, aber das Ausbleiben weiterer Nachkommen belastete meinen Großvater offenbar sehr. So entschied er sich im fortgeschrittenen Alter, eine weitere Frau zu heiraten, und diese Zweitfrau, also meine Stiefoma, schenkte ihm tatsächlich weitere elf Kinder und mir damit elf weitere Tanten und Onkel. Diese waren es dann auch, mit denen ich neben meinen Cousinen und Cousins einen Großteil meiner Kindheit und Jugend in Syrien verbrachte. Jede der beiden Großmütter lebte in einem eigenen Häuschen, die nebeneinanderstanden. Meine Verwandten bewohnten so etwas wie ein kleines zusammenhängendes Viertel im Dorf. Jede Kernfamilie besaß ein eigenes Häuschen mit Garten, in dem Granatapfelbäume, Feigenbäume und Mandelbäume standen und Weinlauben, in deren Schutz ein wenig Gemüse angebaut und Obst gezogen, wo Wäsche aufgehängt und Krimskrams gelagert wurde. Die Grundstücke grenzten alle aneinander. Manche waren über die Gärten direkt miteinander verbunden, andere über kleine Gassen und Straßen. Die Häuser meiner Großeltern waren, solange sie lebten, tagsüber für uns Kinder das Zentrum in Syrien, um das herum sich alles andere anordnete. Vieles verstand ich damals nicht, aber die Armada aus Kindern und Bezugspersonen empfand ich nach kurzer Zeit einfach als großartig.

Häufig war und ist es im Orient so, dass Kinder einen stärkeren Bezug zu Mutter oder Großmutter haben als zu Vater oder Großvater. Das war bei uns nicht anders. Dafür sorgt die klassische Rollenaufteilung, die die Mutter als Hausfrau sieht, die für die Kinder da ist, und den Vater als Verdiener, der viel unterwegs ist. Der engere Bezug zur weiblichen Seite setzt sich bis in die älteren Generationen fort. Somit genießen auch Großmütter eine besondere Behandlung durch ihre Enkelkinder, bei uns war die Beziehung ausgesprochen herzlich. Das erlebte ich erstmals, als ich das Haus meiner Oma betrat. Es handelte sich um einen schnuckeligen viereckigen Lehmbau mit Kuppeldach, farblich in einem natürlichen Erdton gehalten. Durch eine hellblau lackierte Doppelflügeltür aus

Stahl gelangte man ins Innere. Die beiden Hälften sahen aus wie zwei überdimensionale Karo-Asse. Eine Seite stand immer offen, die andere blieb geschlossen. Ging man hinein, war es, als träte man in eine dunkle Höhle ein. Man wusste nicht, was einen erwartete. Ich passierte die Türschwelle und hörte das Geräusch eines Ventilators. Er stand links am Ende des Raums auf einer alten Truhe, daneben eine gläserne Öllampe. Von der Decke baumelte eine Glühbirne. Die Wände waren weiß gestrichen. Davor stand eine typisch arabische *Jalsa*, ein Ensemble aus Bodenkissen, Rücken- und Armlehnen. Rechts ging es durch eine Tür in Omas Schlafzimmer. Ging man geradeaus, gelangte man in in eine geheimnisvolle hintere Kammer, die in fast völliger Dunkelheit lag – aber dazu später mehr. Das Haus beherbergte nur diese Zimmer, sah man von dem kleinen Anbau mit der Küche ab, die gleichzeitig Tétéhs Bad war. Aber um diesen Teil zu betreten, musste man wieder hinausgehen und über die *mastabeh* vor dem Haus laufen. Als Erstes fiel mir auf, wie kühl es in diesem Lehmhäuschen war. Die Zimmer besaßen nur ein abgedunkeltes Fenster, damit es kühl blieb. Links neben dem Eingang brummte ein alter Kühlschrank. Schräg gegenüber konnte ich eine alte Frau ausmachen, die im Schneidersitz und in schwarzer Tracht dasaß. Das war also meine Tétéh. Ich liebte sie auf Anhieb. Sie hatte große braungrüne Augen, und ich erkannte meine Mutter in ihr. Ich sank seitlich zu ihr auf die *Jalsa* und nahm ihre Hand, um sie zu küssen, so wie ich es bei Dschiddo gemacht hatte, und sie tat etwas, was ich bis dato nur von meiner eigenen Mutter kannte. Sie entzog mir ihre Hand und verhinderte damit, dass meine Lippen sie berühren konnten. Stattdessen zog sie mich einfach an sich, umarmte mich und gab mir einen feuchten Kuss.

Dabei fiel mir ein traditionelles Tattoo auf, das ihre Hand zierte, aber die Symbole waren mir unbekannt. Ihre Finger waren sehr lang. Sie trug kein Kopftuch, sondern eine Art folkloristischen Turban, den man wohl früher im Dorf getragen hatte, den sich nun aber niemand mehr dort aufsetzte, weil er zu kompliziert zu binden, zu schwer und zu altmodisch war. Vieles in diesem Haus war für mich so ungewöhnlich, dass ich mich erst mal umschauen musste. Doch bevor ich das konnte, sah ich, was Oma in ihrem Schoß hatte. Eine lange Gebetskette mit neunundneunzig Gebetsperlen aus dunkelbraunem Holz und einem grünen Bommel daran, worauf eine Katze schlief. Ja, richtig gehört. Da schlief einfach eine Katze, die sich durch nichts hatte aus der Ruhe bringen lassen. Tétéh war so etwas wie die Katzenmutter des Dorfes. In ihrem Wohnzimmer lagen mindestens zehn der Tiere. Es war ein Katzen-Refugium. Kaum erwachte eine der Katzen, kam sie zu ihr und ließ sich von ihr mit Streicheleinheiten verwöhnen. Ich war mir nicht sicher, wer das Geschmuse mehr genoss: Tétéh oder die Katzen. Endlich konnte ich mir erklären, warum meine Mutter diese Tiere so sehr liebte. Ich war begeistert von meiner Oma, die dem ganzen Dorf demonstrierte, was Tierliebe bedeutete. Wenn eine der Katzen miaute und Hunger signalisierte, hieß sie ihren jeweiligen Gast die Katzen zu füttern: »Geh mal, und gib ihnen etwas zu essen und zu trinken!« Ihre Katzen waren ihr beinahe heilig.

Rechts neben dem Eingang stand eine riesige Tonamphore auf dem Boden, die fast so groß war wie ich selbst. Ein Teller bedeckte sie. Darauf stand eine Tasse mit Henkel. Wenn man selbst trinken wollte oder eben Wasser für die Katzen holen sollte, nahm man die Tasse in die eine und den Teller in die andere Hand, tauchte die Tasse in diese Amphore, bis man damit an das Wasser heranreichte, und schöpfte daraus. Es war nicht einfach nur Wasser, was ich da zutage förderte. Wasser, so heißt es oft etwas schwülstig, sei unser Lebenselixier. Dieses eiskalte, kristallklare Nass war der Beleg dafür. »Drei Tage Wüste ohne Getränke und dann einen Eimer Wasser, das ist der Himmel auf Erden«, erkannte einst der Brite Thomas Edward Lawrence, besser bekannt als Lawrence von Arabien. Hier bei meiner Oma brauchte es für diese Erkenntnis nicht mal eine Wüste. Jeder hatte das Gefühl, das Wasser aus ihrer Tonamphore schmecke besser als alles Wasser, das man jemals zuvor getrunken hatte: erfrischend und weich, fast sahnig, trotzdem leicht metallisch und leicht säuerlich, wie ein prickelndes Glas Selters, aber ohne Sprudel.

Es bleiben nur Erinnerungen

Im alten Lehmhäuschen meiner Oma prangten an der ansonsten makellosen weißen Wand zwei Handabdrücke. Ich fragte Tétéh danach. »Das sind die Hände deiner beiden Onkel, meiner beiden Söhne. Sie haben vor vielen Jahren dieses Häuschen für mich gebaut und sich mit ihrer jeweils rechten Hand im nassen Lehm verewigt.« Einer dieser Abdrücke musste folglich von Onkel Ahmad stammen. Ich bin ihm nur ein einziges Mal in meinem Leben begegnet, dennoch ist er für mich eine der zentralen Persönlichkeiten in unserer Familie. Das Treffen fand vor fast vierzig Jahren statt. Er war der Erste, der uns in Ahlen besuchte, es war 1979, und er war noch vor unserem Diplomaten-Onkel gekommen. Ich muss ihn damals durch die Stäbe meines Laufstalls angesehen und er muss mir zärtlich über den Kopf gestrichen haben. Vielleicht hat er mich sogar einmal herausgenommen, hochgehalten und gemustert. Meine Eltern können sich nur schemenhaft an die Szene in unseren vier Wänden erinnern. Den Erzählungen und Porträts zufolge war Onkel Ahmad ein großer, galanter und schöner Mann in Uniform. Nachbarn, Freunde und Familie – alle in Syrien liebten ihn und waren stolz auf ihn. Dschiddo hatte ihm ein Studium ermöglicht, anschließend war er der Armee beigetreten und dort schnell die Karriereleiter und die militärischen Ränge emporgeklettert. Er war mehr als ein klassischer Soldat, der Befehle empfing und erteilte, er war ein politischer Mensch, der von einem eigenständigen und freien Syrien träumte. Nach den Osmanen hatten die Syrer es erst mit der französischen Mandatsherrschaft zu tun, später, ab der zweiten Hälfte des 20. Jahrhunderts, erlebte das Land politische Ränkespiele und einen Putsch nach dem andern, was 1970 schließlich der Familie Assad zur Macht verhalf. 1971 wurde Hafiz al-Assad, der Vater des heutigen Staatschefs Bashar al-Assad, zum Präsidenten Syriens gewählt, und Onkel Ahmad war in diese Geschehnisse verstrickt.

Auf mein Bitten hin erzählten mir Tétéh und andere Verwandte, was mit meinem Onkel geschehen war. Sie ließen sich nur Bruchstücke der Geschichte entlocken, die ich mir dann mühsam zusammensetzen musste. Niemand wollte so richtig darüber reden, zu schmerzhaft war es für alle und zu groß die Sorge, durch zu viel Gerede jemanden in Gefahr zu bringen:

Es war an einem wunderschönen Tag im August, ein Tag wie jeder andere. Onkel Ahmad war zu Besuch und erzählte von seinem Leben in Damaskus. Ins Dorf kam er immer dann, wenn ihm der Trubel in der Stadt zu viel geworden war. Hier konnte er zur Ruhe kommen und Kraft schöpfen für bevorstehende Aufgaben. Vielleicht hat er geahnt, was kommen würde, vielleicht war er völlig ahnungslos. Er saß mit Tétéh draußen auf der Terrasse, ließ sich den Wind um die Nase wehen, vor ihm standen ein Aschenbecher, ein Teeglas mit frischer Minze, eine feine Zuckerdose mit einem kleinen Löffel aus Messing und eine Schale mit frisch gepflückten, schwarzblauen Weintrauben. Die Kinder spielten wie eh und je im Hof und im Garten. Es ging schon auf den Abend zu, warmes Licht fiel auf das weiße Minarett der Dorfmoschee, als ein Wagen vorfuhr. Drei Männer stiegen aus. Sie verlangten nach Onkel Ahmad. Er trat zu ihnen. Sie wechselten ein paar Worte. Niemand hörte, was die Männer genau sagten. Onkel Ahmad wandte sich ab von ihnen, ging zurück zu seiner Mutter und verabschiedete sich von ihr. »Ich muss was klären«, sagte er nur lapidar: »Mach dir keine Sorgen.« Dann stiegen die drei Männer mit ihm ins Auto und fuhren los. Tétéh ahnte, dass irgendetwas nicht stimmte, dass irgendetwas anders war als bei früheren Besuchen ihres Sohnes. Die Kinder im Hof rannten zum Tor und auf die Straße hinaus, schauten dem Wagen nach, wie er auf die schnurgerade Hauptstraße unseres Dorfes bog. Staub wirbelte auf, vernebelte die zwischendurch aufleuchtenden Bremslichter und verschluckte dann nach ein paar Sekunden das gesamte Bild. Von diesem Tag an ward Onkel Ahmad nie mehr gesehen. Sie brachten ihn in ein Staatsgefängnis. Dort verliert sich seine Spur. Offenbar war Onkel Ahmad angesichts seines militärischen Rangs und seiner Haltung zu gefährlich geworden. Nachfragen oder gar Nachforschungen über ihn anzustellen, das wusste jeder in Syrien, wäre lebensgefährlich gewesen – für den Nachforschenden wie für dessen Familie, und die gilt es in Zeiten der Diktatur zu schützen. Onkel Ahmads Frau wohnte fortan bei Tétéh. Sie, Tétéh und Dschiddo wünschten sich nichts sehnlicher, als ihn eines Tages wieder in die Arme schließen zu können. Leider verstarben sie, ohne ihn je wiedergesehen zu haben. Inzwischen sind bald vierzig Jahre vergangen, und wir gehen alle davon aus, dass man ihn umgebracht hat. Niemand spricht mehr darüber, und doch ist sein Schicksal immer präsent. Wohl in jeder syrischen Familie gibt es Angehörige, die in Gefängnissen verschwunden sind. Die meisten von uns Jüngeren haben Ahmad kaum kennengelernt, dennoch ist er für alle der stille Held unserer Familie. Tragischerweise musste Tétéh fortan ihren Lebtag von ihrem Lieblingsplatz auf der *Jalsa* aus genau auf diese beiden Handabdrücke schauen, oder wollte sie es vielleicht genau so? Schließlich waren sie zu einem Mahnmal geworden.

Das Geisterhaus

Ich habe ja nun schon einiges von dem bescheidenen Lehmhäuschen meiner Großmutter erzählt, das sich von allen anderen in unserem Viertel unterschied. Es war das einzige Haus, das aus Lehm gebaut war und eine Kuppel hatte, wies aber noch eine andere Besonderheit auf. Sie erinnern sich vielleicht noch an die Kammer im hinteren Teil des Hauses? Nun, in diese traute sich nach Sonnenuntergang niemand hinein. Als Kind begriff ich nicht ganz, warum. Der Raum war etwa fünfzehn Quadratmeter groß, Strom gab es hierin nicht, und nur durch ein winziges Fensterchen drang etwas Licht herein, trotzdem sah man sogar bei Tag kaum die Hand vor Augen, weshalb vermutlich nur Tétéh wusste, was sie alles in der Kammer verwahrte. Mäuse gab es auch keine, dafür sorgten die vielen Katzen. Als wir mal wieder bei Oma saßen, fragte ich meine Cousinen und Cousins, was sich denn darin befand. Sie forderten mich auf, hineinzugehen. Ich zögerte, denn tatsächlich hatte ich noch nie jemanden dabei beobachtet, wie er die Kammer betreten hatte. Doch die Neugier war stärker, und so tastete ich mich vorsichtig den schmalen Flur entlang, der zu der Kammer führte. Tétéh kicherte nur. Sie war alt, konnte selbst kaum mehr laufen und musste sich auf einen Krückstock stützen. Ich fragte sie, ob sie keine Angst hätte. Sie sagte, sie lebe nun schon ewig in diesem Haus, und wenn sie Angst hätte, wäre sie wohl kaum mehr hier. Das klang plausibel. Trotzdem zitterten mir die Knie, und mit jedem weiteren Schritt verstärkte sich das Zittern. Ich erreichte den Eingang der Kammer, ein türloser Rundbogen, spähte um die Ecke und sah den Sonnenstrahl, der schräg durch die kleine Öffnung in die Kammer fiel, in dem Licht flimmerte Staub. Die Umrisse von Vorräten waren vage zu erahnen, Katzen huschten durch die Dunkelheit, und meine Unruhe stieg. Aber anmerken lassen wollte ich mir nichts, ich konnte mir nicht erklären, warum ich so angespannt war. Also fragte ich die anderen Kinder, die mich die ganze Zeit beobachteten, ob sie sich mit mir hineintrauten. Sie schüttelten nur schweigend den Kopf. Was denn nun so sonderbar an diesem Raum sei, wollte ich von ihnen wissen. Da platzte es aus ihnen heraus: »Dort leben Dschinn!«, riefen sie im Chor. Ich hakte nach, denn ich kannte das Wort »Dschinn« nicht. Mein Cousin Maher riss die Augen weit auf und presste mit leicht flatternder Stimme zwischen den Lippen hervor: »Das sind Geister, die im Koran erwähnt werden. Sie wollen uns Menschen Böses.« Und Fatima rief aufgeregt dazwischen: »Und sie leben in Tétéhs Kammer!« Ich gebe zu, in diesem Moment überkam mich wahrhaftige Angst. Ich wich rasch zurück und eilte ins Wohnzimmer. Noch nie zuvor hatte ich von Dschinn gehört. Später erfuhr ich, wieso. Papa und Mama glaubten zwar an deren Existenz, aber sie wollten uns keine Flausen in den Kopf setzen, wonach man die Dschinn beschwören konnte, um sie sich für gute oder böse Taten untertan zu machen. Genau das aber wollten Maher und Fatima mir nun weismachen. Fatima erzählte in ehrfürchtigem Ton von einer Begebenheit, bei der jemand die Dschinn herbeigerufen hatte, damit sie ihm einen Wunsch erfüllten. Doch er verärgerte die Dschinn und wurde auf ewig von ihnen mit Gebrechen gezeichnet. Im Laufe der Zeit wandelte Fatima die Geschichte immer wieder ab, bis der mysteriöse Dschinnbeschwörer letztlich nicht mehr nur von den Dschinn gezeichnet wurde, sondern auf der Stelle tot umfiel. Dschinn waren laut ihr in der Lage, Geheimnisse zu erfahren, von Menschen Besitz zu ergreifen und noch Schlimmeres anzustellen. Mein eher nüchternes kindliches Gemüt war in Aufruhr. Ich sollte an Wesen glauben, die niemand sah, die uns aber schaden konnten? Und gleichzeitig sollten sie exakt das tun, was wir Menschen von ihnen wollten, sobald wir sie bezwungen hatten? Ich wollte nicht daran glauben. In die hintere Kammer habe ich mich bis zum Ableben meiner Oma trotzdem nie hineingetraut, und nach ihrem Tod wurde das Haus teilweise abgerissen und als Abstellkammer genutzt, sodass das Mysterium und der Zauber dieser Kammer bald verflogen waren. Anfangs hatte ich den Eindruck, nur uns Kindern und gerade mir, dem Kind aus Deutschland, sei es mit der Furcht vor der Kammer so ergangen, doch dann bemerkte ich, dass selbst die Erwachsenen davor zurückschreckten, Tétéhs Kammer zu betreten.

Das satanische Prinzip

Wer kennt nicht die Geschichte von Aladin und seiner Wunderlampe, aus der ein Dschinn emporsteigt, um dem Meister drei Wünsche zu erfüllen. Die Erzählung aus *Tausendundeiner Nacht* hat es zu uns nach Deutschland geschafft und ist vermutlich in jedem Kinderzimmer angekommen. Ihr liegt ein religiöser Kern zugrunde. Die Idee des Dschinns ist dem islamischen Kontext entnommen. Bei uns in Deutschland ist der Glaube an Dämonen und Satyrn nicht mehr weit verbreitet, er wird von den meisten als Humbug und Hirngespinst abgetan, taugt allenfalls noch als Stoff für Exorzistenfilme. In Syrien ist er dagegen allgegenwärtig, und nicht nur dort, sondern in allen muslimischen Gemeinschaften, denn der Koran selbst bestätigt die Existenz dieser Wesen. Ein ganze Sure, die zweiundsiebzigste, trägt sogar den Namen »Der Dschinn«. So bin auch ich mit diesen Vorstellungen aufgewachsen. Sich tiefer mit dem Thema zu befassen gilt allerdings unter Gläubigen als verpönt. Muslime sind davon überzeugt, dass Gott vor dem Menschen die Engel aus Licht und die Dschinn aus Feuer erschaffen hat. Wie beim Menschen gibt es unter den Dschinn gute und böse. Der Koran lässt einen Dschinn sagen: »Unter uns gibt es solche, die rechtschaffen sind, und solche, die es nicht sind« (Sure 72, Vers 11). In der berühmten Iblis-Episode im Koran, also der Geschichte über den Teufel, wird erzählt, dass Gott den Engeln und Dschinn befahl, vor dem ersten Erdling (*âdâm*) niederzuknien und sich zu verbeugen. Die Engel, die im Koran als gehorsame Diener Gottes beschrieben werden, verbeugten sich sofort und ausnahmslos. Iblis (»derjenige, der sich widersetzt«), der zu den Dschinn gehörte, verbeugte sich hingegen nicht. Er widersetzte sich laut dem Koran mit folgenden Worten: »Ich bin besser als er. Du erschufst mich aus Feuer, und ihn hast Du aus Lehm erschaffen« (Sure 38, Vers 76). Iblis wurde daraufhin verflucht, doch er bat Gott um Aufschub, um ihm beweisen zu dürfen, dass der Mensch schlechter sei als er. Seitdem bemüht sich Iblis mit seinem Gefolge – den bösen Dschinn –, die Menschen auf die Probe zu stellen, indem er sie zu Sünden verführt und Hass unter ihnen sät. Iblis steht somit den bösen Dschinn vor; wahlweise bezeichnen Muslime ihn wie Juden und Christen als Satan (*shaytân*). Ausgehend von dieser Geschichte ist es nicht mehr weit zum Glauben an Magie (*sihr*). Der Koran erzählt, dass der Prophet Sulayman (Salomo), der »Herrscher über die Geister«, wie ihn die große Islamwissenschaftlerin Annemarie Schimmel bezeichnete, oder der »Geisterfürst«, wie Johann Christoph Bürgel schrieb, nicht nur ein weiser Prophetenkönig war, sondern auch Macht über Magie erlangt hatte. Viele sehen in ihm gar den Begründer der weißen Magie, der guten und nützlichen Zauberei. In Sure 2, Vers 102 heißt es, Iblis und zwei obskure Engel namens Harut und Marut hätten das Pendant dazu, die schwarze Magie, also die böse, in die Welt der Menschen gebracht. Wie dem auch sei, Magie ist aus Sicht des Koran eine Realität, und in der muslimischen Welt ist sie es bis heute.

Die Hand der Fatima gegen ebenjene bösen Geister, das blaue Auge gegen die Blicke Unheil stiftender Menschen, Amulette, die in ihrem Innern Koranverse gegen Krankheiten bergen, oder sonstige Talismane oder Glücksbringer – im Alltagsglauben vieler Muslime spielen Magie, Schutz- und Abwehrzauber eine wichtige Rolle. In unzähligen Geschichten und Episoden wird der Kampf zwischen Gut und Böse dargestellt. Meist sind die Menschen Opfer des Bösen, das durch Magie in die Welt kommt. Entweder geht es von ihnen selbst aus, man denke hier an den bösen Blick, oder von einem Dschinn, der wie in Cousine Fatimas Schauergeschichte Besitz von den Menschen ergreifen und sie zeichnen kann. Magie zu erlernen oder sie gar auszuüben gilt im Islam als streng verboten. Offiziell will keiner etwas mit solchen Praktiken zu tun haben, aber im Verborgenen sieht das ganz anders aus …

Der ockerfarbene Shaykh und ein mysteriöser Fluch

Nur weil Gott und Muhammad etwas verboten haben, heißt das noch lange nicht, dass Muslime es befolgen. Als junge Studentin traf ich mich oft mit meiner Freundin Salma in Aleppo. Salma ist eine echte Aleppinerin, sie lebte nicht nur dort, sie liebte die Stadt. Schon als Kind hatte ich Aleppo mehrfach mit meinen Eltern und Geschwistern besucht. Inzwischen besaß meine Familie eine kleine Wohnung dort, und wir pendelten fortan zwischen Dorf und Großstadt, wenn wir in Syrien waren. Früher erschien mir Aleppo grau, staubig und heruntergekommen, noch dazu unerträglich heiß, tagsüber kletterten die Temperaturen auf über 45 Grad – an die frische Brise, die durch das Heimatdorf meiner Eltern wehte, war dort nicht zu denken. Als junge Frau entdeckte ich Aleppo vor allem mit Salma noch einmal ganz neu. Wegen der Hitze gingen sie und ich meist erst am Abend hinaus. Salma lebte allein, und wenn es nicht sein musste, war sie zu anderen Tageszeiten nur schwer aus ihrer kühlen Wohnung herauszulocken. Wir schlenderten durch die belebten Straßen, quatschten viel und genossen die vielen Leckereien, die an jeder Ecke angeboten wurden. Wir tranken *sahlab*, das zuckersüße Heißgetränk aus Milch, Rosenwasser und zu Pulver verarbeiteten Knollen von Orchideen, im deutschen Volksmund Knabenkraut genannt, verfeinert mit einer Haube aus gehobelten Pistazien, Zimt und Kokosraspeln. Eigentlich genießt man das in Syrien an kalten Wintertagen, um sich wohlige Wärme zu verschaffen, aber uns schmeckte es im Sommer ebenso gut. Wir genehmigten uns kleine Portionen *halawet jibn*, eine aus Weizengries, Mozzarella, Zucker und Wasser hergestellte Teigmasse, bestrichen mit *qushta*, einer feinen Milchcreme, zusammengerollt und mit Rosenwasser-Zuckersirup getränkt. Manchmal taten es auch ein schlichter Tee, eine Limonade mit frischer Minze und eine *argileh*, eine Wasserpfeife, mit Doppelapfel- oder Weintrauben-Tabak. Am allermeisten faszinierte mich das Treiben auf dem Basar und in der Altstadt rund um die Zitadelle. Die Einheimischen bewegten sich wie an Schnüren gezogen durch das Gewirr aus Passanten, Verkaufsständen, parkenden Autos, fliegenden Händlern, führten engagierte Gespräche mit Bekannten, die sie zufällig trafen, oder mit Leuten, von denen sie etwas erwerben wollten. Eines Abends unterhielten Salma und ich uns angeregt bei Argile und Tee in einem Café am Fuße der Zitadelle (*qal'a*). Eher beiläufig erzählte sie mir, eine ihrer Arbeitskolleginnen sei vergangene Woche bei einem *shaykh* gewesen – einer Art Medium. Permanente Kopfschmerzen hätten sie geplagt, die sie sich nur mit einem Fluch habe erklären können. Ja, Sie haben richtig gelesen – die Arbeitskollegin ging zu einem Medium, um zu erfragen, ob jemand sie verflucht hatte. »Echt? Wegen Kopfschmerzen?«, hakte ich nach. Salma bejahte, die Kopfschmerzen seien so unerträglich gewesen, dass sie sich nicht mehr zu helfen gewusst hatte. Ich war damals zwanzig Jahre alt und kannte solche Geschichten schon zur Genüge, nur selbst erlebt hatte ich ein Medium noch nicht. Folglich irritierte es mich nicht mehr sonderlich, wenn Menschen versuchten, Kontakt zu Dschinn aufzunehmen. Dennoch vermutete ich mehr hinter der Geschichte und bohrte weiter nach: »Dann ist sie jetzt wieder gesund?« Salma erwiderte mit ernster Miene: »Die Kopfschmerzen sind weg, aber dafür hat der Typ rausbekommen, dass sie offenbar von ihrem eigenen Mann verflucht wurde.« Sie zog bedeutungsvoll die Augenbrauen hoch. »Ups, Murphys Gesetz, hm? Aber woher will der *shaykh* wissen, dass es ihr Mann gewesen ist?« – »Glaubst du etwa nicht daran?« Salma sah mich vorwurfsvoll an. Sie hatte gleich durchschaut, dass ich Zweifel hegte. »Ja«, entgegnete ich behutsam, »es fällt mir schon schwer, zu glauben, dass sich Dschinn von Menschen steuern lassen.« Sie konterte ziemlich cool: »Okay, wir gehen dahin.« – »Aber wohin?«, stotterte ich überrumpelt. »Na, zu Shaykh Mahmoud. Du willst es nicht glauben? Tja, dann los, sehen wir uns die Sache selbst an!« So ist Salma, sie macht immer Nägel mit Köpfen. Wenn es jemanden gibt, auf den diese alte deutsche Redewendung zutrifft, dann sie.

Wir fuhren noch am selben Abend mit dem Taxi quer durch Aleppo zu ebenjenem Shaykh Mahmoud. Früher hatte ich mir einen Dschinn-Beschwörer als weisen, alten Mann mit langem weißen Bart und großen Augen vorgestellt. Dieser Mahmoud aber war weder alt noch weißhaarig, noch wirkte er sonderlich weise – eher wie ein stinknormaler syrischer Schnurrbartträger. Er hatte sein dezentes beigefarbenes Hemd akkurat in die ockerfarbene Stoffhose gesteckt wie so viele moderne Städter im Land. Dünn, fast hager war er. Shaykh Mahmoud wusste, dass wir kamen. Salma hatte ihn angerufen, den Termin für den Abend ausgemacht und ihm erzählt, dass eine Syrerin aus Deutschland prüfen wolle, ob sie verflucht sei. An der Tür entledigten wir uns unserer Schuhe und betraten seine Wohnung. Er gehörte eindeutig zur wohlhabenderen Aleppiner Mittelschicht. Seine vier Wände machten durchaus etwas her. Er führte uns in eine Art Empfangszimmer, wo wir an einem schweren Holztisch Platz nahmen. Die Wand, in Veroneser Grün gehalten, zierten islamische Kalligrafien, auf einem Sideboard lagen ein Schreibblock und ein Kugelschreiber. Sonst war der Raum leer. Ein Muslim also, zumindest tut er so, dachte ich bei mir, und versuchte meine Skepsis zu verbergen. Mahmoud setzte sich zu uns und fing an. Er brauche nur zwei Dinge, sagte er, um herauszubekommen, ob wir verflucht seien: Zettel und Stift. Es war inzwischen ein Uhr in der Nacht. Die Straßen Aleppos waren zu dieser Zeit nur unwesentlich leerer. Der Shaykh empfand es nicht als unerhört, dass wir ihn so spät noch aufsuchten. »In Notfällen werde ich zu jeder Tages- und Nachtzeit gerufen«, betonte er. Wir waren aber nicht wegen eines Notfalls da, sondern just for fun – jedenfalls dachte ich das zu dem Zeitpunkt noch …

Als Erstes bat er uns, ihm unsere Namen zu nennen und dann die Namen der Menschen, die uns wichtig waren. Allerdings, hob er warnend hervor, schaue er nicht nach Verschollenen oder Verstorbenen. Diese Namen sollten wir ihm nicht nennen. Salma benannte sämtliche Familienmitglieder und einige Freunde. Ich machte es ihr nach und nannte mehrere Namen – auch von Freunden aus Deutschland. Shaykh Mahmoud notierte sich alle. Mit »Salma« und »Lamya« fing er an. Ich hatte eine Ahnung, was er vorhatte. Er wollte die genaue Schreibweise unserer Namen wissen, um uns durch den jeweiligen Buchstabenwert und eine bestimmte Berechnung einer Art Horoskop der Elemente zuzuordnen. Jeden einzelnen Wert der achtundzwanzig arabischen Buchstaben kannte er aus dem Effeff. Tabellen oder andere Hilfsmittel benötigte er nicht. Mahmoud kritzelte die Namen auf Arabisch hin, addierte und teilte, bis er auf eine Zahl zwischen eins und zwölf kam. Er rechnete unheimlich schnell und schrieb in einem rasenden Tempo Zahl um Zahl auf seinen Schreibblock. Deutsche oder türkische Namen schrieb er in Arabisch um. Wenn sich der Shaykh unsicher war, ob er die richtige Person meinte, fragte er zusätzlich nach dem Namen der Mutter. Bei jeder Überprüfung eines Namens verging ungefähr eine halbe Minute. Wenn er mit seiner Berechnung fertig war, nuschelte er halb zu sich, halb zu uns: »*tamâm*« – »Alles gut, der nächste Name.« Obwohl Mahmoud es ausdrücklich untersagt hatte, hatte ich natürlich daran gedacht, nach meinem Onkel Ahmad zu fragen, der fast zwanzig Jahre zuvor inhaftiert worden war und seitdem als verschollen galt. Ich hatte kurz gezögert und ihm den Namen dann doch zugerufen. Als die Reihe an Onkel Ahmad kam, fragte der Shaykh nach dem Namen seiner Mutter. Schon nach ein paar Sekunden strich er den Namen durch, schaute mich verärgert an und sagte: »Ich hatte doch klipp und klar gesagt, ich schaue nicht nach Toten!« Ich schluckte. War das die Bestätigung, dass Onkel Ahmad tot war? Auf jeden Fall hatte seine Rüge gesessen, mir wurde mulmig zumute, und nur wenige Augenblicke später unterbrach Shaykh Mahmoud seine Monotonie, und statt: »tamâm« – »Alles gut« flüsterte er: »mashûr«. Nun könnte man »mashûr« vorsichtig formuliert als »verhext« übersetzen. »Verflucht« trifft es in diesem Kontext aber besser. Wer ist »mashûr?«, fragte Salma atemlos. »Samir!« »Was ist mit Samir?« Samir war Salmas älterer Bruder. Mahmoud erklärte uns ausführlich, wann ihr Bruder wo und weswegen verflucht worden sei. Jemand habe ihm berufliches Unglück gewünscht. Dieser Jemand sei ein Mann, der ein Objekt mit einem Fluch belegt und dieses dann einem Grab irgendwo in Syrien beigefügt habe. Bei diesem Objekt handle es sich um ein kleines Kreuz aus Metall. »Wer? Wer in Gottes Namen hat ihn verflucht«, rief Salma fassungslos. Mahmoud schüttelte missbilligend den Kopf und zischte. »Tss. Es ist ein Mann aus eurem Umfeld.« Salma ließ nicht locker: »Wer ist es? WER?« Mahmoud erklärte, so etwas mache er nicht. Nenne er den Namen, werde er nur Gift versprühen und böses Blut heraufbeschwören. Er sei nicht da, um Konflikte zu schüren, sondern um uns zu helfen: »Mir ist es wichtig, das Böse aus der Welt zu verbannen.« Mittlerweile war es halb zwei, und langsam wurde es mir zu bunt. Ich wollte das alles einfach nicht glauben. Salma hingegen wurde immer aufgeregter, und es wirkte fast, als dächte sie, das Leben ihres Bruders hinge jetzt davon ab, was dieser ockerfarbene Mann in seiner erdfarbenen Wohnung als Nächstes tat. Mahmoud erklärte uns, dass er im Rahmen einer Zeremonie die Dschinn beschwören müsse. Denn nur die Dschinn könnten das mit dem Fluch belegte Kreuz finden und aus dem Grab herausholen. Vor lauter Skepsis und in Sorge um Salmas Gemütszustand zog ich meine Augenbrauen hoch. Mahmoud bemerkte es und schenkte mir ein trockenes Lächeln. Entweder zeigte er Verständnis oder er war ein guter Stratege. Er bat uns, in aller Ruhe darüber nachzudenken und ihn einfach am nächsten Tag anzurufen, falls wir den Fluch auflösen wollten.

Wir verließen die Wohnung, und ich sagte Salma, dass ich das alles für mehr als merkwürdig hielt. Sie hingegen glaubte offenbar, endlich eine Erklärung für Samirs berufliche Erfolglosigkeit gefunden zu haben. Er hatte Jura studiert und war trotz wochenlanger Büffelei zweimal durch das Examen geflogen. Niemand in der Familie habe sich das erklären können, nicht einmal Samir selbst, meinte sie. Sie war so überzeugt von den Ausführungen Mahmouds, dass ich mich kaum traute, ihr zu sagen, dass das doch alles Irrsinn und frei erfunden sei. Ich war der festen Überzeugung, dass sie sich auf die Aussagen dieses Mannes versteifte, weil sie verzweifelt nach einer Erklärung suchte. Ich bat sie darum, wenigstens diese eine Nacht darüber zu schlafen und erst am nächsten Tag zu entscheiden, ob sie den Shaykh noch einmal aufsuchen wolle.

Aber am nächsten Morgen dauerte es nicht lange, und schon um neun Uhr klingelte das Telefon. Salma war dran. Im Brustton der Überzeugung sagte sie: »Ich werde den Shaykh gleich anrufen! Kommst du mit?« Ich hörte, wie sie hastig an einer Zigarette zog, und stöhnte entnervt ins Telefon. »Okay«, sagte ich, und schon legte sie auf. Keine fünf Minuten später klingelte das Telefon erneut: »Er kommt um dreizehn Uhr hierher«, japste sie in den Hörer. Ihre Nervosität übertrug sich nun auf mich. Hektisch überlegte ich, wie ich Mahmoud der Lüge überführen könnte, und stopfte kurz entschlossen meinen Camcorder in eine Tasche. Um zwölf Uhr schlug ich bei ihr auf. Der Shaykh hatte sie davon überzeugt, dass es effektiver wäre, wenn er die Zeremonie in ihrer Wohnung vollzog. Zur Vorbereitung hatte sie in einem bestimmten Geschäft in der Mdineh (dem Basar) eine bestimmte Sorte Weihrauch kaufen sollen.

Mahmoud kam pünktlich, was für Araber eher ungewöhnlich ist. Jetzt, am Tage, konnte ich ihn mir endlich genauer anschauen. Wir gingen in ein Zimmer, in dem man sich auf einigen Bodenkissen niederließ. Salmas halbe Familie war angereist. Samir war mit dabei. Wir saßen auf der einen Seite der Sitzgruppe und der Shaykh allein auf der anderen. Etwa drei Meter trennten uns voneinander. Dann krempelte er die Ärmel hoch. Mein Blick blieb an seiner goldenen Uhr hängen, die ziemlich teuer gewesen sein musste. »Wie viel Geld wird er wohl für diese Dienstleistung nehmen?«, ging es mir durch den Kopf, und mir fiel ein, dass ich Salma gar nicht danach gefragt hatte. Der Weihrauch war schon ziemlich teuer gewesen.

Mahmoud bewegte sich jetzt nicht mehr, und im Raum wurde es mit einem Mal sehr still. Ich fragte ihn, ob ich die Zeremonie auf Video aufzeichnen dürfe. Natürlich lehnte er ab. Leider gab es damals noch keine Smartphones zum heimlichen Filmen. Shaykh Mahmoud bat Salma, einen sauberen Topf zu zwei Dritteln mit klarem Wasser zu füllen, ihm ein sauberes Handtuch zu bringen und das Wasser im Topf auf keinen Fall zu berühren. Den Topf sollte sie in die Mitte des Raums stellen, also genau zwischen ihn und uns. Er bat um ein weißes Blatt Papier und einen Stift. »Ich habe nichts mitgebracht, damit nicht der Verdacht aufkommt, ich würde euch betrügen«, unterstrich er. Dann ging es los. Er riss das Papier ein Stück kleiner, beschriftete das Blatt mit Zeichen und Buchstaben, und es entstand eine Art kreisrundes Mandala. Das handtellergroße Kunstwerk legte er in das Wasser, breitete das Handtuch darüber aus und sprach auf einmal in einer Sprache, die Arabisch klang, aber kein Arabisch war. Er artikulierte mehrere Konsonanten hintereinander, gefolgt von kurzen Vokalen. Im Arabischen stehen nie mehr als zwei Konsonanten hintereinander, deshalb können Araber zum

Beispiel einen Namen wie »Thorsten« oft nicht gut aussprechen und machen daraus »Thoresten«. Mahmoud hingegen wiederholte die seltsamen Worte mehrfach und ohne Probleme. Es klang wie ein Schwur. Nach einer Weile hielt er inne und bat Samir, keine Angst zu haben, mit der linken Hand das Handtuch anzuheben und mit der rechten Hand in den Topf zu greifen. Samir tat, wie ihm geheißen, fand aber nichts in dem Topf. Der Shaykh hatte uns zuvor erklärt, er werde die Dschinn damit beauftragen, das mit dem Fluch belegte Objekt in den Topf zu geben. Nach der ersten Runde folgte eine weitere Beschwörung nach dem gleichen Ritual. Erneut streckte Samir die rechte Hand ins Wasser, und wieder: nichts. Mahmoud wurde langsam nervös. Ich freute mich diebisch darüber, dass sein Trick nicht aufzugehen schien. Jemand möge ihm bitte einen rituell verunreinigten Gegenstand holen, fuhr er mit bestimmendem Tonfall fort. Wir schauten einander irritiert an. »Los«, drängte Mahmoud, »Bitte! Ich brauche das.« Rituell unrein werden Gegenstände nach islamischer Auffassung zum Beispiel durch die Berührung mit Blut, Fäkalien oder dem Speichel von Hunden oder Schweinen. Wir überlegten kurz. Mahmoud bevorzugte die Toilettenschuhe von Salmas kleiner Nichte Shams. In Wohnungen gläubiger Muslime betritt man die Toilette aus Angst vor ritueller Verunreinigung nur mit eigens bereitgestellten Schuhen. Mahmoud hob das Handtuch über dem Topf an, nahm Shams Toilettenschuhe, um damit das Wasser zu berühren und es rituell zu verunreinigen. Als er das Handtuch lüftete, fiel es mir gleich auf, und ich rief: »Das weiße Papier, das er zu Beginn beschriftet und in den Topf gelegt hat, ist weg.« Der Shaykh hatte sich bis dato nicht einen Millimeter von seinem Platz am Boden wegbewegt. Die anderen begutachteten den Topf und nickten. Mahmoud aber winkte ab. Er sprach wieder unverständliche Worte und eröffnete die dritte Runde. Mehr als eine Stunde war bereits vergangen, da bat er Samir zum dritten Mal nach dem vermeintlichen Objekt im Topf zu greifen. Wieder Fehlanzeige. Shaykh Mahmoud wirkte jetzt zornig.

Er blickte auf und schickte uns alle hinaus. »Irgendetwas stört hier drin!« Nur Salma und Samir durften im Raum bleiben. Wir sollten draußen warten. Da stand ich nun vor verschlossener Tür. Ich legte das Ohr an das Holz, um zu lauschen, und kiebitzte durch das Schlüsselloch, doch es war nichts zu erkennen. Nach zwanzig Minuten öffnete Samir die Tür. Er hielt den zugedeckten Topf in Händen. Er sollte ihn auf die Schwelle der Wohnungstür legen. Neugierig folgten wir ihm mit unseren Blicken. Der Shaykh saß weiter an seinem Platz. Alle waren irritiert, ich aber war eher froh. Nun konnte ich wieder verfolgen, was da vor sich ging. Auf dem Weg zur Haustür wurde Samir von den Worten des Shaykh gestoppt. »Halt, stell den Topf auf die Schwelle zu diesem Zimmer!« Samir tat, wie ihm geheißen. Ich stand exakt daneben und hatte Topf, Wasser, Handtuch und alles andere gut im Blick. Er sollte das Handtuch vom Topf ziehen – und …? Wieder sahen alle nur klares Wasser. Samir, inzwischen sichtlich genervt, beinahe angewidert, deckte den Topf wieder ab. Mahmoud brabbelte schon wieder vor sich hin, wir lauschten, und irgendwann hörte ich, dass er nun auf Arabisch zu »ihnen« sprach. Er drohte ihnen, schnell zu kommen. Auf einmal hielt Shaykh Mahmoud inne. »Das Objekt ist nun im Wasser!«, sagte er. »Samir, hab keine Angst, greif unter das Handtuch in den Topf. Wenn du den Gegenstand zu fassen bekommst, lass ihn nicht los, bis ich die Dschinn verabschiedet habe!« Ein Raunen ging durch die Zuschauer. Mir war eher nach Lachen zumute. Samir griff also erneut mit der rechten Hand in den Topf. Er zögerte. Ich sah an seinem Blick, dass er wohl tatsächlich etwas spürte. »Was ist los?«, fragte ich. Er schaute zu mir hoch und wisperte: »Da ist was.«

Nun erhob sich Mahmoud zum ersten Mal seit fast zwei Stunden. Er stellte sich hinter Samir und legte ihm beruhigend die Hand auf die Schulter. Der Shaykh bedankte sich bei den Dschinn und beschwor diese, wieder zu gehen. Niemand sah und hörte irgendwas von irgendwelchen Dschinn. Mahmoud bat Samir, den Gegenstand im Topf loszulassen, den Topf wieder in die Mitte des Zimmers zu stellen und das Handtuch abzunehmen. Das Wasser war jetzt braun und nicht mehr klar. Shaykh Mahmoud setzte sich entspannt zurück auf seinen Platz und rief uns alle wieder ins Zimmer. Samir zog ein Metallteil aus dem Wasser, es war verrostet und verbogen. Er solle die Enden zurückbiegen, rief ihm der Shaykh zu. Nachdem er alle Ecken zurückbogen hatte, ergab das Metallstück ein Kreuz. Um nun den Fluch endgültig aufzulösen, riet er, das Kreuz einzuschmelzen und zu entsorgen. Auf dem Topfboden hatte sich eine Handvoll brauner Erde abgesetzt, die zusammen mit dem Wasser in der Toilette geschüttet werden sollte. Shaykh Mahmoud verlangte nach drei Blättern. Er nahm den Stift zur Hand. Auf jedes der Blätter zeichnete er erneut ein Muster. Dann faltete er sie und beauftragte Samir damit, eines vor Sonnenuntergang zu begraben, eines nach Sonnenuntergang und ein drittes zu verbrennen. Wir sollten derweil den Weihrauch anzünden und die gesamte Wohnung ausräuchern. Der Shaykh verlangte umgerechnet fünfzig Euro für seine Dienste – so viel verdiente ein einfacher syrischer Landarbeiter in einem ganzen Monat. Dann verabschiedete er sich; er müsse nun weiter – zum nächsten Termin. Und damit verschwand Shaykh Mahmoud und ward nicht mehr gesehen. Das Thema – die Beschwörung von Dschinn und andere Zauber – sollte mir allerdings noch einige Male begegnen.

Das verbotene Buch

Als Salma und ich bei Shaykh Mahmoud zu Hause gewesen waren, hatte ich ihn gelöchert, wo er denn »so etwas« gelernt habe. Er hatte trocken geantwortet: »In Marokko.« Ich hakte nach, sodass er genauer ausführte: »Das kann eigentlich jeder, der die entsprechenden Formeln kennt.« – »Was sind das für Formeln?« – »Sprüche eben.« – »Und wo findet man die?« – »Die stehen in bestimmten Büchern.« – »In welchen Büchern?« Doch an diesem Punkt hatte der Shaykh mich unwirsch abgewürgt. »Khalâs! (»Genug jetzt!«) Wollt ihr noch wissen, ob jemand verflucht ist, oder nicht?«

Die Frage nach den Büchern beschäftigte mich eine Weile, aber die akute Neugier ließ bald nach. Ich wollte mich nicht zu sehr mit dieser Angelegenheit befassen, hielt sie für Zeitverschwendung. Trotzdem muss sie sich damals irgendwie in meinen Hinterkopf eingenistet haben. Gut zehn Jahre später, mein Opa Mustafa war längst verstorben, das Erlebnis mit dem Dschinn lange kein Thema mehr, da erwähnte mein Onkel Badr in einem Gespräch ein geheimnisvolles, »verbotenes« Buch, das mein Opa besessen hatte. Was für ein Buch?«, fragte ich. »Eines, mit dessen Hilfe man Dschinn herbeirufen kann. Im Titel stand etwas mit Sonne.« Sofort war das Thema wieder präsent. Ich fragte, ob ich es mal sehen könne und warum Dschiddo überhaupt ein solches Buch besessen hatte. Er habe es geschenkt bekommen, meinte Badr. Aber er habe es gleich weggeschlossen, weil er nicht viel von Menschen gehalten habe, die Magie praktizierten, und ebenso wenig wollte, dass andere es taten. »Jetzt ist das Buch weg. Wir wissen nicht, wer es hat.«

Als ich wenig später zurück in Deutschland war, recherchierte ich nach dem Buch. Onkel Badrs lose Hinweise reichten aus, um rasch zu einem Ergebnis zu kommen. Dschiddo Mustafa hatte eine Kopie des Buchs »Shams al-Ma'ârif al-Kubrâ« von Ahmad Ibn 'Alî al-Bûnî, einem Sufi aus dem 13. Jahrhundert, besessen. Auf Deutsch lautet der poetische Titel »Die große Sonne des Wissens«, und inhaltlich geht es unter anderem um die angeblich magische Kraft von arabischen Buchstaben, Wörtern und Namen, wenn man sie zum Schutz vor dem Bösen richtig anwendet. Über die Jahrhunderte hinweg bis heute haben vor allem orthodoxe Gelehrte vielfach verboten, dieses Buch und andere Schriften von al-Bûnî zu konsultieren. In Internetvideos wird eindringlich davor gewarnt, den Anweisungen aus diesem Buch zu folgen. Was Menschen auch in Deutschland selbstverständlich nicht davon abhält, sich dieses Buches und der darin enthaltenen Techniken zu bedienen. Entsprechend gibt es in Deutschland diverse Shaykh Mahmouds als Anlaufpunkte für all jene, die sich ihre Probleme nicht erklären können. Vieles davon ist purer Aberglaube und geschieht meist aus Verzweiflung. Wenn Freunde, Mediziner, Psychologen und Homöopathen nicht mehr helfen können, dann vielleicht Dschinn-Beschwörungen. Bei dieser Magie ist es wie mit der Hellseherei: Einige »Diagnosen« sind so geschickt formuliert, dass sich jeder darin wiederfinden kann. Eine Bekannte namens Esra, die ich während meiner Studienzeit kennenlernte, erzählte mir irgendwann, dass sie an Epilepsie erkrankt sei. Ihre Eltern rieten ihr, unbedingt zu einem *hodscha* zu gehen – so nennen Türken Religionslehrer, Imame oder Shaykhs, wie Mahmoud einer war. Sie fragte mich, ob ich sie begleiten würde. Alleine hätte sie Angst, dorthin zu gehen. Sie erhoffte sich moralischen Beistand durch mich. Ich warnte sie davor, einen solchen *hodscha* aufzusuchen, geschweige denn, sich Hoffnungen zu machen. Doch sie ließ sich nicht beirren, und wir machten uns auf den Weg nach Köln. Meine Neugier war wieder einmal mindestens so groß wie meine Hilfsbereitschaft. Wir fuhren im vorabendlichen Berufsverkehr die A57 hinunter vom westlichen Ruhrgebiet ins Rheinland nach Köln-Chorweiler. Der Trip endete im vierten Stock eines Mehrfamilienhauses. Den Kontakt hatte Esra über ihre Eltern. Sie war sichtlich angespannt. Ich dachte mir nur, was kann schon »Schlimmeres« passieren als in Syrien bei Mahmoud? An der Haustür angekommen, gab es die erste Überraschung. Mehr als ein Dutzend Paar Schuhe auf der Matte verrieten mir, dass wir wohl nicht die einzigen Gäste waren. Wir schellten. Ein erstaunliches lautes Summen ließ die Tür vibrieren. Wir stießen sie auf und standen in einem langen Flur. Kein Mensch war zu sehen. Vom Ende des Flurs her schallten Stimmen zu uns herüber. Wir schritten den Flur entlang, vorbei an vergilbten Wänden und weißen Zimmertüren, von denen die Farbe bereits abblätterte. An der Garderobe hingen lauter Jacken. Alles wirkte ziemlich heruntergekommen und trostlos. Am Ende des Flurs stand eine Zimmertür offen, von dorther kamen die Stimmen. Kaum waren wir drin, sahen wir ein Art Wartezimmer, das aber eigentlich das Wohnzimmer des *hodschas* zu sein schien, mit Fernseher, Sitzgarnitur, einer Schrankwand, auf der lauter Krimskrams stand, Bücher, Gläser, Schalen und eine Karaffe aus Bleikristall. Alles war an den Rand geschoben. In der Mitte des Raums waren Stühle im Halbkreis aneinandergereiht, auf denen die Menschen, zu denen die Schuhe vor der Haustür gehörten, Platz genommen hatten. Ich war fast schockiert, dass in einem Land wie Deutschland so viele Menschen zu so einem *hodscha* wie Kemal kamen. Ich hatte dieses okkulte Leben im Orient angesiedelt. Dass es jenseits davon ähnlich blühte, war mir zu dem Zeitpunkt nicht bewusst. Was ich sah und was ich hörte, bereitete mir eine weitere Überraschung. Die Menschen im »Wartezimmer« waren nicht nur türkischstämmig, sondern sie kamen aus aller Herren Länder. Wenn man die Strukturen von Moscheen in Deutschland kennt, ist das ungewöhnlich. Moscheegemeinden sind bis heute weitgehend homogene Gemeinschaften, die sich an der Herkunftsgesellschaft der ersten Einwanderergeneration orientieren. Bei Kemal herrschte dagegen eine Stimmung wie am Bahngleis. Verschiedene Sprachen schallten durch den Raum. Neben Deutsch, Türkisch und Arabisch hörte ich Kurdisch, Indonesisch und vermutlich eine afrikanische Sprache heraus, möglicherweise Hausa. Fast niemand war allein gekommen, sondern jeder hatte jemanden mitgebracht – oder wollten die alle selbst zum *hodscha*? Jedenfalls unterhielten sie sich zu zweit oder zu dritt miteinander. Keiner achtete groß auf die anderen, so wie man das aus Arztpraxen kennt, wo die Leute einen verschämt an- und gleichzeitig weggucken. Alle waren in sich vertieft, und ich dachte: »O Mann, das kann jetzt dauern«, und bereute es, mitgekommen zu sein. Ich ließ mir aber nichts anmerken, und begann mich mit Esra zu unterhalten. Es folgte die nächste Überraschung. Ich hatte mich gewaltig getäuscht. Ungefähr jede Viertelstunde ging die Tür vom Nachbarzimmer auf, Kemal, in einen weißen Kittel gekleidet, verabschiedete Kunden und bat die nächsten herein. Außer mir schien kaum einer Notiz davon zu nehmen. Dann klingelte es mal wieder an der Haustür, das fürchterliche Summen ertönte, es dauerte eine Weile, und neue Besucher kamen herein. Sie setzten sich zu uns, als sei der Gang zum *hodscha* das Normalste der Welt. Nach etwa einer weiteren Dreiviertelstunde Warten waren Esra und ich endlich dran. Kemals Zimmer sah aus wie ein Sprechzimmer beim Arzt. Er wurde von Esra und den anderen auch wie ein Arzt angesehen und behandelt. Ein alter, ausladender Schreibtisch aus Kirschbaumholz stand auf einem angegilbten PVC-Boden, dahinter ein Drehstuhl, davor gruppierten sich drei Esszimmerstühle. Mein Blick fiel auf ein Regal an der Wand. Darin standen irgendwelche Einmachgläser mit allerlei merkwürdigem Zeug. Anders kann ich es kaum beschreiben. In einem Glas befand sich eine tote Schlange, in einem anderen befanden sich schwarze, kleine Nägel. Kemal hatte sich bereits gesetzt und fragte uns, um wen es ginge und wer seinen Rat benötigte. Mit einer kurzen diskreten Kopfbewegung und einem dezenten Hochziehen der Augenbrauen deutete ich auf Esra. Sie schilderte ihm ihre Krankheit und wie sehr sie darunter litt. Dann fing er an, uns kleine Zaubertricks mit Feuer vorzuführen. So nenne ich das mal. Es war schlicht Unfug. Selbstredend erklärte er uns, dass Esra verflucht worden sei. Von wem, wollte er nicht sagen, das scheint so eine Art Ehrenkodex der Dschinn-Beschwörer zu sein. Wie Mahmoud murmelte er Sprüche und Formeln vor sich hin, rasselte ein paar Koranverse runter. Dabei schien er kaum Notiz von uns zu nehmen. Er spulte seine Zeremonie ab, als sei er mit den Gedanken längst in der nächstgelegenen türkischen Teestube beim Tavlaspielen, einer Art Backgammon. Plötzlich kritzelte er was auf ein Blatt Papier, zündete es an, ließ es in eine feuerfeste Tonschale auf dem Schreibtisch fallen und pustete seine in Rauch aufgehenden Worte in Esras Richtung. Nun sei sie vom Fluch befreit, sagte er. Dann schaute er mich an und fragte, ob ich ihm meinen Namen nennen wolle? Ich verneinte. Esra zahlte, und wir fuhren zurück nach Hause. Esra hat ihre Epilepsie bis heute, mithilfe ihres Arztes hat sie sie medikamentös relativ gut in den Griff bekommen.

Krieg

Seit 2011 ist nichts mehr, wie es mal war. Im März des Jahres sollte sich meine geliebte zweite Heimat auf dramatische Weise verändern. Der vermaledeite Bürgerkrieg, die Hölle auf Erden brach in dem Land meiner Eltern aus. Der Krieg und das Erstarken der Terrormiliz IS, die auch für kurze Zeit unser Dorf eroberte und die Menschen dort tyrannisierte, setzten allem ein jähes Ende. Im Dorf wurde nicht aktiv gekämpft, aber über die grüne Landesgrenze zur Türkei fielen Tausende von Dschihadisten in das Land ein, um ihren terroristischen Machenschaften nachzugehen. In der Nähe unseres Dorfes wurde ein riesiges Flüchtlingslager errichtet. Die Einwohnerzahl hat sich bis heute beinahe verzehnfacht, und aus unserem Dorf ist eine Kleinstadt geworden. Ich muss immer an die vielen Kinder denken. Was ist nun mit den Kindern? Sie müssen ihrer Leichtigkeit beraubt sein, mussten zu früh erwachsen werden, sind wahrscheinlich desillusioniert. Der elende Krieg hat auch in meiner Familie Spuren hinterlassen. Drei meiner Cousins wurden getötet, Bekannte aus der Nachbarschaft umgebracht. Ein Onkel und zwei Tanten sind in der Zwischenzeit verstorben, ohne dass wir uns von ihnen hätten verabschieden können. Für meinen Vater, der mittlerweile in Rente ist, war die Situation unerträglich. Er hielt es nicht aus, wollte zu seinen Verwandten, zu seinen geliebten Olivenhainen. Papa klärte die Risiken mit unserer Familie vor Ort ab, und sie sagten ihm: »Komm doch. Hier ist es ruhig. Es gibt keine Kämpfe. Du bist ein alter Mann, was sollten sie mit dir anfangen?«

Er fuhr und kehrte heil zurück. Ein paar Monate später flog er wieder runter. Während Papa durch seine Olivenhaine streifte, waren sie plötzlich da. Irgendwo weit über ihm, ganz weit oben an diesem trügerisch blauen Himmel betätigte ein Pilot einen Schalter und veränderte damit alles. Vermutlich drehte die F16 schon ab, als die Geschosse einschlugen. Der Kampfjet der US-geführten Anti-Terror-Allianz hatte auf einen Rebellenunterschlupf gefeuert, der am Rande der Olivenhaine außerhalb des Dorfes lag. Die Bombensplitter flogen weit über das Feld und trafen meinen Vater an den Beinen und am Kopf. Er fiel bewusstlos zu Boden, blieb liegen. Von dem Einschlag alarmiert eilten seine Nachbarn herbei und fanden ihn. Sie hoben seinen blutverschmierten Körper hoch und brachten ihn in ein nahe gelegenes Krankenhaus. Zwei Ärzte operierten ihn und retteten ihm damit das Leben – es waren mein Milchbruder und mein Cousin. Ich bekam die Nachricht auf mein Handy, als ich gerade einen Vortrag beendet hatte: Sein Bein war zerfetzt, es musste amputiert werden, das andere Bein war zertrümmert, aber sie würden es retten können, hieß es.

Wie holt man einen Schwerverletzten aus Syrien, aus einem Kriegsgebiet? Wissen Sie es? Wissen Sie, wie es sich anfühlt, wenn Sie einen Anruf tätigen und Ihrem Gesprächspartner erklären müssen, dass Ihr Vater bei einem Bombenangriff schwer verletzt wurde und aus dem Krisengebiet herausgeholt werden muss? Ich wusste es auch nicht. Es fühlte sich surreal an, als wäre man in einem Tunnel. Wir telefonierten mit dem Auswärtigen Amt, Papa ist deutscher Staatsbürger, aber die konnten nichts tun. Alle Deutschen, die das Land noch nicht verlassen hatten, wurden zur Ausreise aus Syrien aufgefordert. Die deutsche Botschaft in Damaskus ist derzeit geschlossen und kann im Notfall keine konsularische Hilfe vor Ort leisten. Wer trotzdem hinfliegt, macht das auf eigenes Risiko. Wir telefonierten mit Hilfsorganisationen. Aber abgesehen davon, dass so ein Rücktransport Zehntausende Euro kostet, wenn man nicht entsprechend abgesichert ist, fliegen die natürlich nicht in ein Kriegsgebiet ein. Ich telefonierte mit meiner Familie in Syrien, mit Freunden und Bekannten. Nach zwei Wochen konnten wir auf eigene Faust einen Liegendtransport von Syrien über die Türkei ermöglichen. Papa wurde zunächst mit einem Auto an die türkische Grenze gefahren. Von dort ging es in eine Linienmaschine nach Istanbul. Stunden später landete er in Düsseldorf. Ein Krankentransport brachte ihn nach Hamm. Wir kamen mitten in der Nacht in der Klinik an. Der diensthabende Arzt fragte, woher er in diesem Zustand käme, was denn passiert sei. Ich musste dreimal wiederholen, dass er in Syrien von Bomben der Anti-IS-Koalition getroffen worden war. Er holte tief Luft, ging zu meinem Vater ans Bett und fragte: »kîfak 'ammo« – Wie geht's, Onkelchen? – Er schaute in meine fragenden Augen und sagte: »Ich bin Syrer und musste fliehen.« So schrecklich dieser Vorfall war, die Tatsache, dass ein syrischer Arzt, der fliehen musste, meinen Vater in dieser Nacht behandelte, hätte sich niemand ausdenken können.

In Deutschland erholte sich mein Vater langsam wieder. Mühsam erlernte er das Laufen mit einer Prothese. Aber er ist ein zäher, kräftiger Mann und hat es geschafft. Seit 2011 war ich nun nicht mehr in Syrien. Es schmerzt. Die Hilflosigkeit angesichts dieses brutalen Kriegs und des Versagens der internationalen Gemeinschaft, die trotz großer Worte Tod und Leid weder zu stoppen noch zu mindern vermag, verfolgt mich bis in den Schlaf.

Syrische Community in Deutschland

Ich habe Syrer oft als stolze, sehr humorvolle und integre Menschen kennengelernt. Aber eines können sie nicht: anderen Syrern auf der Stelle vertrauen. Schon als Kleinkind wurde mir gesagt, ich solle anderen Syrern nicht so viel über unser Leben erzählen. Und meine Eltern suchten in Deutschland von sich aus wenig Kontakt zu anderen Syrern. Die Wahrscheinlichkeit, dass einer von ihnen für einen der unzähligen syrischen Geheimdienste arbeitete, war hoch und damit auch die Gefahr, bei der nächsten Einreise nach Syrien in Schwierigkeiten zu geraten. Über syrische Politik sollte ich auf keinen Fall mit Fremden sprechen. Zunächst musste geklärt werden, wie das Gegenüber zum Regime steht. Die syrische Identität ist in gewisser Weise eine sehr widersprüchliche. Wenn Teile der Familie regimetreu waren und sogar davon profitierten, durfte man nicht darüber reden. Wenn Teile der Familie regimekritisch waren, durfte man ebenfalls nicht darüber reden. Die türkische Community beklagt derzeit eine wachsende Polarisierung und eine zunehmende Entfremdung untereinander. Es gibt häufig nur noch zwei Lager, und die Gräben verlaufen sogar durch die Familien: pro Erdogan oder anti Erdogan. Und je mehr Zeit vergeht, desto mehr verhärten sich die Fronten. Eine derartige gesellschaftliche Spaltung hat die Syrer über Jahrzehnte hinweg geprägt. Sie haben gelernt, Politik offiziell aus ihrem Alltag herauszuhalten. Man spricht schlichtweg nicht darüber. Vieles brodelt somit schon lange im Untergrund, dessen gewaltiges Ausmaß wir nun in Form dieses Krieges zu sehen bekommen. Dieses Herunterschlucken von politischer Meinung und mangelnder politischer Partizipation machte es für mich im Alltag mit Syrern nicht leicht, hatte ich doch gelernt, den Mund aufzumachen und für meine Haltung einzustehen. Trotz der Vorbehalte hatten meine Eltern in Deutschland über die Jahre einen beachtlichen Bekanntenkreis aufgebaut. Es gab die unterschiedlichsten Versammlungsformen: Familienbesuche, Hochzeiten, Einladungen zu den großen muslimischen Festen, das Ramadan- und das Opferfest, die Fraueneinladungen. Ja, richtig gehört: Fraueneinladungen. Lange Zeit besuchte ich einmal pro Woche die arabischen Frauentreffs. Die meisten der Damen waren Syrerinnen, hinzu gesellten sich Palästinenserinnen, Ägypterinnen, Marokkanerinnen und andere. Jede Araberin oder Deutsch-Araberin war in diesen Runden willkommen. Viele von Ihnen fragen sich vermutlich, wie solche Treffen denn aussehen, und würden gerne mal Mäuschen spielen. Ich sage es gleich: Ich könnte alleine mit den Geschichten über diese Treffen ein Buch füllen. Aber keine Sorge, das habe ich nicht vor. In der Regel trafen wir uns samstags am Nachmittag reihum. Wir kleideten uns alle so, als hätten wir ein Date im Ritz-Carlton – ja, »sogar« die kopftuchtragenden Frauen brezelten sich entsprechend auf. Etwaige Vorurteile jetzt bitte ablegen! Pumps oder High Heels mit Pfennigabsatz, tief ausgeschnittene Abendkleider, rückenfrei mit viel, viel Bein und noch mehr Gold und Brillanten. Make-up, Lidschatten, Eyeliner oder Kajal und Mascara waren Pflichtprogramm. Jede zeigte, was sie hatte. Meist erwartete uns ein Festmahl, das aus mindestens drei Gängen bestand, und die jeweilige Gastgeberin mindestens zwei volle Tage Arbeit gekostet hatte. Normalerweise zieht man in muslimischen Haushalten seine Schuhe aus. Aber an diesen Abenden nicht. Alle behielten ihre kostbare Fußbekleidung an, erst recht, wenn eine mal mit Louboutins oder Blahniks auftauchte, denn das kam durchaus vor. Maximal zum Gebet wurden sie kurz ausgezogen. Sonst darf nichts den Look zerstören. Denn Eitelkeit kennt die arabische Frau von Welt. Die Liebe zu Goldschmuck toppte alles. Was sich nach einer Flucht vor den bösen Ehemännern zu Hause anhört, täuscht. Es ist einfach eine Freizeitgestaltung, von der die Herren der Schöpfung selbstverständlich wussten. Gelegentlich war der Neid der Männer herauszuhören, wenn das Gespräch auf diese Treffen kam. Tja, niemand hatte sie davon abgehalten, Ähnliches zu unternehmen, wobei wir freilich alle wissen, dass sie schon an der Zubereitung des Essens kläglich gescheitert wären... Solche Fraueneinladungen kenne ich in diesem Ausmaß nur von syrischen Frauen. Im weiteren Verlauf solcher Treffen blieb es nicht beim Gutaussehen, Schlemmen und Klönen. Bald wurden Tee mit frischer Minze und Mocca mit Kardamom gewürzt serviert, untermalt von ziemlich lauter arabischer Musik. Das führte dann zwangsläufig dazu, dass ausgelassen getanzt und gesungen wurde und sich eine echte Party entwickelte. Für ein paar Stunden waren alle Sorgen verflogen. Kurz vor Ende wurden selbst gemachte Plätzchen, Desserts und Kuchen aufgetischt: *mabrûmeh*, *barâseq*, *ma'amoul*, *ghraybeh* oder *knâfe* oder *halawet jibn* und daneben Sachertorte, Schwarzwälderkirsch, Käsekuchen, Tiramisu mit Kakao, Herrencreme, freilich ohne Rum, oder was den Gastgeberinnen sonst noch so einfiel. Der Fantasie waren keine Grenzen gesetzt. Für die Gastgeberin waren unsere Treffen alles andere als ein Vergnügen, sondern Schwerstarbeit, die schon Tage im Voraus angedacht und geplant werden musste. Wenn einmal im Jahr die Reihe an mir war, meist im Sommer, und ich die Frauen einladen musste, hat es mir dennoch großes Vergnügen bereitet, zwanzig arabische Frauen in unserem Garten zu empfangen und unsere Nachbarschaft mit arabischer Sprache und Musik zu »irritieren«. Das war dann meine kleine »Rache« für so manche Techno-Gartenparty und so manches Saufgelage am Pool.

Manchmal nutzte ich diese Frauentreffen regelrecht als

»Feldstudie«. Was besprochen wurde, war nicht unwichtig für mich. Die Frauen waren alle unterschiedlich alt. Meist waren drei Generationen vor Ort sowie Syrerinnen, Deutsch-Syrerinnen und Deutsche mit syrischen Wurzeln. Was hat die Einwanderung mit den älteren Frauen gemacht, wie hat sie sie verändert? Wie gestalten die Jüngeren ihr Leben in Deutschland? Was sagen sie zu den Vorgängen in Syrien? All das interessierte mich. Seit einiger Zeit haben wir diese Fraueneinladungen vor dem Hintergrund des Bürgerkriegs ausgesetzt. Fröhlich feiern, während Teile der eigenen Familie darben und sogar sterben? Das konnten viele von uns sich nicht mehr vorstellen. Gelegentlich träume ich von Syrien, manchmal wache ich unter Tränen auf, weil ich realisiere, dass ich das Land schon eine kleine Ewigkeit nicht mehr besuchen und meine Verwandtschaft in die Arme schließen konnte. Dieser Krieg in Syrien macht auch etwas mit mir. Er verändert meine Identität. Ich habe auf einmal konkrete Assoziationen zu Krieg und Gewalt. Ich spüre Leid und Schmerz. Die Bilder von verletzten Kindern, Frauen und Männern aus der Region quälen mich. Ich spüre einen Kloß im Hals, wenn ich syrische Flüchtlinge auf der Straße sehe. Diese Menschen wurden vollständig entwurzelt und sollen nun in einem völlig neuen Kulturkreis zurechtkommen. Dann stelle ich mir leise die Fragen: »Warum?«, »Wie lange noch?«, »Kann ich etwas tun?«, »Was kann ich tun?«. Millionen Flüchtlinge, Hunderttausende Tote, sechs Jahre Krieg sind anscheinend noch nicht genug. In meinen Ohren klang das mal zynisch, heute ist das alles wahr geworden. Wie soll all dieser Schmerz je bewältigt werden?

Bindestrich-Identität

»Bist du nun deutsch oder syrisch?« – Diese Frage wird mir sowohl hier gestellt, als sie mir auch lange Jahre in Syrien gestellt wurde. In erste Linie bin ich Deutsche. Schließlich bin ich hier geboren und aufgewachsen. Das ist mein Land. Aber da ist eben Syrien, was viel mehr ist als ein Reiseziel. Ich könnte jetzt anfangen auszurechnen, zu wie viel Prozent ich deutsch und zu wie viel Prozent ich syrisch bin. Aber das wäre albern. Mir selbst kommen solche Gedanken nie, sie werden mir durch die Fragen von außen aufgezwungen. Also, was soll ich sagen? Letztlich bin ich ein Hybrid und verdammt zufrieden damit: Ich bin Deutsche. Ich bin Deutsche mit syrischen Wurzeln. Ich bin Deutsch-Syrerin, und manchmal bin ich Syrerin. Ich bin mit Hiphop, Soul und Black Music groß geworden, und zugleich mit Abdelhalim Hafez und Umm Kulthum, mit Amr Diab und Nancy Agram. Es gibt nicht das Eine oder das Andere für mich. Beides ist eins, und beides bin ich. Es ist ganz einfach und für viele doch so schwer, es zu verstehen. Sie erwarten eine klare Entscheidung, dabei ist dieses doppelte Lottchen in einer Person die klarste Entscheidung, die ich jemals treffen konnte. Ich lächle, wenn ich daran denke. Ambiguität ist alles andere als ein Defizit, wie man es uns »Menschen mit Migrationshintergrund« über Jahrzehnte suggeriert hat. Personen, die ganz selbstverständlich zwei Kultur-, zwei Sprach- und zwei Glaubensräume ihr Zuhause nennen, können zu Brückenbauern und Vermittlern heranwachsen. Das ist ein unglaublicher Schatz, den wir mit uns tragen. Wenn ich zurückblicke auf meine Kindheit und Jugend in Syrien und Deutschland, war es dafür die beste Ausbildung, die ich mir vorstellen kann. Nur durch die Wanderungen in und zwischen beiden Kulturen konnte ich zu der heranwachsen, die ich heute bin.

Das Hybride war mein ständiger Alltagsbegleiter. Zu Hause in Deutschland frühstückten wir jeden Sonntag gemeinsam. Eigentlich hätten unsere Eltern das gern freitags mit uns getan, da das eigentlich der Ruhetag für Muslime ist. »Aber wir leben schließlich in Deutschland, da muss man flexibel sein«, pflegten meine Mutter und mein Vater zu sagen. »Und Sonntag ist nun mal der freie Tag.« Unser deutsch-syrisches Ritual haben wir selbst entwickelt. Es gab an unserem Esstisch sechs Plätze für sechs Familienmitglieder, die alle ihren festen Platz hatten. Ich saß neben meinem Vater, der beim Essen immer Ruhe einforderte. Doch da saß er neben der Falschen. Noch dazu wurde diese Ruhe von unserer Stereoanlage gestört, die entweder mein Bruder oder ich zum Essen einschalteten. Mein Vater war fest davon überzeugt, dass es *haram* sei, beim Essen laut zu sprechen oder gar zu lachen. Wir sollten das Essen wertschätzen und deshalb den Mund halten. Nun, er wurde nicht müde, uns zu ermahnen, denn seine Worte stießen auf taube Ohren. Unsere Mutter war da etwas diplomatischer – sie schaltete zumindest das arabische Fernsehprogramm ab, das morgens entweder einen Theologen zeigte, der live Anrufer in religiösen Fragen beriet, oder einen Maître de Cuisine, der seine Rezepte kochte. Nachdem wir Mädchen mit unserer Mutter den Tisch gedeckt hatten, das war bei uns – ist ja klar – Frauensache, weckten wir unseren Bruder, der nichts mehr liebte als seinen Schlaf, und riefen unseren Vater aus dem Wohnzimmer zum Essen. Das zog sich alles so sehr in die Länge, dass wir frühestens um elf Uhr alle am Tisch saßen. Gut gelaunt, weil ausgeschlafen, unterhielt ich mich so jeden Sonntag angeregt mit meinen Geschwistern. Papa schwieg und aß, Mama schwieg und schaute nach unserem geliebten Kater. Nein, er hatte keinen arabischen Namen. Er hieß Charlie, aber wir sprachen tatsächlich nur Arabisch mit ihm. Meine Mutter hatte meist eh schon keinen Hunger mehr, weil sie zwischen Kaffee und Morgenzigarette etwas zu sich genommen hatte. Aus der Stereoanlage ertönten nicht etwa Koranverse oder arabischer Gesang, nein, bei uns liefen Dr. Dre, NWA und Soul II Soul. Wie gut, dass unsere Eltern kein Englisch verstanden! Die Lyrics hätte Papa wohl für mehr als *haram* befunden.

Nach dem Frühstück brach meist schon die Mittagsgebetszeit an. Unsere Eltern gingen nacheinander ins Bad und vollzogen die rituelle Gebetswaschung, um dann zu den Rhymes von Snoop Dogg das Mittagsgebet zu absolvieren. Sie ignorierten die Lautstärke und das Brummen des extra Subwoofers unseres Bruders – den Kindern zuliebe. »Gott wird schon nichts dagegen haben. Wir leben schließlich in Deutschland.« Selbst unsere Verwandten in Syrien faszinierte dieser deutsch-syrische Synkretismus. Sie gewöhnten sich an unsere Musik, sie lernten Nutella lieben und beherrschten bald deutsche Worte wie »Schatz« oder »Scheiße«. Fragt mich jemand, ob ich das alles als widersprüchlich wahrgenommen hätte, dann antworte ich offen mit: »Ja, an vielen Stellen.« Aber das Leben ist voller Widersprüchlichkeiten – das erfährt auch jemand, der nicht in zwei Kulturen mit zwei Sprachen und Religionen aufwächst. Für mich war das alles das Normalste von der Welt. Ich habe es genossen.

2 mal 3 macht 4

Dass ich mit einer gewissen Leichtigkeit durch das Leben gehe, blieb meinen Verwandten in Syrien nicht lange verborgen, und so handelte ich mir mit der Zeit dort ebenso den Ruf ein, das ewige Kind zu sein, das mit jedem Freundschaft schloss und sich vor niemandem scheute. Selbst als junge Frau fragte mich der ältere Bruder meines Vaters in Syrien, ob ich denn nun endlich vernünftiger geworden sei. Ich lächelte ihn an und sagte einfach: »Nö, Onkelchen!« Er stellte mir die Frage jedes Jahr aufs Neue. Und die Antwort war jedes Jahr die gleiche. Seit acht Jahren vermisse ich diese Frage sehr, und ich weiß nicht, ob ich sie je wieder hören werde oder ob mein Onkel bis dahin gestorben ist oder ob der Krieg ihn all das vergessen macht.

In meiner Familie hofften alle, dass mit dem Einsetzen meiner Pubertät vieles für sie einfacher, dass ich erwachsener, ruhiger, ein wenig devoter und zurückhaltender werden würde. Doch das passierte nicht, meine Familie und ich selbst begriffen allmählich: Es war nicht nur eine Phase, in der ich mich befand und in der mich Pippi Langstrumpf animierte. Es war dies mein Charakter, der sich da ausbildete, festigte und sich auch dreißig Jahre später nicht wesentlich verändert hat. Folglich manövrierte ich mich während meiner Pubertät zu Hause weiterhin in ungemütliche Situationen. Vieles von dem, was ich dachte und wovon ich überzeugt war, erschien meinen Eltern zu modern, zu schnell, zu eigensinnig, zu verrückt für eine Frau. Sie konnten sich nicht erklären, wie so ein

Kind wie ich zustande gekommen war, zumal ihre übrigen Kinder deutlich anders zu sein schienen. Das Umfeld meiner Eltern steuerte eigene Erklärungsansätze für mein Verhalten bei: »Lamya ist zu deutsch«, »Lamya ist hibbelig«, »Lamya ist impulsiv«, »Lamya ist zu eigensinnig«, »Ihr erlaubt Lamya zu viel«. Der soziale Druck auf meine Eltern war groß, insbesondere auf meine Mutter. Es war eine intensive und kraftzehrende Zeit für sie, mit vielen Auseinandersetzungen, Wut und Tränen auf beiden Seiten. Trotzdem unterstützten sie mich und verteidigten mich letztlich sogar unmissverständlich gegen boshaftes Gerede aus ihrem Umfeld. Dafür bin ich sehr dankbar.

Im Laufe der Jahre durchschritten meine Eltern verschiedene Lernprozesse. Sie wollten zwei Dinge zusammenbekommen, die nicht immer zusammenpassten: Wir Kinder sollten es zu beruflichem Erfolg bringen, in der Zukunft auf eigenen Beinen stehen und gleichzeitig den Erwartungen des eigenen sozialen Umfelds gerecht werden. Es sollte mir und meinen Geschwistern später besser gehen als ihnen, und unsere Mutter hegte diesen Wunsch insbesondere für ihre drei Töchter. Deshalb scheuchte sie uns durch das Abitur, durch das Studium und weiter – aber traditionell syrisch-arabisch kochen können, das sollten wir genauso. Nicht etwa, weil wir schnell heiraten und unser Leben als »gute« Ehefrau und Mutter hätten führen sollen, sondern weil sie uns am Ende des Lernprozesses fit für beide Welten machen wollte. Doch davor hatte der liebe Gott die Kraftprobe Pubertät gesetzt …

Zwischen Basketball und Lahmacun

Ich hatte ein Idol. Und vermutlich verrate ich nun ein bislang wohlbehütetes Geheimnis. Aber seien Sie bitte nicht enttäuscht! Viele erwarten jetzt bestimmt, diese Muslimin denkt gewiss an den Propheten Muhammad oder zumindest an jemanden wie Mutter Teresa. Andere setzen womöglich auf Martin Luther oder Papst Franziskus, zumindest befragen mich mein Publikum und Journalisten andauernd danach. Nein, auch ein Immanuel Kant oder Jean-Jacques Rousseau sind es nicht. Sie alle sind gewiss höchst ehrenwerte Persönlichkeiten, die Großartiges geleistet haben. Doch mein größtes Idol bleibt auf meine Jugendzeit beschränkt, und es hieß: Michael Jordan. Niemand konnte atemberaubendere Dunkings machen als er. Niemand konnte sich so elegant und so lange während eines Slam Dunks in der Luft halten wie der Meister, den man deshalb »Air Jordan« oder untertänigst »His Airness« nannte. Er hob schon an der Freiwurflinie ab, stand förmlich in der Luft und führte seine Akrobatik mit ausgestreckter Zunge vor, bevor er den Ball ins Netz donnerte. Zweimal gewann er den NBA Slam Dunk Contest. Vor meinem geistigen Auge schwebt genau diese amerikanische NBA-Basketballlegende gerade zum Korb. Ich sehe Air Jordan wieder vor mir, seine legendären Fadeaways, seine Turnarounds, niemand versenkte schönere Sprungwürfe. Er spielte insgesamt dreizehn Spielzeiten als Shooting Guard für die Chicago Bulls und trug die Trikotnummer 23. Selbstverständlich besaß ich so ein Trikot, und selbstverständlich besaß ich einen Spalding –

den Spielball der NBA. Und selbstverständlich hatte ich Poster von ihm, viele Poster. Und ja, selbstverständlich stand ich mitten in der Nacht auf, um »His Airness« im Fernsehen live fliegen und siegen zu sehen. Sechsmal gewann er die NBA. Fünfmal wurde er zum wertvollsten Spieler der Liga gewählt. In Barcelona führte MJ 1992 das »Dream Team« zur wohl spektakulärsten Goldmedaille in der Geschichte der modernen Mannschaftswettbewerbe bei den Olympischen Spielen. Michael ist ein Mythos. Mit im Schnitt 30,1 Punkten pro Spiel ist bis heute kein NBA-Spieler erfolgreicher als er. Nur zum Vergleich: Unser Dirk Nowitzki kommt bislang »nur« auf einen Punkteschnitt von fast 21,7 pro Spiel, obwohl er erst kürzlich als sechster Spieler überhaupt die 30 000-Punkte-Marke geknackt hat und nur noch gut 2000 Punkte und zwei Plätze hinter Michael in der ewigen NBA-Bestenliste liegt.

Heute fällt es mir schwer, Vorbilder oder gar Idole zu benennen. Ich respektiere eine Reihe von Menschen, aber damals glühte ich für Michael Jordan. Ein Sportler zum Niederknien. Verliebt? Vielleicht war ich ein bisschen verliebt in ihn, aber hier stand nicht die Schwärmerei eines heranwachsenden Mädchens im Vordergrund. Ich bewunderte ihn als Athleten, denn – und damit verrate ich Ihnen jetzt vermutlich noch ein Geheimnis – ich war nach der Grundschule nicht etwa den ganzen Nachmittag in einer Koranschule – genau genommen war ich niemals dort –, nein, ich stand selbst auf dem Feld, genauer auf einem Basketballfeld. Kurz vor der Pubertät hatte ich mich für Sport entschieden, und was außer Basketball wäre für ein 1,67 Meter großes Mädchen wie mich schon infrage gekommen? Sie bemerken die Ironie? Für einen kleinen Basketballverein in Ahlen wie den ASV, den Ahlener Sportverein, hat es jedenfalls gereicht. Ich war vorne im Aufbau. Zehn Jahre spielte ich auf der rechten Position bis zum Alter von einundzwanzig Jahren. Aus einem Hobby für Kinder wurde Leidenschaft, und alsbald war ich fünfmal die Woche in der Halle, spielte Meisterschaften und Turniere. Die anscheinend vorhandene Neigung zum Exzessiven, die sich bereits in meiner Kindheit Bahn gebrochen und mich von einem Freiluftrausch in den nächsten getrieben hatte, setzte sich auf diese Weise fort. Regelmäßig trainierte ich sogar bei der Herrenmannschaft mit. Zudem coachte ich später jüngere Teams, machte einen Schiedsrichterschein und pfiff Spiele. Mit dem Gongschlag zum Schulschluss war ich an vielen Tagen bereits in Gedanken beim Spiel. Manchmal machte ich mich zusammen mit Schulfreunden gleich auf zur Turnhalle am Bischöflichen Gymnasium St. Michael, wo der ASV seine Trainingsstätte hat. Lange vor dem offiziellen Trainingsbeginn standen wir beisammen und warteten oder warfen gegenüber an der Bodelschwinghschule schon mal ein paar Körbe, spielten Streetball eins gegen eins, zwei gegen zwei oder drei gegen drei, je nachdem, wie viele zu uns gestoßen waren. Aus meiner Stufe spielten nur noch die Jungs mit, meine eigentlichen Mitspielerinnen waren alle entweder eine oder zwei Klassen unter mir oder gingen auf andere Schulen. Meine Stärke sei vor allem das vorausschauende Spiel gewesen, meint meine Trainerin Alex. Ich hätte Spielzüge hervorragend lesen und antizipieren, Spielstrategien perfekt umsetzen und im Zweifelsfall blitzschnell umschalten können. Eines meiner Markenzeichen war das *pick and roll* zusammen mit meiner Freundin Filiz, das ich nach unzähligen Analysen von NBA-Übertragungen verfeinert hatte: Der Ball bei mir, sie blockt eine Verteidigerin, dreht sich plötzlich von dieser weg in Richtung Korb, in Sekundenbruchteilen erfolgt mein Zuspiel, Korbleger, Jubel, Abklatschen, Rückzug in die Verteidigung. Es war ein Fest! Nach uns kamen die Jungs. An so manchem Tag blieb ich selbst dann noch in der Halle. Irgendwann fragte mich deren Trainer, ob ich nicht beim Trainingsspiel mitmachen wolle, wenn ich eh schon hier rumhängen würde, ihnen fehle ein Spieler. Logischerweise ließ ich mich nicht lang bitten, und zack, stand ich auf dem Feld. Basketball ist zwar nicht wirklich kontaktlos, wie es landläufig immer heißt, dennoch bemüht man sich, Körperkontakte zu vermeiden. Das war für mich die Eintrittskarte ins Herrenspiel, und trotz meiner 1,67 Meter konnte ich durch Wendigkeit und Agilität, durch flinkes, entscheidungssicheres Zuspiel einiges wettmachen. Mit kurzen Körpertäuschungen verschaffte ich mir kleine Lücken für ein passgenaues Zuspiel. Ferner halfen mir meine Ausdauer und meine athletische Statur. Kurzum: Es gelang mir als einziges Mädchen, mir einen gewissen Respekt unter den jungen Männern zu erarbeiten. Klar, gab es anfangs doofe Sprüche, aber sobald ich diese mit einem Dreier quittiert hatte, war schnell wieder Ruhe.

Meine Leidenschaft wirkte sich auf die Auswahl meiner Abiturfächer aus. Neben Englisch, Pädagogik und Mathematik hatte ich Sport mit Schwerpunkt Basketball gewählt. Wieder mal war ich das einzige Mädchen im Kurs, und wieder galt für uns das Gegenteil des Prinzips: Weniger ist mehr. Mochte der Schulgong noch so vehement auf das Ende des Unterrichts hinweisen, oft haben wir einfach länger gespielt – wenn unser Sportlehrer das mitgemacht hat. In gewisser Weise bin ich es auch deshalb schon lange gewohnt, die einzige Frau in einer Männerdomäne zu sein. Dass mir diese Erfahrungen später mal nützlich sein würden, wenn ich es mit islamischen Funktionären als Gegenspieler zu tun bekam, die bis auf wenige Ausnahmen durch die Bank hinweg den Herren der Schöpfung angehörten, hätte ich zu diesem Zeitpunkt nicht für möglich gehalten. Manchmal frage ich mich heute, wie ich es rein körperlich ausgehalten habe, derart viel Sport zu treiben. Mein immerwährender Bewegungsdrang konnte jedenfalls kaum befriedigt werden. War der Schweiß doch mal früher abgeduscht, die Sporttasche gepackt, hingen meine Mitspielerinnen und ich noch miteinander ab, warteten auf die Jungs und fachsimpelten über Siege und Niederlagen in der NBA, die bevorstehenden eigenen Meisterschaftsspiele oder wir quatschten darüber, wer gerade wieder mal mit wem zusammen war oder wer von wem etwas wollte oder nicht, und über sonstige Dinge, über die junge Menschen so reden … An vielen Tagen kam ich erst spätabends unter den ungläubigen Blicken meiner Familie nach Hause. Dann musste ich gelegentlich noch für die Schule pauken oder versank in meinen Büchern und las, bis mir die Augen zufielen.

Meinen Vater interessierte mein Hobby nur wenig, und meine Mutter war vermutlich froh, ein wenig Ruhe vor mir zu haben. Meine Eltern hatten eh keine genaue Vorstellung davon, was ich da so trieb, denn selbstverständlich waren sie niemals in einem Sportverein gewesen, und dass Basketball für ihre Tochter mal zu einer Art Obsession werden würde, das hatten sie sich bei meiner Anmeldung im Verein sicherlich nicht vorstellen können. Nur einmal versetzten meine sportlichen Aktivitäten sie in regelrechte Panik. Es war die zehnte Stunde. Der Abikurs Basketball legte zum Unterrichtsende noch ein Trainingsspiel hin. Schon im Wurfansatz war mir klar, dass Stefan den Ball nicht versenken wird, eilends orientierte ich mich in Richtung Korb. In einer recht jämmerlichen Bogenlampe prallte sein Standwurf ans Brett und von dort an den Ring. Ich sprang ab zum Rebound, für den Bruchteil einer Sekunde hatte ich den Braten eher gerochen als Stefans Mannschaftskollegen, und ich dachte, ich hätte eine Chance, an den Ball zu kommen. Doch in dem Moment flog Stefans Mitspieler Sebastian, ein athletischer »Riese« von 1,90 Meter, förmlich an mir vorbei, stieg über mich, griff sich den Ball und riss die Ellbogen runter – nein, nicht am Körper entlang, wie es sein sollte, sondern ausgebreitet wie Rambo im Alleingang gegen die gesamte russische Armee. Ich spürte nur noch einen stechenden Schmerz, dann platzte das Blut aus meiner Nase. Volltreffer. Sebastians Ellbogen war exakt auf meinem Nasenrücken gelandet. »Alles in Ordnung, Lamya?«, rief unser Sportlehrer von der Seitenlinie. »Ich weiß nicht«, stöhnte ich, »ich glaub, ich hab mir die Nase gebrochen.« – »Ach Quatsch«, entgegnete er, »wenn du dir die Nase gebrochen hättest, würdest du nur noch heulen wie 'n Mädchen, und ich müsste den

Notarzt rufen! Weißt du, wie weh so etwas tut?« Ich versuchte derweil, das Blut aufzufangen, das aus meinem Gesicht rann, und Sebastian geleitete mich vom Feld. Immer wieder entschuldigte er sich: »Das war keine Absicht, das tut mir leid. Echt!« Der Unterricht war natürlich für mich beendet. Das Bluten hörte aber nicht auf, also beschloss ich, zu meinem HNO-Arzt zu laufen. Die Röntgenaufnahme bestätigte meine Befürchtung: ein astreiner, gerader Bruch! »Na super«, dachte ich, und dann kamen mir die blöden Sprüche unseres Lehrers wieder in den Kopf. Mein Arzt wollte mich nicht wieder allein gehen lassen. Also rief ich meinen Vater an: »Papa, ich hab mir beim Schulsport die Nase gebrochen, kannst du mich abholen kommen?« »Waaass?«, schrie er in den Hörer: »Bleib, wo du bist, ich komme sofort.« Das war vermutlich die einzige nennenswerte Situation, in der meine Eltern starken emotionalen Anteil an meinem Sport genommen haben. Ansonsten sorgten sie lieber für das nötige Kontrastprogramm: Mein Leben zwischen Basketball und Lahmacun. An jedem Wochenende stand Hausputz an, und wenn wir damit fertig waren, wurde gekocht oder gebacken: türkische Pizza zum Beispiel, wie die meisten sagen würden, obwohl der Begriff Lahmacun vom Arabischen *lahm b-'adschîn* (»Fleisch mit Teig«) abgeleitet ist. Die Idee, einen Hefeteig dünn auszurollen, darauf Hackfleisch, vermengt mit unterschiedlichen Zutaten wie Zwiebeln, Tomaten, Petersilie (und bei Syrern noch mit viel Granatapfelsirup), zu streichen und das Ganze zu backen ist unter allen Kulturen im gesamten Vorderen Orient verbreitet, entsprechend gibt es viele ähnlich klingende Namen. Für meine Mutter konnte es nie sauber und ordentlich genug sein, und es konnte nie genug Essen im Haus geben. Schließlich hätte sonntags jederzeit ein Besucher-Überfallkommando über uns hereinbrechen können, was freilich nicht mal halb so oft geschah, wie es die Argumentation meiner Mutter nahelegte. Unglücklicherweise standen nun samstags oder sonntags meine Turnier- und Meisterschaftsspiele an. Um an diesen teilnehmen zu können, musste ich mein Wochenende streng durchorganisieren. Samstagvormittags putzen, aufräumen, im Haushalt helfen, nachmittags zum Spiel fahren. Sonntagvormittags Sach- und Backgeschichten, nachmittags lernen oder lesen, wahlweise auch andersherum. Ich tat alles, um nicht auf mein Basketballtraining und auf die Spiele mit meiner Mannschaft verzichten zu müssen. Wenn ich meine Aufgaben erfüllt hatte, durfte ich raus. Vermutlich haben meine Eltern mich auf diese Weise schon früh darauf getrimmt, zügig und effektiv zu arbeiten. Hätte ich getrödelt, hätte ich meine Wünsche nicht erfüllen können.

Erst nach einiger Zeit äußerte meine Mutter Vorbehalte, die allerdings auf ein gänzlich unerwartetes Thema abzielten. Sie zerbrach sich den Kopf über meinen Körperbau. Sie war unglücklich damit, weil ihr meine Statur zu kräftig und zu muskulös war. Vor dem Sport war sie übrigens unglücklich gewesen, weil ich ihr zu dünn war. Man hätte mich als Kind gut und gerne als Hungerhaken bezeichnen können. Eine lange Zeit ekelte ich mich geradezu vor Essen. Ich mochte eigentlich nur drei Gerichte: Gefüllte Weinblätter, gefüllte Auberginen und Sucuk. Aber am liebsten wollte ich überhaupt nichts zu mir nehmen – nicht mal Nutella. Was folgte, war die Sanostol-Phase. Meine Eltern nötigten mich, Multivitaminpräparate einzunehmen. Das war in den Achtzigerjahren total angesagt. »Saaa-nos-toool« – ich habe die nervigen Kinderstimmen aus der Werbung immer noch im Ohr, die für diese fürchterliche Dreiecksflasche warben. »Multi-Sanostol stärkt Appetit und Abwehrkräfte.« Bla, bla, bla. Fies, einfach nur fies war das Zeug. Über mehrere Monate drückte Mama mir jeden Morgen einen Löffel von dem Saft rein. Zudem litt ich unter akutem Eisenmangel, weshalb es zum »Nachtisch« noch ein Eisenpräparat gab. Das befand sich in einer kleinen zylindrischen Glasampulle, bei der man zunächst die Spitze am einen Ende abbricht, dann den Finger draufhält und die Spitze am anderen Ende abknipst. Danach hält man sich die

Ampulle senkrecht über den Mund: Finger anheben und laufen lassen. Mmh. Mit dem Beginn meiner Zeit als Sportlerin setzte langsam ein gesundes Hungergefühl ein. Durch die regelmäßigere Nahrungsaufnahme und das Training legte meine Bein- und Armmuskulatur tatsächlich deutlich an Volumen zu – jedenfalls für ein Mädchen. Dank zusätzlichem Krafttraining war ich ohne Probleme in der Lage, aus einer Entfernung von 6,25 Meter Körbe zu machen. Aber Mädchen und eine muskulöse Statur? Das passte aus der Sicht meiner Mutter nicht zusammen. So entspann sich die eine oder andere Diskussion über ein zu breites Kreuz oder zu kräftige Oberschenkel, wobei mir, heute kann ich es ja sagen, die Argumente meiner Mutter ins rechte Ohr hinein und ohne Umwege zum linken Ohr wieder hinausgingen. Hauptsache, ich war in meinem Element: Sport, Bewegung, Teamgeist, Freundschaften – alles andere war mir egal.

In unserer Schülerzeitung wurden wir mit Foto vorgestellt. Neben meinem Foto, das mich mit kurzen hennaroten Haaren zeigt, stand: »Lamya Kaddor – der weibliche Rambo«.

Mein Glück ist es, dass ich am Ende doch sehr verständnisvolle Eltern habe. Mit der Zeit verstanden sie, dass Zugang zur Bildung ein Stück weit Loslassen ihres Kindes bedeutet. Der Weg dahin war gezeichnet vom steten Aushandeln des Möglichen – immer nur so viel, wie nötig war, sodass es für sie und das soziale Umfeld erträglich blieb: »Klassenfahrten sind okay, du sollst nicht ausgeschlossen werden. Aber kein Alkohol.« Oder: »Partys sind erträglich, aber nicht zu spät nach Hause kommen!«, »Ihr könnt zusammen lernen, aber einen festen Freund darfst du nicht haben.« Es war ein 24-Stunden-Job für meine Eltern, der sie bis in ihre Träume hinein beschäftigte. Später sollte ich in meinem Job als Islamlehrerin in Dinslaken hautnah erfahren, dass Jugendliche, vor allem Mädchen aus Familien mit ausländischen Wurzeln, oft nicht einmal diese Freiheiten haben. Dass sie im Haushalt helfen müssen, anschließend aber nicht rausdürfen, so wie meine türkisch- und aramäischstämmigen Freundinnen und ich es konnten. Die Vorstellung, Basketball zu spielen oder einen anderen Mannschaftsport zu betreiben, wäre für einzelne meiner Schülerinnen utopisch gewesen. Alleine raus durften diese Mädchen allenfalls, um zur Schule zu gehen. Um ein bisschen Freizeit zu haben, ließen sie sich Geschichten einfallen, warum die Schule angeblich länger dauerte, oder sie machten blau, um mit dem Zug in die Stadt zu fahren. Darüber stand meistens die elterliche Sorge, die Mädchen könnten zu ungebührlichem Verhalten verführt werden oder Beziehungen mit Jungs anfangen und somit Sünden begehen oder die »Familienehre« beschmutzen. Auch ich kannte solche Überlegungen von zu Hause her, aber sie wurden nie direkt ausgesprochen. Die Hinweise erfolgten eher mit Sätzen wie: »Was sollen denn die Leute von dir denken!« Bei uns zu Hause war für mich und meine Geschwister irgendwann einfach klar, was ging und was nicht.

Meiner Ansicht nach kommt hier vor allem Lehrern die Aufgabe zu, ein Auge darauf zu haben, ob ihre Schülerinnen und Schüler über Gebühr eingeengt werden, denn im Zweifelsfall sind Lehrer die Einzigen, die dank der Schulpflicht außerfamiliären Zugang zu den Kindern und Jugendlichen haben. Selbst wenn die meisten Mädchen aus Einwanderungsfamilien heutzutage nicht unterdrückt sind, anders, als es manche marktschreierischen Aktivisten der Gesellschaft einzureden versuchen, ist an dieser Stelle noch einiges an Aufklärungsarbeit nötig. Noch wichtiger ist es jedoch, selbst für seine Rechte zu kämpfen. Hätte ich nicht so vehement für bestimmte Dinge eingestanden, wären sie mir verwehrt geblieben. Meine Eltern mussten sich fragen: Wie viel Druck dürfen sie auf mich ausüben, ohne das Gegenteil zu erreichen? Umgekehrt verlangte dieses Verhalten von mir Flexibilität, so manchen Spagat und vielleicht die eine oder andere Flunkerei. Ich sah sehr wohl, dass meine Eltern es gut mit mir meinten, und deshalb wollte ich sie nicht enttäuschen. Sie waren um Kompromissbereitschaft bemüht, und ich denke, diese Haltung war letztlich das Erfolgsrezept für meine Geschwister und mich. Es ging nie darum, von den Kindern etwas zu verlangen, was diese partout nicht wollten. Wir mussten vieles akzeptieren, ja, aber wenn es richtig ernst wurde, schluckten auch unsere Eltern die eine oder andere Kröte.

Gefühlschaos eines Teenagers

Die strenge Haltung meiner Eltern zum Thema Jungs ersparte aber auch mir nicht gewisse gefühlsverwirrende Erfahrungen im Teenageralter. Es muss zur Zeit der weißen und rosafarbenen Blüte der Apfelbäumchen und Zierkirschen im Ahlener Frühlingswald gewesen sein. Bald sollte ich sechzehn werden.

Sinan, mit seinen definierten Oberarmen und den hervorstehenden Adern, war mir schon vor einer guten Weile aufgefallen, ebenso sein leicht verschämtes Lächeln, wenn er zu uns stieß und wir uns flüchtig begrüßten, kurz bevor er seine Kumpels einen nach dem anderen abklatschte. Sinan war fast zwei Jahre älter als ich und damals neu an der Gesamtschule am anderen Ende der Stadt. Irgendwann hatte er einfach dagestanden, mitten in der Halle. Er hatte sich im Verein angemeldet und spielte nun mit. Es war für uns alle immer etwas gewöhnungsbedürftig, wenn jemand gänzlich Neues zum Team stieß. Bei einem kleinen Verein wie dem in Ahlen gibt es nur wenig Fluktuation, die Besetzung der Mannschaften bleibt oft über Jahre gleich. Aber nun stand Sinan in der Halle, gut aussehend, smart. Ich hatte ihn schon ein paarmal unauffällig beim Training beobachtet. Er war ein guter Spieler, und kurz vor der Dreipunktelinie kamen wir uns zum ersten Mal ganz nah. Ich hatte mal wieder eine Zusatzeinheit mit den Jungs trainiert, zum Abschluss gab es nun ein Spiel. Mein Team war im Angriff, ich führte den Ball. Da tauchte wie aus dem Nichts Sinan vor mir auf und blockierte meinen Laufweg. Wie er so vor mir stand, einen Kopf größer als ich, machte seine männliche Erscheinung schon ordentlich was her, und zwar auf eine Art, die eine junge Frau beeindruckt, wenn sie herausgefordert werden will. Ich täuschte rechts an, um links vorbeizugehen, war aber nicht richtig bei der Sache. Sinan ahnte den Zug voraus. Er tänzelte ansatzlos einen Schritt nach links, und ich lief wie eine Anfängerin voll in seine Deckung. Unsere verschwitzten Körper berührten einander. Ich spürte seine Hitze auf meiner Haut. Plötzlich wusste ich nicht mehr, wie mir geschah. Tausend Gedanken schossen mir kreuz und quer durch den Kopf. Sinans trainierter Oberkörper legte sich um mich, er versuchte mich mit seinen ausgestreckten Armen einzuhegen. Ich fühlte die Kraft in ihm, sein Atem strich mir über die Nackenpartie. Er roch gut, trotz Anstrengung und Schweiß verströmte er einen frischen, faszinierenden Geruch. Ich geriet vollends aus dem Konzept. Sinan fasste die Gelegenheit beim Schopfe, griff blitzschnell in mein Dribbling, übernahm den Ball und stürmte los. Sein Team schaltete auf Angriff um. Konsterniert blieb ich zurück. So etwas war mir in all der Zeit als Basketballspielerin noch nie passiert. Was war da los? In dem Moment brüllte jemand durch die Halle: »Lamya! Zurück mit dir!« Es war, als hätte mich jemand aus einem Tagtraum herausgerissen, erschrocken blickte ich auf und sah nur noch, wie Sinan den Ball mit einem perfekten Korbleger versenkte. »Was ist los mit dir?«, raunzten mich Stefan und Martin an. »Nix«, antwortete ich unwirsch: »'n Ballverlust halt. Kann passieren.« Doch das Training war für mich gelaufen. Meine Knie waren weich wie Pudding. Ich konnte mich nicht mehr konzentrieren. Verwirrt brach ich das Spiel unter dem Vorwand ab, mir sei schlecht. Unter der Dusche konnte ich keinen klaren Gedanken fassen. Das warme Wasser rann mir über Kopf und Schultern, spülte zwar den Schweiß ab, nicht aber die Verwirrung. Unaufhörlich sah ich Sinan vor mir. Meine Teenager-Gedanken tanzten Tango – auf dem gesamten Weg nach Hause, abends im Bett und selbst morgens in der Schule war ich noch durch den Wind.

Dieses flaue Gefühl wollte einfach nicht weichen. War es das, wovon alle redeten? War es das, was sie »verliebt« nannten? Kann doch gar nicht sein! Sollte es mich jetzt zum ersten Mal erwischt haben? In den nächsten Tagen beobachtete ich Sinan beim Training noch eingehender. Er schien sich ganz normal zu verhalten. Oder doch nicht? Suchte er etwa meine Blicke? »Blödsinn«, rief ich mich selbst zur Ordnung, »der sieht dich nicht mal an. Was sollte ausgerechnet der von dir wollen? Der kann doch ganz andere haben.« Ich versuchte mich abzulenken. Aber wir liefen uns nun mal fast jeden Tag beim Training über den Weg, standen uns unentwegt bei Trainingsspielen auf dem Feld gegenüber. »Lass dir bloß nichts anmerken«, ermahnte ich mich selbst. »Konzentrier dich aufs Spiel! Wenn du weiter bei den Jungs mittrainieren willst, musst du dich unter Kontrolle bekommen.« Aber immer wenn Sinan in meine Nähe kam, war es anders als bei den anderen Mitspielern. Mit der Zeit begann ich es ein wenig zu genießen, dass meine Hormone in seiner Gegenwart durcheinandergerieten. Eines Abends, es war fast schon sommerlich warm, saßen wir frisch geduscht nach dem Training noch besonders lange zusammen vor der Halle am St. Michael. Wie immer quatschten wir über das Training und die Schule oder lästerten über andere. Einige von uns hatten angefangen zu rauchen und standen lässig mit Kippe im Mund und Sporttasche über der Schulter herum. Überraschend kreuzte meine Freundin Merve mit einer Einkaufstüte in der Hand auf. Sie hatte noch schnell etwas für ihre Eltern am Kiosk besorgen sollen und ließ sich nun von mir aufhalten, und wir blödelten herum. Nach und nach waren die anderen gegangen. Irgendwie hatte ich es gar nicht richtig mitbekommen. Auf einmal saß ich nur noch mit Merve da, und – hinter uns hockte Sinan. Warum war er nicht längst gegangen, fragte ich mich, da sprang Merve auf: »Mist, ich muss nach Hause, meine Eltern warten schon seit über einer halben Stunde auf mich!«, entfuhr es ihr erschrocken, da stürmte sie auch schon los. Ich konnte ihr kaum noch Ciao sagen. Sinan und ich sahen uns an. »Puh, das war 'n Abgang«, sagte ich kopfschüttelnd zu ihm: »Was ist mit dir, musst du nicht nach Hause?« Sinan verneinte und erzählte mir, dass er sich mit seinem Vater gezofft hatte und deshalb noch nicht nach Hause gehen wollte, und plötzlich hatten wir ein Gesprächsthema. Sinan beschrieb mir, was vorgefallen war. Ich hörte ihm zu, kannte die Situation nur zu gut und berichtete ihm von Auseinandersetzungen mit meinen Eltern. Erst am Wochenende hatte ich mit meiner Mutter einen Riesenstreit gehabt. Ich weiß nicht mehr, worum es ging. Wir beide gerieten selbst wegen Kleinigkeiten häufig aneinander. Ich weiß nur noch, dass ich mich heulend auf mein Bett geschmissen hatte und wünschte, ich wäre tot. Als ich ihm gerade davon erzählte, spürte ich, dass sich Sinans und mein Arm berührten. Er saß jetzt ganz dicht neben mir. Unbemerkt musste er näher herangerückt sein. Er nahm meine Hand. Mein Atem stockte, ich drehte den Kopf und blickte in tiefe, glänzende Augen. Sie waren von einem Dunkelbraun, wie ich es noch nie zu sehen geglaubt hatte. Ich versank förmlich in ihnen, wusste nicht, wie mir geschah. Ich war wie erstarrt, konnte mich nicht bewegen. Der etwas zu üppig aufgetragene Duft von Davidoff Cool Water sollte wohl den Gedanken an eine frische Meeresbrise aufkommen lassen. Dann berührte er meine Lippen mit seinen. Er umfasste meinen Kopf mit den Händen und erhöhte den Druck seiner Lippen auf meinen. Mit einer Hand strich er mir durchs Haar und ließ sie in meinen Nacken wandern. Dann versuchte er mich dazu zu bewegen, meine Lippen zu öffnen. Mit einem Schlag war der Zauber des Moments verflogen. Durch den Nebel meiner Gedanken kamen die Silhouetten meiner Eltern zum Vorschein. Außerdem musste ich an Markus, den Kuss-Attentäter, denken, den ungestümen Viertklässler, der vor einigen Jahren versucht hatte, mich vor den Augen der gesamten Klasse zu küssen. Ich entwand mich Sinans Umklammerung. Er schaute mich erschrocken an. »Es geht nicht«, flüsterte ich und wiederholte etwas lauter: »Es geht nicht.« Resolut stand ich auf, umfasste die Henkel meiner Sporttasche und lief festen Schrittes los. »Lamya«, sagte er, »warte doch!« Ich nahm mein Fahrrad. »Lass mich«, rief ich so ungerührt, wie er es eigentlich nicht verdient hatte. Oder doch? Hatte er es doch verdient? Was fiel ihm ein, mich einfach zu küssen? Oder war ich etwa aufdringlich gewesen? Hatte ich ihm Avancen gemacht? Hatte er etwa bemerkt, wie ich ihn beobachtet habe? Ich durfte keinen Freund haben. Das ging nicht. So irritiert wie an diesem Abend war ich noch nie zuvor gewesen. Ich ging immer schneller, wollte einfach nur nach Hause. Ich rauschte durch die Wohnungstür direkt in mein Zimmer. »Muss noch lernen, hab keinen Hunger mehr«, rief ich im Vorbeilaufen in die Küche hinein, wo meine Mutter saß und rauchte. Mein Vater war glücklicherweise mit Besuchern im Wohnzimmer und bekam von meinem inneren Aufruhr nichts mit. Ich schloss die Zimmertür, pfefferte die Tasche in eine Ecke, ließ mich rücklings auf mein Bett fallen und schloss die Augen. Minutenlang lag ich einfach nur da. Inzwischen war es dunkel geworden. Ich zündete Teelichter an und schaltete die Stereoanlage ein. Leise erklang aus den Boxen ein ruhiges Synthesizer-Intro, überlagert von exotischem Vogelgezwitscher, das mich aus dem Hier und Jetzt wegführte an einen anderen Ort, weit, weit weg. »Naku penda piya-naku taka piya-mpenziwe!«, hauchte eine Frauenstimme. »Ich liebe dich auch. Auch ich möchte dich, mein Geliebter!« Percussions setzten ein, ein Marimbafon trat hinzu, und Michael Jackson intonierte: »Liberian Girl, you came and you changed my world. A love so brand new …« Ich legte mich zurück aufs Bett, starrte aus dem Fenster direkt darüber und blickte in die Sterne.

Es gibt keine Zufälle

Sinan war bald Geschichte, doch diese Episode meiner Jugend war so etwas wie die Ouvertüre für den ersten großen Bruch in meinem Leben. Der viel beschworene Ernst des Lebens stand bevor, meine Kindheit neigte sich endgültig dem Ende zu. Das Abi rückte näher und näher, und mit dem Schulabschluss begann unsere Basketballclique zu zerfallen. Einige Mannschaftskollegen verließen Ahlen fürs Studium, andere für Ausbildungen, einige gingen zum Bund, andere zum Zivildienst. Übrig blieben die Jüngeren und ein paar Freundinnen, die in der Schule eine Extrarunde gedreht haben, so konnte ich noch gut zwei Jahre unter dem Basketballkorb dranhängen. Aber es war schon nicht mehr so wie früher. Als ich achtzehn wurde, nahm ich meinen ersten Nebenjob an, bald kam der zweite dazu. Seither habe ich ohne Unterbrechung gearbeitet, meistens in mindestens zwei Jobs. Meine Ansprüche wuchsen, und meine Eltern waren nicht in der finanziellen Lage, diese für vier erwachsene Kinder allesamt zu erfüllen. Fortan gab es also einen weiteren Baustein des Lebens, den ich zwischen Basketball und Lahmacun in meiner persönlichen Agenda unterbringen und organisieren musste. Mein erster Job führte mich in eine Videothek, vielleicht dreihundert Meter von unserer Wohnung entfernt. Das passte ganz gut. Sie lag genau auf dem Weg vom Basketball nach Hause. So konnte ich abends noch schnell dort reinspringen und ein paar Mark fünfzig die Stunde verdienen, bevor ich zu Bett ging.

Schon vor dem Abitur stand für mich fest, dass ich studieren wollte, so wie meine älteren Geschwister. Es musste jedoch etwas in der Nähe von Ahlen sein, denn meine Eltern wollten nicht, dass wir Kinder unverheiratet zu Hause auszogen. Das schickte sich nicht. Der alte Kompromisszwang schlug wieder zu: »Natürlich sollst du studieren gehen, aber nicht so weit weg, wo wir nicht mitkriegen, was du dort tust. Was sollen denn die Leute sagen, wenn eine junge Frau irgendwo alleine wohnt?!« Damit reduzierte sich die Auswahl der infrage kommenden Universitäten auf exakt zwei: Bielefeld und Münster. Auf Bielefeld hatte ich keine Lust, folglich stieg ich eines Tages in den Zug und besuchte die Universität Münster. Ich reiste ohne konkrete Vorstellungen an, machte das aber mit meinem Elan wett. Der Hauptbahnhof spuckte mich aus, und ich schlug mich quer durch die Innenstadt zum Studierendensekretariat durch. Das ist im prächtigen Münsteraner Schloss untergebracht. Ich ging durch die große Schwingtür und schaute mir die Studiengänge an, die man wählen konnte. Fragen nach meiner Berufsvorstellung hatte ich bis dato so beantwortet: Irgendwas mit Wirtschaft. Was genau, in welchem Bereich, darüber hatte ich mir keine Gedanken gemacht. Also saß ich da und ging mit großer Vorfreude die Liste der Studienfächer durch. So manchem dürfte es schwerfallen nachzuvollziehen, wie ich ohne konkrete Vorstellung dorthin gegangen sein konnte. Aber meine Welt war schon immer geprägt von Spontaneität, Direktheit, Abenteuerlust, Offenheit und Neugier. Langes Grübeln, Abwägen, Nachsinnen vor Entscheidungen war und ist nicht meins. Ich neige definitiv zum Handeln. Das ist für diejenigen, die mit mir zusammenarbeiten, nicht immer leicht, und zugegebenermaßen stelle ich mir damit oft selbst ein Beinchen, weil ich so von einer Zusage zur nächsten, von einem Projekt ins andere stürze, sodass ich mich nachher selbst martern muss, weil ich mir wieder zu viel aufgehalst habe. Mein Wahlspruch lautet jedoch: Zufälle gibt es nicht! Alles hat einen Sinn, und wenn eine Tür des Lebens aufgeht, gehe ich hindurch. Mit dieser

Haltung wälzte ich nun die Liste mit den Studienfächern, und gleich zu Anfang blieb mein Blick an einem Fach hängen: »Arabistik und Islamwissenschaft«. Aha, das konnte man also studieren? Witzig, dachte ich bei mir und malte ein Kreuz daran, bevor ich die Liste weiter durchging. Nach nicht einmal einer halben Stunde brach ich wieder auf. Schnurstracks führte mich mein Weg zur nahe gelegenen Schlaunstraße/Ecke Rosenstraße. Dort am Ende der Münsteraner Altstadt sitzt die Arabistik und Islamwissenschaft im Rosenhof – ein markanter, halbrunder Klinkerbau mit strahlend weißen Rundbogen- und rechteckigen Sprossenfenstern, sichtbar beeinflusst von der typisch norddeutschen expressionistischen Ziegelarchitektur. Ich ahnte zu diesem Zeitpunkt noch nicht, dass dieses Mitte der Zwanzigerjahre vom Münsteraner Architekten Alfred Hensen errichtete Büro- und Wohnhaus bald mein zweites Zuhause werden würde. Ich schob die schwere Eingangstür auf und fand mich in einem grauen Hausflur mit geschwungenem Holzgeländer wieder. Große Schilder wiesen mir den Weg in den zweiten Stock. Man empfing mich mit freundlichen Worten und führte mich in einen Raum mit einem ebenso freundlichen Dozenten. Die Wände waren vollgestellt mit alten Büchern, es roch etwas staubig-muffig nach vergilbtem Papier. Der freundliche Mann am Schreibtisch hieß Dr. Galla. Er erzählte mir ein bisschen was über das Studienfach, ich erzählte ein bisschen was von mir. Mir gefiel, was ich hörte, und die Sache war ausgemacht. Ich lief zurück ins Münsteraner Schloss und immatrikulierte mich für ein Magisterstudium mit dem Hauptfach »Arabistik und Islamwissenschaft«. Zwei weitere Studienfächer hatte ich noch angekreuzt: Anglistik und Wirtschaftspolitik. Und eben jene wurden meine beiden Nebenfächer. Das eine hatte mir in der Schule Spaß gemacht, das andere hatte zumindest vom Namen her etwas mit Wirtschaft zu tun und in Kombination mit Politik schien mir das eine gelungene Kombination zu sein. Es kostete mich einen Vormittag, um die Weichen für mein komplettes weiteres Leben zu stellen. Zufrieden mit mir selbst und guter Dinge fuhr ich nach Hause. Dort angekommen, erzählte ich meinen Eltern euphorisch, was ich studieren würde. Ihre Antwort darauf fiel trocken aus: »Wozu? Du bist doch schon Muslimin. Und was willst du denn damit werden?«, brach es unisono aus ihnen heraus. »Du wolltest doch was mit Wirtschaft machen!« Ich stieß auf Kopfschütteln und unverständliche Mienen. Jura, Wirtschaftswissenschaften, Medizin – das waren Fächer, die ihnen etwas sagten. Aber Islamwissenschaft? Darunter konnten sie sich nichts vorstellen. Was sollte ihre Tochter ausgerechnet in Deutschland über den Islam lernen? Ich war fest davon ausgegangen, dass den beiden diese Fachrichtung gefallen würde. Seit sie in Deutschland angekommen waren, hatte sie doch ununterbrochen der Wunsch angetrieben, wir Kinder sollten eine enge Verbindung zu unseren arabisch-islamischen Wurzeln beibehalten. Offenkundig verknüpften sie das nicht mit meiner Studienwahl. Ihre Haltung hat nichts an meiner Entscheidung geändert. Nach einigen Semestern Anglistik wechselte ich allerdings zur Komparatistik – also zur Allgemeinen und Vergleichenden Literaturwissenschaft – und anstatt in Wirtschaftspolitik ging ich in die Allgemeine Erziehungswissenschaft. Die Frage »Wozu so ein Orchideenfach wie Arabistik und Islamwissenschaft?« musste ich mir übrigens regelmäßig von meinem Umfeld anhören – bis zum 11. September 2001. Danach verklangen die erstaunten Fragen.

Die 60-Stunden-Woche

Mit dem Studium begann für mich tatsächlich der berühmte Ernst des Lebens. Bald schon kristallisierte sich heraus, dass der Verdienst aus der Videothek hinten und vorne nicht mehr ausreichte. Also musste ein zweiter Job her. Nur wann? Vormittag, Nachmittag und Abend waren bereits belegt mit Uni, Basketball und Videothek. Also blieb nur noch der frühe Morgen, und wie es der Zufall wollte, lag ganz in der Nähe unserer Wohnung in der Nordstraße das Hauptpostamt. Die Post galt damals als Traumjob für Schüler und Studenten, denn die Bezahlung war ausgesprochen gut. So beschloss ich, dort anzuheuern, was ohne Umschweife klappte. Als Mitarbeiterin der Post durchlief ich nun mehrere Stationen, von der Vorsortierung über Postfächer bis hin zu Brief- und Paketzustellung. Mein erster Dienst war mein nächstes persönliches Waterloo nach der Sache mit der Bratwurst, ein richtiges Fiasko, wie ich es noch nie erlebt hatte. Man stellte mir eine gelbe Box mit Hunderten von Briefen vor die Nase, die nach den Ahlener Postbezirken vorsortiert werden mussten. Neben mir stand Petra, Mitte fünfzig. Sie schaute mich mitleidig an, stülpte sich ziemlich selbstgefällig einen grünen Blattwender über, einen genoppten Gummifingerhut, griff sodann, ohne ein Wort zu sagen, in eine mit Briefen gefüllte Box und sortierte einen Brief nach dem anderen in die eichenhölzerne Fächerwand. Und als spulte man mit einem alten Videorekorder das Band vor, flogen ihre Briefe nur so durch die Luft und landeten zielsicher in den einzelnen Abteilungen.

Die Fächer füllten sich zusehends. Eingeschüchtert steckte ich mir so ein grünes Gummidings über den Finger, nahm einen Brief heraus, drehte ihn erst nach rechts und dann nach links. Als der Straßenname endlich entschlüsselt war, starrte ich auf die riesige Fächerwand, die mich zu erschlagen drohte. Mein Blick wanderte nach oben. Über der Wand hing eine Collage aus DIN-A4-Zetteln, auf der alle Straßennamen bzw. Straßenabschnitte Ahlens aufgeführt und ihrem jeweiligen Postbezirk zugeordnet waren. Ich schaute wieder runter auf die Wand, schaute wieder hoch. Schaute zu Petra rüber, die der Collage keinerlei Aufmerksamkeit schenkte und stattdessen wie eine Maschine einen Brief nach dem anderen in der Wand verschwinden ließ. Uff. Gefrustet machte ich mich daran, die Straßennamen auf den DIN-A4-Zetteln einen nach dem andern zu lesen. Es dauerte eine gefühlte Ewigkeit, bis ich endlich das Fach mit dem passenden Bezirk zu der Straße auf dem Brief gefunden hatte und ihn ablegen konnte. Petra hatte in der Zwischenzeit schon fast die Hälfte ihrer Box geleert. Ich hätte da schon heulen können. Nach einer Stunde war sie fertig, natürlich als Erste. Nach und nach folgten ihr die anderen Kollegen, sodass schließlich nur noch eine junge Frau einsam vor dem Fächerwand-Ungeheuer stand: Ich! Da ich einfach nicht zu Potte kam, gesellten sich einige Kollegen sichtlich genervt von der nun anstehenden Zusatzarbeit zu mir und griffen sich einen Stapel aus meiner gelben Box. Es war richtig demütigend. Aber Aufgeben kam für mich nicht infrage. Das hätten mein Sportsgeist und meiner Zielstrebigkeit nicht zugelassen. Ich musste die Sache strategisch angehen, sagte ich mir. Je schneller ich das Straßenverzeichnis von Ahlen auswendig kannte, desto schneller würde ich die Briefe in die einzelnen Fächer sortieren können. Also lernte ich. Und ich lernte zügig. Bald kannte ich alle Straßen, Straßenabschnitte, Bezirke und sogar die Postfächer auswendig. Und wenn ich eines in meinen jungen Jahren schon beherrschte, dann effektiv zu arbeiten. So flog keine vier Wochen später der letzte

Brief synchron mit Petras letztem Brief ins Fach. Unter den verwunderten Blicken meiner Kollegen wusste ich: Treffer versenkt! Ich war stolz auf mich.

Montags bis samstags stand ich nunmehr um 4:30 Uhr auf, zog mich an und lief in exakt acht Minuten zur Post. Um fünf Uhr war Dienstbeginn. Meist brachte ich hier zwei oder drei Stunden zu, so lange dauerte meine Schicht. Praktischerweise lag der Hauptbahnhof direkt neben dem Hauptpostamt. So konnte ich gleich den Zug nach Münster nehmen, um pünktlich um Viertel nach neun in der Vorlesung oder in den Seminaren an der Uni zu sitzen. Am frühen Nachmittag ging es dann wieder zurück nach Ahlen zum Basketball, zur Videothek, kurz zu Hause Hallo sagen oder Freunde treffen und ab ins Bett. So sah mein Tagesablauf während der ersten Jahre des Studiums aus. Manchmal passierte es, dass ich mittags in einem Uni-Seminar saß und mir die Augen vor Müdigkeit zufielen. Aber was soll ich sagen? Ich war jung und brauchte das Geld. Nach einiger Zeit schmiss ich den Job in der Videothek und heuerte für zwei, drei Tage die Woche bei einem kleinen Ahlener Familienbetrieb an, der Abfall- und Wäschebeseitigungssysteme entwickelte und verkaufte. Wieder einmal spielte mir das Schicksal in die Karten. Der Chef sah mich an, überlegte eine Weile, ging in sein Büro, rechnete, kam wieder raus und sagte: »Lamya, ich habe eine Auftragsanfrage aus Dubai. Meinst du, wir schaffen das? Mit deinem Arabisch und deinen Englischkenntnissen!« – »Klar«, antwortete ich lapidar. »Warum nicht?« Dann schenkte ich ihm ein breites Grinsen. Stück für Stück arbeiteten wir uns in den arabischen Auslandsmarkt ein, zogen diverse Folgeaufträge an Land. Das Beste an dem Ganzen: Ich durfte als Consultant, wie man wohl sagen würde, mit dem Chef und seiner Frau an den Arabischen Golf jetten, um unsere Produkte zu präsentieren. Ich fühlte mich super, mein Auskommen war gesichert, und ich durfte kostenfrei noch ein paar Auslandserfahrungen fürs Arabistik- und Islamwissenschaftsstudium sammeln.

Sagen Sie mal »Hammamdschi«

Wo andere Zehntausende Dollar hinblättern mussten, um an Privatuniversitäten kleine, persönliche Kurse besuchen zu können, statt Massenvorlesungen mit Hunderten Studenten beizuwohnen, ging ich in der Arabistik und Islamwissenschaft mit meinen nicht einmal zehn Kommilitonen fast unter in einem Raum von der Größe eines Klassenzimmers. Trotzdem war ich wahnsinnig aufgeregt. Vorne stand ein älterer Herr, der mich faszinierte. Ich sah ihn mir von oben bis unten an. Nicht nur, dass er schöne Texte aus *Tausendundeiner Nacht* vortrug, er war äußerst gut gekleidet, Marke britischer Landadel. Aus der zugeknöpften Weste baumelte die goldene Kette seiner Taschenuhr, darüber lag ein umbrabraunes Tweed-Jackett mit Fischgrätmuster und cognacfarbenen Wildlederflicken an den Ellbogen. Aus dem Revers ragte ein bordeauxrotes Einstecktuch hervor, das perfekt auf die Krawatte abgestimmt war. Ein klassisches Paar Oxford-Schuhe rundete das Erscheinungsbild ab. Ein feiner Herr der alten Schule. Zweifelsohne hatte ich es mit Prof. Dr. Heinz Grotzfeld zu tun, dem Direktor des Instituts. Er hielt eine aufgeschlagene Ausgabe der berühmten Märchensammlung in Händen, die er mit seiner Frau Sophie zusammengestellt, herausgegeben und teilweise neu übersetzt hat. Ihm fiel sofort auf, dass ich eine Neue war, die sich eingefunden hatte, um *Tausendundeine Nacht* im arabischen Original zu behandeln. Prof. Dr. Grotzfeld wählte eine sehr spezielle Art, sich mit mir vertraut zu machen. Mit dem geöffneten Buch auf Brusthöhe trat er auf mich zu, lächelte mich freundlich an und fragte: »Wie heißen Sie, junge Dame?« Nickend nahm er meinen Namen zur Kenntnis. Dann forderte er mich auf, etwas auf Arabisch zu sagen. Ich wurde nervös. »Wie heißt der Bademeister auf Arabisch?«, unterbrach er mein wenige Sekunden zu lange währendes Schweigen. Eingeschüchtert und unsicher antwortete ich vorsichtig und knapp: »Weiß ich nicht!« Er ließ nicht locker. »Na, denken Sie doch mal an das Wort für Bad!« Die Schamesröte stieg mir ins Gesicht. Der Kurs begann zu kichern. »Na, dann sagen Sie mal Hammamdschi.« Ich gehorchte und sagte: »Hamamci«. Ich sollte das Wort für Bademeister noch einmal wiederholen. »Nordwest-Syrien!«, sagte er daraufhin, nicht triumphierend, das hätte er weder nötig gehabt, noch hätte es ihm zu Gesicht gestanden, aber dennoch mit hundertprozentiger Siegesgewissheit in seinen Gesichtszügen. Ich bejahte. Anhand meines arabischen Dialekts und nur eines Wortes hatte er meine familiäre Herkunft herausgefunden und geografisch eingeordnet. Ich war beeindruckt wie ein kleines Mädchen von einem großen Zauberer. Keine Frage, meine Muttersprache ist Deutsch, aber dass ein deutscher Herr fortgeschrittenen Alters besser Arabisch konnte als ich, das hatte ich bis dato noch nie erlebt. Die Anspannung im Seminar fiel von mir ab. Ich wusste, dass ich mit meiner Spontanentscheidung im Studierendensekretariat alles richtig gemacht hatte. Hier und nirgendwo anders sollte ich sein – trotz der Sprüche meiner Eltern und des Gekichers meiner Kommilitonen.

Islam, Islam, Islam

Die Strukturen, die ich mir mit Post und später Consulting-Tätigkeit, Studium und Basketball geschaffen hatte, sollten nicht lange Bestand haben. Was sich nach dem Abi bereits angedeutet hatte, bewahrheitete sich jetzt. Ein prägender Lebensabschnitt war vorbei, ein neuer begann. Mein geliebtes Basketballspiel musste als Erstes dran glauben, es folgte die Arbeit bei der Post und schließlich die Consultant-Tätigkeit. Das Studium nahm mich zunehmend in Anspruch, ich verbrachte immer mehr Zeit in Bibliotheken. Wir übersetzten klassisch-arabische Texte, und wie manch anderer Muttersprachler musste ich erleben, dass mir mein Alltagsarabisch keinen sonderlichen Vorteil brachte. Die alten Texte erschlossen sich einem nur mithilfe von Wörterbüchern, Lexika und dem nötigen Hintergrundwissen zu den jeweiligen Themen, um die es ging. Wir arbeiteten nicht nur zu religiösen Themen, das dürfte eines der größten Vorurteile über das Fach Islamwissenschaft sein. »Islam« wird in diesem Kontext ebenso als kultureller Begriff verstanden, das heißt, wir befassten uns mit schöner Literatur, insbesondere mit Lyrik, mit Architektur, Geschichte und Alltagskultur, die in jenen Regionen entstanden, in denen der Islam vorherrschende Religion war und ist. Irgendwann war ich derart involviert, dass ich auch beruflich an die Universität wechselte, zunächst als studentische und nach dem Studium als wissenschaftliche Hilfskraft am Lehrstuhl von Prof. Dr. Thomas Bauer. Gut zwei Jahre nach der Aufnahme meines Studiums hatte er die Nachfolge von

Heinz Grotzfeld angetreten. Mit Thomas Bauer als Direktor wehte ein ganz neuer Wind durch die Flure des Rosenhofs. Auf den ehrwürdigen Professor aus der alten Bonner Republik folgte ein im Auftreten weniger gediegener, erhabener und honoriger junger, dynamischer, zielstrebiger, aber wissenschaftlich mindestens ebenso brillanter Lehrstuhlinhaber. Ich hatte viel Glück mit meinen Lehrern, wofür ich an dieser Stelle aufrichtig Danke sagen möchte. Ich habe sehr viel von ihnen gelernt. Thomas Bauer hat den Fachbereich Philologie gleich in seinen ersten Jahren ordentlich aufgemischt. Aus einem von vielen kleinen Instituten hat er in kurzer Zeit einen bundesweit und international anerkannten Standort für Arabistik und Islamwissenschaft geformt. Nach den Anschlägen von 9/11 schnellten die Zahlen der eingeschriebenen Studenten in die Höhe. Wo ich einst noch mit ein paar Handvoll Kommilitonen angefangen hatte zu studieren, drängten sich hundert und mehr Erstsemester. Unter Thomas Bauers Ägide wurden neue Lehrstühle und neue Mitarbeiterstellen geschaffen und sogar ein gänzlich neues An-Institut gegründet. Das Leben meinte es erneut gut mit mir, als dieser Thomas Bauer mich dazu auserkor, diese Schritte an seiner Seite zu gehen, indem er mich einstellte. Es war ein historischer Moment. Denn an jenem An-Institut, das wir aufbauten und dem wir später den Namen »Centrum für Religiöse Studien« (CRS) gaben, entstand unter anderem der bundesweit erste Lehrstuhl für die Religion des Islam. Die Ausbildung von jungen Muslimen zu islamischen Religionslehrern oder Imamen in Deutschland und auf Deutsch nahm in den Büros von Thomas Bauer und mir ihren Anfang. Inzwischen ist das dort angesiedelte Zentrum für Islamische Theologie unter der Leitung von Prof. Dr. Mouhanad Khorchide in aller Munde. Aber auch die Judaistik, die christliche Professur für Orthodoxe Theologie und die Religionswissenschaft sind am CRS vertreten. Diese Konstruktion macht unser Centrum bis heute zu einer einmaligen Einrichtung in der deutschen Universitätslandschaft, wo alle drei großen monotheistischen Religionen unter einem Dach erforscht werden.

Als wir den Lehrstuhl für Islamische Theologie endlich eingerichtet und besetzt hatten, wechselte ich als wissenschaftliche Mitarbeiterin dorthin und in den Vorstand des CRS. Von nun an war ich mitverantwortlich für die Ausbildung der ersten deutschen Islamlehrer und potenziellen Imame und vertrat schließlich die Aufgaben der zweiten von uns neu geschaffenen Professur für islamische Religionspädagogik.

Während dieser Aufbauphase des CRS kam mir der Gedanke: »Vielleicht solltest du das Fach selbst einmal unterrichtet haben, dessen Lehrer du fortan ausbilden willst?« Da ich, wie gesagt, nie lange über Dinge nachgrüble, griff ich einfach zum Telefonhörer. Gleich mit dem ersten Anruf bei der nordrhein-westfälischen Bezirksregierung in Düsseldorf war ich erfolgreich: »Klar brauchen wir Lehrkräfte. Klar sind wir an Ihnen interessiert. Klar sollten Sie rasch mal vorbeikommen und sich vorstellen, wenn Sie das wollen. Theoretisch könnten Sie übernächste Woche anfangen.« Ehe ich michs versah, saß ich in der pädagogischen Fort- und Weiterbildung der Bezirksregierung und wurde als Quereinsteigerin Lehrerin für »Islamkunde in deutscher Sprache« an der Hauptschule Glückauf und der Gemeinschaftsgrundschule Lohberg in Dinslaken. Gerade noch mit Studenten befasst, sollte ich mich nun meinem Lehrerkollegium vorstellen. Meine Worte fielen knapp aus: »Mein Name ist Lamya Kaddor, ich habe Arabistik und Islamwissenschaft, Erziehungswissenschaft und Komparatistik studiert und bin die neue Lehrerin für Islamkunde.« Die Reaktionen fielen noch knapper aus: Die einzige Rückfrage war: »Und wie alt bist du?« – »25.« Darauf folgte ein ausgiebiges »oooohhh«. Ich war weit und breit nicht nur die jüngste, sondern mit meinen schwarzen Haaren und meiner syrischen Herkunft auch die auffälligste Lehrerin im Kollegium. War es die richtige Entscheidung gewesen, diesen Beruf zu ergreifen? Definitiv. Rückblickend kann ich sagen, es war die richtige Entscheidung.

Beruf oder Berufung?

Um zu einem zeitgemäßen Verständnis vom Islam zu gelangen, das begriff ich schon in meiner ersten Stunde als Lehrerin, ist noch ein weiter Weg zu gehen. Meine Grundschüler waren zum Teil überzeugt davon, dass Muhammad Türke und der Koran ihm in Istanbul oder Ankara auf Türkisch offenbart worden sei. Diese Unwissenheit, die erst mal putzig anmutet, wird an weiterführenden Schulen zum Problem. Ich traf während meiner Laufbahn als Lehrerin auf junge Menschen, die sich Muslime nannten, ohne jemals in den Koran reingelesen zu haben oder sonst eine nennenswerte Vorstellung von ihrer Religion zu haben. Zugleich wuchs die Überzeugung, mit der sie sich auf den Islam beriefen. Mir war dieser Missstand ein Dorn im Auge, den ich unbedingt beseitigen wollte. Ich recherchierte nach Unterrichtsmaterial, nach Büchern, pädagogischen Materialien, die den Anforderungen von Wissensvermittlung in einem Deutschland des 21. Jahrhunderts gerecht werden konnten. Aber ich wurde nicht fündig. Was sollte ich tun? So beschloss ich kurzerhand, den Koran selbst in eine kindgerechte Sprache zu übersetzen. Sie ahnen es schon, liebe Leser, aber was soll ich machen, so war es nun einmal, ich dachte nicht lange nach, sondern schrieb zwei E-Mails, und in kürzester Zeit erhielt ich eine positive Rückmeldung vom Beck Verlag in München. Ich fragte meine Kollegin und Freundin Rabeya Müller, ob sie Interesse hätte, an diesem Buch mitzuwirken. Sie bejahte die Frage, und heute liegt »Der Koran für Kinder und Erwachsene« in der dritten

Auflage vor und wurde ins Niederländische übersetzt. Je länger ich unterrichtete und an der Uni lehrte, desto mehr wurde mir klar, dass es für die Unterrichtsgestaltung kein brauchbares Material gibt, sondern nur schlechte Hilfskonstruktionen. Also beschloss ich: Ein Schulbuch muss her. Wieder nahm das Schicksal seinen Lauf. Ich sprach mit dem Kösel-Verlag in München, wir arbeiteten ein Konzept aus, und die Sache kam ins Rollen. Um die Arbeit zu verteilen, wurde ein Herausgeber- und Autorenteam um Rabeya Müller, Harry Harun Behr und mich gebildet. Zehn Jahre hat es gedauert, bis die Schulbuchreihe »Saphir« für die Klassen fünf bis zehn inklusive Lehrerkommentar erarbeitet war und in mehreren Bundesländern als Lehrmaterial eingesetzt wurde. Ich freue mich über jedes meiner Bücher, das ich fertigstellen und veröffentlichen konnte, aber dieses umfangreiche Projekt abzuschließen war besonders schön und erleichternd. Ich glaube, ich wäre als Schülerin sehr glücklich gewesen, hätte ich in den Achtzigerjahren nicht nur mit meinen katholischen und evangelischen Schulfreunden in einen Islamunterricht gehen können, sondern zudem ein solches Schulbuch im Tornister gehabt. Mit dem Koran und mit »Saphir« ist heute mein Wunsch verbunden, die Weiterentwicklung der islamischen Religionspädagogik anzustoßen, denn bislang steckt sie noch ziemlich in den Kinderschuhen. Wie nötig ein solcher Impuls ist, zeigen neben dem publizistischen Erfolg der beiden Bücher der Widerspruch und der Hass, den mir insbesondere der Kinderkoran eingebracht hat. Wir haben uns bei der Erarbeitung die Freiheit genommen, die Verse, die im Koran überwiegend kontextlos aufgeführt sind, nach Inhalten zu ordnen und mit Bildern zu versehen. Für strenggläubige Muslime sind das gleich mehrere Vergehen: So haben wir angeblich in das Wort Gottes eingegriffen und gegen das vermeintliche Bilderverbot im Islam verstoßen. Ich sei deshalb eine Ketzerin und keine Muslimin mehr, so die Schlussfolgerung. Aber die Eiferer verstehen bis heute nicht, dass es bei unserer

Koranübersetzung, wie der Titel schon sagt, darum geht, Kindern ein Verständnis dieser Heiligen Schrift zu vermitteln; und als Bilder haben wir übrigens mittelalterliche Miniaturen aus der islamischen Geschichte genommen (so viel zum Bilderverbot). Ähnliche Reaktionen von konservativer Seite erhielt ich für »Saphir«. Hier lautete die Kritik unter anderem: Die Ausgaben der Buchreihe seien zu liberal und zu interreligiös ausgerichtet. Selbstverständlich hatten wir bei der Erarbeitung das Ziel vor Augen, einen Beitrag für die Erziehung junger Menschen zu religionsmündigen Bürgern zu leisten, und selbstverständlich gehört dazu, sich auf mehr als einer Seite mit anderen Religionen und anderen Glaubensvorstellungen auseinanderzusetzen. Positiv sind diese Reaktionen letztlich trotzdem, denn beide Projekte haben die innerislamischen Debatten angestupst, und nur so kann sich tatsächlich etwas verändern und entwickeln.

Ursprünglich dachte ich, ich sammle nur ein paar Jahre Erfahrung als Islamlehrerin. Daraus wurden fünfzehn Jahre, die meiste Zeit allerdings in Teilzeit auf einige Stunden pro Woche reduziert, um Zeit für meine restlichen Tätigkeiten zu haben. Mir hat der Job, der Umgang mit den Kindern und Jugendlichen einfach sehr viel Freude gemacht. Zudem war meine Unterrichtserfahrung ein großangelegter Feldversuch. Ich konnte ein Stück weit in die Lebenswelt dieser jungen Menschen eintauchen, sie vertrauten sich mir selbst jenseits der Unterrichtszeiten mit Problemen an und baten um Hilfe, sodass ich viele von ihnen intensiver kennenlernen konnte, als es mir sonst je möglich gewesen wäre. Ich war geschockt, als dann 2013 fünf meiner ehemaligen Schüler nach Syrien wollten, um sich der Terror-Organisation IS anzuschließen. Das war ein schlimmer Moment in meinem Leben. Ich hatte zwar alle fünf schon länger nicht mehr unterrichtet, weil sie Jahre zuvor ihre Schullaufbahn beendet hatten, aber dennoch kannte ich sie, und sie bedeuteten mir etwas. Also fühlte ich mich betroffen und hilflos, ein Stück weit war ich sogar wütend auf die fünf. Wie konnten sie das ihren Familien antun! Ich zapfte meine Kontakte in Dinslaken an und versuchte, möglichst viel über die Hintergründe ihrer Entscheidung herauszufinden. Ich bestärkte Familienangehörige, aktiv zu werden, um die fünf wieder zurückzuholen.

Bei vier von ihnen gelang die Intervention, nur einer ist tatsächlich noch dort. Persönlich kamen mir im Nachhinein unzählige Fragen in den Sinn: Hab ich selbst etwas falsch gemacht? Wie konnte es so weit kommen? Was hat diese fünf angetrieben? Warum konnte ausgerechnet Dinslaken zu einer »Hochburg« des gewaltbereiten Salafismus werden? Über all diese Fragen richtete ich meine Arbeit nun verstärkt auf das Thema Radikalisierung und islamischer Fundamentalismus aus. Mich hatte das zwar schon immer beschäftigt, aber die Erfahrung mit diesen Schülern katapultierte mich förmlich tiefer in diese Sphären hinein. Meine persönliche Betroffenheit verstärkte einerseits meine wissenschaftliche Tätigkeit, andererseits trieb sie mich stärker in die praktische Arbeit. Zusammen mit Partnern und Kollegen setzte ich 2011 ein Präventionsprogramm namens »Muslim 3.0« für männliche muslimische Jugendliche um. Es war eines der ersten seiner Art in Deutschland, das in Hagen, Hamburg, München, Heilbronn und Moers durchgeführt worden ist und 2012 den zweiten Platz beim Jugendkulturpreis NRW gemacht hat. Es folgten das von mir konzipierte Projekt »extreme out – gegen Salafismus«, das sich an alle Jugendlichen, Jungen wie Mädchen aller Glaubensrichtungen wendet. Darüber hinaus ging ich wöchentlich Anfragen für Seminare und Vorträge zur Gewaltprävention nach, von Schulen, Kirchen, Moscheegemeinden über Parteien, Polizeibehörden und Verfassungsschutzämtern bis hin zu Bundesministerien und dem Bundestag. Ich schrieb das Sachbuch »Zum Töten bereit« und hatte diverse Lehraufträge an verschiedenen Universitäten.

Da ich einen besonderen Bezug zum Judentum habe – einen

geschwisterlichen, wenn man so will: Ich mag die Religion und die damit verbundene Kultur so sehr, dass ich meine eigenen Kinder in einen jüdischen Kindergarten geschickt habe, doch dazu später mehr –, war es mir ein persönliches Anliegen, etwas für den kaum vorhandenen jüdisch-muslimischen Dialog zu tun und insbesondere gegen Antisemitismus unter Muslimen vorzugehen. Ich weiß nicht wie oft, aber auf dem Schulhof und in den Klassen konnte man sie an manchen Tagen vernehmen, diese abwertend gemeinten Worte: »Du Jude!« Ebenfalls zu hören waren Aussagen wie: »Ich hasse Juden.« Solche Äußerungen stehen nicht automatisch für einen eingefleischten Judenhass, was den Antisemitismus nicht erträglicher macht. Wenn man nämlich nachhakt, erhält man oft ein ahnungsloses Schulterzucken als Antwort oder ein verkrampftes Ringen um Erklärungen: »Aber Frau Kaddor, gucken Sie doch, was Israel mit den Palästinensern macht.« – »Und was hat das mit Juden zu tun?« – »Ähm, die Israelis sind doch Juden?« – »Zwanzig Prozent der Israelis sind Araber, Muslime.« – »Echt?« – »Ja! Du bist doch Muslim, richtig?« – »Auf jeden Fall, al-hamdu li-llâh – Gott sei Dank dafür!« – »Dann magst du also Terroristen und findest es gut, wenn Kinder in die Luft gesprengt, Frauen versklavt werden und Menschen der Kopf abgeschnitten wird?« – »Nein, wie kommen Sie denn darauf? Das hat doch mit dem Islam nichts zu tun. Das sind Verbrecher, die das machen!« – »Aber Israels Besatzung hat nur mit dem Judentum zu tun?« – »Ja, also, ich meine, schon! Also vielleicht nicht alles davon!« – »Und warum sagst du dann, Juden trügen die Schuld an den Vorgängen, und beschuldigst alle auf einmal.« – »Ach, weiß ich auch nicht.« – »Und wusstest du, dass ausgerechnet einige ultraorthodoxe Juden Gegner des Staates Israel sind?« – »Wirklich?« – »Ja!«

So vieles, was meine Schüler da sagten, beruhte auf Hörensagen und halbgaren Annahmen. Dennoch stehen diese dahingesagten Sprüche auf dem Schulhof für eine menschenverachtende Einstellung gegenüber Juden, die nicht hinnehmbar ist. Unablässig habe ich das mit meinen Schülern thematisiert, habe ihnen erklärt, wie gefährlich, verletzend und unmöglich solche Aussagen sind, bin mit ihnen zu Besuchen in die Synagoge nach Duisburg gefahren. Das Judentum wird im Rahmen des islamischen Religionsunterrichts in NRW in der Stufe 7/8 durchgenommen, »Saphir« widmet sich dem Thema ausführlich. Doch die antisemitischen Klischees sind so stark verwurzelt und verbreitet, dass es mit alldem nicht getan ist, zumal der Antisemitismus durch die Zuwanderung von Geflüchteten neue Impulse bekommt und ohne Frage ein ernstes Problem darstellt. Auf der Basis meiner bisherigen Erfahrungen in der Anti-Radikalisierungsarbeit entwickelte ich in Zusammenarbeit mit der Islamwissenschaftlerin und Ethnologin Patricia Jessen die Präventionsmaßnahme »extreme out – Empowerment statt Antisemitismus«. Sie ist auf mehrere Jahre angelegt. Unser Ziel ist es, am Ende ein Kerncurriculum in Händen zu halten, das sich präventiv gegen Antisemitismus im Rahmen von Unterrichtseinheiten oder Freizeitangeboten einsetzen lässt. Dafür arbeiten wir mit Schülern verschiedener Schulformen ab sechzehn Jahren zusammen, die sich für die entsprechenden Kurse angemeldet haben. Sie sind überwiegend muslimisch, aber nicht nur, denn Antisemitismus ist kein Problem allein von Muslimen. Nach der Auftaktveranstaltung mit dem damaligen Bundestagspräsidenten Norbert Lammert startete die Projektarbeit. Sie hat einen emanzipatorischen, selbstbefähigenden und selbstermächtigenden Charakter. Es geht darum, zunächst einmal den bestehenden Antisemitismus unter Muslimen und unter der Gesamtbevölkerung einzuschätzen und dessen Qualität zu analysieren. Als Nächstes folgt eine sogenannte Inputphase. Sie umfasst Workshops rund um die Themen Judentum, Antisemitismus, gruppenbezogene Menschenfeindlichkeit und Geschichte. Darauf folgt eine Outputphase. Hierfür arbeite ich wie schon bei früheren Projekten mit dem Theaterregisseur und Sänger der »Sons of Gastarbeita« Gandhi Chahine zusammen. Mit den Schülern setzt er die erlernten Inhalte in kreative Darstellungsformen um. Die Jugendlichen texten zum Beispiel Lieder, erarbeiten Theaterstücke oder Ähnliches. Der Kurs schließt mit einer öffentlichen Präsentation vor Familie, Freunden und Schulumfeld. Im besten Fall haben die Teilnehmer am Ende etwas über Juden und über Antisemitismus erfahren und sind in der Lage, das Erlernte mit eigenen Erlebnissen zu spiegeln, denn fast alle Teilnehmer beklagten Islamfeindlichkeit oder andere Formen der gruppenbezogenen Menschenfeindlichkeit und berichteten über eigene Ausgrenzungserfahrungen. Die künstlerischen Elemente, zu denen sich viele Teilnehmer in der Regel überwinden müssen, stärken ihr Selbstbewusstsein und ihre Kommunikationsfähigkeit, kurz: Es macht sie in der Abwehr von Antisemitismus sprachfähiger und selbstsicherer. Auf den gleichen Effekt setzten wir bei den früheren Projekten gegen Islamismus und Salafismus. Ich erinnere mich beispielsweise noch gut an einen jungen syrisch-kurdisch-stämmigen Mann, der vor ein paar Jahren an unserem ersten Präventionsprojekt »Muslim 3.0« teilnahm. Anfangs war Mas'ud ein sehr schüchterner und ruhiger junger Mann, der nur wenig Vertrauen in sich hatte. Nach einigen Sitzungen fasste er den Mut, Fragen zu stellen, und hörte interessiert unseren theologischen Ausführungen zu. Er fing an zu diskutieren. Er kam in die Lage, sich mit uns auseinanderzusetzen. Er lernte, dass Meinung einer Haltung bedarf. In der Output-Phase wurde er immer mutiger. Er traute sich, auf der Bühne Monologe zu sprechen. Er verkleidete sich, und es machte ihm sichtlich Spaß. Seine Eltern schauten sich die Aufführung an und waren auf ihren Sohn mächtig stolz. Mas'ud spielte einen Araber, der nur gebrochen deutsch spricht und in einem Zug seine Tasche am Platz liegen lässt, weil er dringend seine Notdurft verrichten muss. Die anderen Teilnehmer schlüpften in diesem einfachen Theaterstück in die Rolle der ängstlichen und von Panik ergriffenen Mitreisenden, unter denen einige Muslime sind, und spielten diese äußerst überzeugend; sie befürchten eine Bombe in der zurückgelassenen Tasche. Die Situation wird aufgelöst, als der Araber von der Toilette zurückkehrt und in die ängstlichen Gesichter der Mitfahrer blickt. In der Tasche befand sich keine Bombe, der Araber hat darin eine große Vase für seine Mutter. Für das Stück gab es langanhaltenden Applaus vom Publikum.

Nach dem Projekt erhielt besonders Mas'ud viel Lob. Seine Mitschüler waren beeindruckt – seine Lehrer hatten ihn so noch nie gesehen und würdigten seinen Einsatz. Wie mir Kollegen später erzählten, verließ er die Schule mit einem Zeugnis, das ihm die gewünschte Ausbildung bei der Polizei ermöglichte. Selbstredend ist Mas'uds Erfolgsgeschichte nicht auf dieses Projekt allein zurückzuführen, aber es hatte einen Anteil an dem positiven Lebensverlauf, da bin ich mir sicher. Demgegenüber gibt es selbstverständlich Jugendliche, die an einem unserer Projekte teilgenommen haben und nach wie vor abscheuliche Ansichten vertreten. Aber die Schule stellt man auch nicht infrage, nur weil es Schüler gibt, die keinen Abschluss schaffen.

#NichtMitUns

Der 22. Mai 2017 war kein besonderer Tag. Das dachte ich zumindest, als ich aus dem Bett aufstand. Genauer gesagt war es ein Montag wie so viele andere. Morgens fand ein Arbeitstreffen mit Kollegen statt, ab Mittag saß ich am Schreibtisch, feilte an einem Vortragstext und beantwortete mal wieder E-Mails, am Nachmittag musste ich eine Fortbildung leiten. Die Wende an diesem Tag kam, kurz bevor er sich dem Ende zuneigte und ich ins Bett gehen wollte. Mein Smartphone vibrierte. Und noch mal. Und noch mal. Eilmeldung! »Tote bei Anschlag in Manchester«. Als die Nachricht von dem Attentat bei einem Ariana-Grande-Konzert gemeldet wurde, war ich erschüttert. Und das passiert mir nicht mehr oft, denn leider hat sich mit der Zeit ein dumpfes Gefühl eingestellt, wenn erneut in diversen Nachrichtenformaten und Zeitungsartikeln von einem Anschlag berichtet wird, der dann wiederum in zahlreichen Talkshows kommentiert und eingeordnet wird. Ich forsche zum Thema Terror und Islamismus, bin durch meine Familie in Syrien von dieser Art von Gewalt direkt betroffen, und einige meiner Exschüler sind in die radikale Salafistenszene abgerutscht, doch dieser Vorfall in Manchester war dennoch anders. Er löste etwas in mir aus. Dass Terror keinen Halt vor Kindern und Jugendlichen macht, wusste ich schon lange. In Syrien, im Irak, in Afghanistan und im Jemen ist das der Alltag, dennoch packte mich an diesem Abend die Vorstellung, dass hier kleine Seelen zerrissen wurden, die nur Musik hören und Freude haben wollten.

Zweiundzwanzig Tote, mehr als hundert Verletzte. Das jüngste Opfer war nur acht Jahre alt. Über die klassischen und die sozialen Medien verfolgte ich die Geschehnisse bis spät in die Nacht hinein. Als mir klar wurde, dass der Attentäter wieder etwas von Islam gefaselt hatte, spürte ich eine tiefe Wut in mir aufsteigen. Im Netz wurden dazu noch Segenswünsche und »Gott ist groß«-Rufe für diesen barbarischen Verbrecher laut. An Schlafengehen war nicht mehr zu denken. Meine Hilflosigkeit machte mich in diesem Moment ganz besonders fertig. Wie ich da zu Hause auf dem Sofa saß und die Geschehnisse nur stumm verfolgen konnte, war die Hölle. Es war noch dazu die Zeit des Ramadan. Eine Zeit, in der Muslime nach Besinnlichkeit und Frieden streben. Es kann für sie kaum einen abstoßenderen Gedanken geben, als dass es während des gesegneten Monats zu Mord und Totschlag kommt, das macht die eigentliche Tat für sie noch schlimmer. Doch genau das fand wieder einmal statt, in Großbritannien ebenso wie in Ländern mit muslimischer Mehrheitsbevölkerung. Das gefühllose Kalkül der Terroristen in jedem Ramadan der vergangenen Jahre ist stets dasselbe: Sie wollen die Menschen ins Mark treffen, so brutal und unbarmherzig wie möglich, in der Gewissheit, viel Aufmerksamkeit zu bekommen. Tausend Gedanken gingen mir durch den Kopf. Es musste etwas passieren. Ich wusste nur nicht, was …

Wenige Tage darauf wurde erneut ein Anschlag gemeldet, diesmal aus London. Wieder blieb ich bis spät am Abend wach und verfolgte via Live-Ticker, wie Bezirke der britischen Hauptstadt geräumt wurden und die Menschen auf den Straßen in Panik gerieten. Weitere acht Tote, fast fünfzig Verletzte, überfahren von einem Lieferwagen und geradezu abgeschlachtet mit einem Messer.

Dass ich nicht die einzige Muslimin sein konnte, die in diesen Tagen an die Grenzen dessen stieß, was man ertragen kann, war mir klar. Ich führte in diesen Tagen viele Gespräche mit Freunden und beteiligte mich an Chats mit Facebook-

Usern. Der Drang, etwas zu unternehmen, wurde stärker. Aber was? Ich bin Autorin, Wissenschaftlerin, Pädagogin. Ich setze mich theoretisch mit unterschiedlichen Themen auseinander, schreibe, forsche, spreche mit der Politik, betreibe zugleich Projekte zur Radikalisierungsprävention, lehre an Schulen und Universitäten, halte Vorträge. Was sollte ich tun, was ich nicht schon längst tat? In dieses Grübeln hinein erreichte mich eine Nachricht: »Lamya, sollen wir eine Demonstration starten? Es reicht!« Die Nachricht stammte von Tarek Mohamad, einem Friedensaktivisten. Ich schrieb zurück, dass ich so etwas noch nie gemacht habe. Wenn, müsse er sich um das Organisatorische kümmern und ich mich auf ihn verlassen können. Tareks Antwort fiel kurz aus: »Alles klar. Du kannst dich auf mich verlassen.« Ohne zu zögern, schickte ich ihm die Worte: »Ok. Dann machen wir das!« Schon am nächsten Tag meldete er sich wieder. Er habe mit der Stadt Köln gesprochen. Morgen fahre er ins dortige Polizeipräsidium, um die Demo anzumelden. Nur wenige Tage später sollten Medien aus aller Welt, aus den USA, aus China, Saudi-Arabien, Frankreich und England über unsere Demo berichten – aber davon ahnte ich bei meiner Zusage ebenso wenig wie davon, dass mehrere deutsche TV-Stationen unsere Demo live übertragen würden. Ehe ich michs versah, war der Zug aufs Gleis gesetzt, und die Sache nahm an Fahrt auf. Tarek plante die Demo für den 17. Juni 2017, in nicht einmal zweieinhalb Wochen. Ich holte mir Rat bei »Arsch huh, Zäng ussenander«, der Kölner Kampagne gegen Rechts, mit deren Organisatoren ich schon häufiger zusammengearbeitet habe, Protestprofis, die Zehntausende Menschen auf die Straßen der Domstadt bringen. Mein Bekannter dort sagte stirnrunzelnd: »Lamya, das wird schwer. Die Zeit ist viel zu kurz. Du brauchst Monate, um so eine Demo zu organisieren. Du brauchst Hilfe, und ihr müsst wie die Bekloppten mobilisieren. Das wird verdammt hart.« Und er sollte recht behalten: Diese zwei Wochen im Juni sollten die anstrengendsten und wohl angespanntesten meines bisherigen Lebens werden. Aber für Bedenken war es zu spät. Wir brachten den Mut auf und stürzten uns in die Vorbereitungen. Jetzt musste einfach nur noch geklotzt werden. Augen zu und durch.

Ich formulierte den Aufruf: »Nicht mit uns«, das war der erste Gedanke. Wir mussten diesen Terroristen zurufen, dass sie nicht mit uns Muslimen rechnen konnten. Wir sind nicht sie, und sie sind nicht wir. Diese Menschen sind keine Muslime im Sinne des Islam, wie ihn die Mehrheit der Gläubigen versteht, und ich wollte, dass wir ihnen das auf den Straßen Kölns entgegenrufen. Nicht, weil wir Muslime uns vom Terror distanzieren müssten, denn eine Distanzierung würde eine Nähe zum Terrorismus voraussetzen, die es so nicht gibt. Nicht, weil wir nichts gegen Terror täten, das geschieht in den Moscheegemeinden durchaus. Nicht, weil wir der Mehrheitsbevölkerung etwas beweisen müssten. Sondern weil ich aus meiner wissenschaftlichen und pädagogischen Arbeit weiß, dass radikalisierte Islamisten insgeheim darauf hoffen, ein Großteil der Muslime würde sie und ihren Hass auf den »kriegstreibenden, islamfeindlichen Westen« verstehen und sich nur nicht trauen, dies offen zu bekunden. Diesen Zahn wollte ich den Islamisten ziehen. In unsere Überlegungen platzte eine beeindruckende Initiative von 130 Imamen aus Großbritannien. Sie verweigerten den Terroristen von London und Manchester das islamische Totengebet. Diese Verweigerung ist nicht zu unterschätzen, denn das islamische Totengebet gilt als religiöse Pflicht, die für jeden gestorbenen Muslim zu erfüllen ist. Die Weigerung dieser essenziellen Handlung sandte dieselbe Botschaft aus, die auch wir aussenden wollten: Nicht mit uns! Wer solche Gräueltaten begeht, wird aus der Umma, der Gemeinschaft der Muslime, ausgeschlossen, und dem wird die »letzte Ehre« in Form eines rituellen Totengebets verwehrt. Genau diese Haltung ist das richtige Signal an die Terroristen: »Ihr isoliert euch mit euren Taten und werdet dafür gesellschaftlich geächtet!«

Tarek und ich besprachen den Aufruf. Er sollte sich an die gesamte Gesellschaft richten, denn Terroristen wachsen nicht nur unter Muslimen auf, sondern unter allen Bürgern. Sozialisation lässt sich nicht auf Religion beschränken. Zur Teilnahme an der Demo wurden somit alle Teile der Gesellschaft aufgerufen. Wichtig war uns nur, die Initiative musste von Muslimen ausgehen. Das Motto lautete also »#NichtMitUns – Muslime und Freunde gegen Gewalt und Terror«. Damit ging die eigentliche Arbeit los. Wir informierten uns, was man für so eine Demo alles benötigt: von der Beschaffung einer professionellen Bühne bis hin zu Ordnerbinden. Es folgte klassisches Networking und PR-Arbeit. Wir nahmen Kontakt zu muslimischen Verbänden auf, suchten Mitstreiter, die uns bei der Organisation halfen, sorgten für einen Internetauftritt, fütterten die sozialen Medien mit den Informationen zur Demo. Zunächst aktivierte ich meine Kontakte zu den großen islamischen Dachverbänden. Nach all den Jahren kennt man sich mehr oder weniger. Aiman Mazyek, der Vorsitzende des Zentralrats der Muslime, war sofort mit an Bord. Ihm war die Bedeutung des Ganzen sofort bewusst. Auch die Ahmadiyya Muslim Jamaat Deutschland sagte ihre Teilnahme sofort zu. Bei der DİTİB stieß ich auf offene Ohren. Der Vorstand müsse eine Beteiligung allerdings erst beschließen, hieß es. Vom Islamrat für die Bundesrepublik Deutschland (dem die Islamische Gemeinschaft Milli Görüs angehört, die Probleme mit dem Verfassungsschutz hat) und dem Verband der Islamischen Kulturzentren indes gab es trotz mehrmaliger Nachfragen keinerlei Antwort. Später folgte dann die offizielle Absage an die Demo durch den Islamrat. Die Führung dieser überwiegend konservativen Verbände ist bis heute nicht in der deutschen Gesellschaft angekommen. Sie kochen weiter ihr eigenes Süppchen, pflegen ihre Wagenburgmentalität und beklagen sich über Anfeindungen aus der Gesellschaft. Es war nicht das erste Mal, dass etablierte islamische Verbandsvorstände, eingenebelt von Hybris und Arroganz, eine Zusammenarbeit mit Vertretern liberaler Strömungen ablehnten. Sicherlich bin ich nicht gerade zimperlich und kritisiere die theologische und gesellschaftspolitische Ausrichtung dieser Verbände scharf, wie sie umgekehrt mich harsch kritisieren. Aber hier ging es einzig und allein um einen zeitweiligen Schulterschluss für ein deutliches Signal an islamistische Terroristen. Die besagten Verbände aber schlugen die ausgestreckte Hand zurück. Wenige Tage vor der Demo kam dann die Absage von der DİTİB. Eines ihrer fadenscheinigen Argumente lautete, dass man im Ramadan mitten im Hochsommer nicht demonstrieren könne. Nur zum Vergleich: In der Türkei, bei teilweise 45 Grad, startete zum selben Zeitpunkt ein dreiwöchiger »Marsch der Gerechtigkeit«, an dem am Ende Hunderttausende teilnahmen. Ich hatte die DİTİB ausdrücklich vor den verheerenden Auswirkungen einer solchen Entscheidung gewarnt. Was immer die wahren Gründe gewesen sein mögen, mit diesem Schritt hat sich der größte deutsche Islamverband weiter ins Abseits manövriert. Die Reaktionen aus allen politischen Parteien auf die Absage der DİTİB fielen vernichtend aus. Wie die DİTİB aus ihrer Ecke wieder herauskommt oder ob es ihr überhaupt gelingt, wird interessant zu beobachten sein.

Kurz nach der Veröffentlichung unseres Demo-Aufrufs setzte sich die Medienlawine in Bewegung. Es gibt vermutlich kein größeres deutschsprachiges Medium, mit dem wir beide in diesen Tagen keinen Kontakt hatten. Hinzu kamen die ausländischen. Mein Telefon stand nicht mehr still, ich hetzte von TV-Studio zu TV-Studio, sprang von Mikrofon zu Mikrofon und diktierte einen Satz nach dem anderen in irgendwelche Schreibblöcke. Selbst nachts kamen noch Anfragen über die Social-Media-Kanäle herein. Ich beantwortete alle, soweit es mir möglich war. Unsere einzige Chance, Menschen zu mobilisieren, bestand darin, ein möglichst großes Medienecho zu erreichen. Anfangs hatte ich an eine Kundgebung mit etwa fünfhundert Leuten gedacht, vielleicht tausend. Bei der Polizei mussten wir eine Größenordnung für die Demo angeben. Tarek sagte bei seinem Treffen in Köln, er könne das nicht abschätzen: »Vielleicht ein paar Hundert Teilnehmer.« Die Polizei hakte nach: »Wie viel könnten es denn maximal werden?« – »Also höchstens … vielleicht 10 000.« In der polizeilichen Pressearbeit ergab sich daraus die Auskunft: »Die Veranstalter rechnen mit bis zu 10 000 Teilnehmern.« Einige Medien machten daraus die Schlagzeile: »Zehntausend Muslime wollen in Köln gegen Terror demonstrieren«. Teilweise las ich sogar, »Zehntausende« würden demonstrieren wollen. Vertreter fast aller großen gesellschaftlichen Institutionen und Organisationen in Deutschland, fast alle Parteivorsitzenden, zahlreiche Bundes- und Landesminister, Prominente aus Kultur und Wissenschaft unterzeichneten unseren Demo-Aufruf. »Wann hat es je ein breiteres Bündnis an Unterstützern gegeben?«, fragte mich ein Journalist. Ich konnte nur mit den Schultern zucken.

Der Tag der Demo war der erste innerhalb dieses Zeitraums, der ruhig startete. Alles, was im Vorfeld zu sagen gewesen war, war doppelt und dreifach gesagt worden. Nach dem Frühstück fuhr ich mit Freundinnen nach Köln. Auf dem Kornmarkt kam die Ernüchterung. Eine halbe Stunde vor Demo-Beginn waren mehr Journalisten als Teilnehmer da. Im Grunde genommen eine Katastrophe. Ich versuchte den Beginn unseres Bühnenprogramms hinauszuzögern, in der verzweifelten Hoffnung, da müssten gleich noch Menschenmassen um die Ecke kommen. Die Blicke unserer prominenten Redner und Künstler verdüsterten sich. Die Erlösung ließ gut eine Dreiviertelstunde auf sich warten. Erst als Tarek und ich schon auf der großen Bühne standen und ins Mikro brüllten, füllte sich der Kornmarkt, nach und nach kamen mehr Demonstranten dazu, und ganz vorsichtig kam so etwas wie Stimmung auf. Nach mehr als einer Stunde starteten wir zu den Klängen von John Lennons Hymne »Imagine« unseren Friedensmarsch durch die Kölner Innenstadt. Bis heute spüre ich, wie die Ketten von meiner Brust absprangen, als wir über die Komödienstraße am mächtigen Kölner Dom vorbeiliefen. Unser Demonstrationszug war inzwischen stattlich angeschwollen. Hunderte Besucher auf der Domplatte applaudierten und jubelten uns zu, als wir als Einzelpersonen in den Tunnel an der Trankgasse marschierten. Es war Gänsehaut-Atmosphäre. Tarek und ich schauten uns an und lächelten. Am Ende waren es 3500 Teilnehmer, die wir in gut zwei Wochen mobilisiert hatten. Das sind mehr, als jemals zuvor bei einer von muslimischen Privatleuten organisierten Demo gegen islamistischen Terrorismus in Deutschland auf die Straße gegangen waren. Für Tarek und mich war es ein realistischer Erfolg, hatten wir doch anfangs nur mit ein paar Hundert Leuten gerechnet. Mit unserer Botschaft haben wir noch mehr Menschen erreicht. Auch solche, die nicht in Köln dabei waren, hatten unser Anliegen vernommen. Die unzähligen Medienberichte im Vorfeld hatten die Botschaft verbreitet: Muslime stehen auf gegen Terror. Hinzu trat das breite Unterstützerbündnis, das wir geschmiedet hatten. Alle TV-Nachrichten berichteten am Abend jenes 17. Juni 2017 über #NichtMitUns.

Eine gute Freundin riet mir einmal: »Dein Pioniergeist führt dich andauernd auf neues Terrain, pass auf, dass du dich da nicht irgendwann verläufst!« Darüber habe ich lange nachgedacht. In der Tat besteht mein Ehrgeiz darin, neue Probleme zu erkennen, nach Lösungen dafür zu suchen und die selbst in Angriff zu nehmen. Das ist die Quintessenz meiner bisherigen Erfahrungen. Dabei geht es mir nie darum, das letzte Wort zu haben. Ich möchte vielmehr Dinge in Gang setzen oder vorantreiben, Diskussionen anstoßen und Impulse geben in der Hoffnung darauf, jüngere Leute mögen sich ermuntert fühlen, eigene Projekte anzugehen und diese besser zu machen, als ich es selbst zu tun vermag. Denn wir werden weder den Islamismus noch den Antisemitismus bald ausrotten können, aber wir müssen uns stetig dafür einsetzen, sie zu überwinden.

Stolpersteine – Warum das Judentum Teil meines Lebens ist

Jüdisches Leben in Deutschland begleitet mich schon von Geburt an – wenn ich auch zunächst nichts davon wusste. Meine Eltern hatten 1976 ihre erste Wohnung bezogen auf der Klosterstraße in der Ahlener Innenstadt. Es war ein kleines, altes Bauernhaus. Hätte es einsam und allein in einem tiefen Wald gestanden und wäre mit Pfefferkuchen verklinkert gewesen, dann hätte ich mir als Kind so das Hexenhaus von Hänsel und Gretel vorgestellt. Angrenzend an das Haus meiner Eltern, keine zwanzig Meter entfernt, stand rund vierzig Jahre zuvor ein jüdisches Gemeindehaus. Dieses Gemeindehaus in der Klosterstraße 13 beherbergte einst die Familie Moszkowicz, die sich die Miete für eine eigene Wohnung nicht mehr hatten leisten können. Wiederum vierzig Jahre nachdem meine Eltern in die Klosterstraße gezogen waren, im November 2016, stand ich vor der Klosterstraße 13. Man hatte mich eingeladen, der Verlegung der Stolpersteine des Künstlers Gunter Demnig für Imo und Benjamin Mendel Moszkowicz beizuwohnen. Es war ein sehr einnehmendes und emotionales Erlebnis, hier zu stehen, unweit des Beginns meiner eigenen Familiengeschichte in Deutschland. Für mich schloss sich in diesem Moment ein Kreis, denn Rassismus und Hass sind achtzig Jahre nach den unermesslichen Verbrechen der Nazis nicht überwunden. Die Erinnerung an die grausamen und unfassbaren Ereignisse hochzuhalten ist mir ein großes Anliegen geworden. Wie meine Eltern waren die

Moszkowicz' einfache Leute. Aber während sich mein Vater mehr oder weniger freiwillig für den Gang in die Fremde entschied, wurde Benjamin Moszkowicz 1914 als polnischer Kriegsgefangener nach Ahlen verschleppt, um als Zwangsarbeiter auf der Zeche zu arbeiten. Durch einen Unfall verlor der gelernte Schuster mehrere Finger. Nach dem Krieg gelang es ihm, trotz geringer Deutschkenntnisse eine Existenz als Schuhmacher zu begründen. Er holte seine Familie nach, und sie lebten in Baracken am Rande Ahlens. 1925 wurde Sohn Imo geboren, der seinen Vater einmal als »den wohl ärmsten Juden im Münsterland« bezeichnete. Weil durch die zunehmende antisemitische Propaganda kaum noch Kunden zu ihm kamen, wurde die finanzielle Lage der Familie immer aussichtsloser. Es folgte der Umzug ins jüdische Gemeindehaus, wo Benjamins Frau Chaja als Gegenleistung für die Unterkunft die Gebäude und die Synagoge putzte. Benjamin Moszkowicz bemühte sich um eine Ausreisegenehmigung und erhielt sie 1938. Als Vorhut ging er nach Argentinien, was ihm das Leben rettete. Es gelang ihm aber nicht mehr, seine Familie rechtzeitig nachzuholen. So mussten diese die Reichspogromnacht vom 9. auf den 10. November erleben. Die Haustür wurde aufgebrochen, als die Kinder noch schliefen, braune Horden stürmten in die Halle und zerstörten alles, was sie in die Finger bekamen. Auf den Straßen in Ahlen tobte der Mob, plünderte Geschäfte und Wohnungen, misshandelte Menschen, zwang den Kantor, die Tora zu schänden, hetzte den Familienvater und Kaufmann Siegmund Spiegel durch die Stadt, erschlug ihn und zerstörte die Synagoge. Imo Moszkowicz erzählte später: »Wir hatten ja eigentlich schon alles, hatten unsere Schiffspapiere, unsere Einreisegenehmigungen nach Argentinien. Alles war da, und wäre dieses Pogrom 48 Stunden später gekommen, wären wir gerettet gewesen. Aber so war alles verspielt.« Übergangsweise kamen Mutter und Kinder in einem Obdachlosenheim unter. Ein Jahr später erließ der Ahlener Stadtrat den Ausweisungsbeschluss für jüdische Bürger. Die Familie ging ins Ruhrgebiet nach Essen. Dort musste Imo wie einst sein Vater Zwangsarbeit verrichten, für den Energiekonzern RWE und im Straßenbau. 1942 wurden zuerst seine Mutter und mehrere Geschwister deportiert. 1943 kam auch Imo nach Auschwitz. Als Einziger seiner Familie überlebte er Lager und Todesmärsche, erst 1946 konnte er den Kontakt zu seinem Vater wieder aufnehmen. Doch trotz der Erlebnisse blieb Imo Moszkowicz in Deutschland und legte eine beeindruckende Karriere als Regisseur hin. Er war Assistent von Gustav Gründgens, drehte einen Tatort mit Karin Anselm, führte Regie bei »Meister Eder und sein Pumuckl« und erhielt den Bayerischen Fernsehpreis und die Ehrenbürgerschaft der Stadt Ahlen. 2011 starb Imo Moszkowicz.

Es ist nun nicht so, dass ich mich schon früh für das Thema Judentum gezielt interessiert hätte. Mein Leben lang wurde ich vielmehr beiläufig auf das Thema gestoßen. Wie fast alle Deutschen hat es mich während meiner Schulzeit begleitet, allerdings konnte ich als junger Mensch, dessen Eltern keine Wurzeln in diesem Land hatten und dessen arabische Bekannte Vorurteile gegen jüdische Israelis als Täter im Nahostkonflikt pflegten, mit der schulischen Aufbereitung der jüdischen Geschichte wenig anfangen. Heute weiß ich, es lag nicht am Thema, sondern an der Vermittlung. Wir bekamen ständig Schwarz-Weiß-Dokumentationen zu sehen. Leichenberge, die von Planierraupen bewegt wurden. Ausgemergelte Körper. Verängstigte, fahle Gesichter. Drastisch ausgedrückt, ging es ausschließlich darum, uns Schülern tote Juden zu zeigen. Als Jugendliche erschloss sich mir diese Darstellung im Unterricht nicht. Was habe ich als junger Mensch mehr als fünfzig Jahre später damit zu tun, sodass man mir immer und immer wieder diese Bilder zeigen musste? Diese furchtbaren Aufnahmen wirkten damals merkwürdig abstrakt auf mich, fast künstlich, unwirklich. Mit dieser Wahrnehmung war ich vermutlich nicht die Einzige in unserer Schule. Schreckliche Bilder verlieren ihren Schrecken, wenn man sie in Dauerschleife sieht. Heute hingegen erschüttern mich diese Bilder, und inzwischen glaube ich zu wissen, warum. Denn heute kenne ich Juden persönlich, lebende Menschen, Mütter, Väter, Kinder, Omas, Opas, sie alle begegnen mir nahezu täglich in meinem Alltag.

Darüber hinaus habe ich selbst Erfahrungen mit Antisemitismus gemacht, obwohl ich keine Jüdin bin.

Während des Studiums spekulierten arabischstämmige Kommilitonen und andere, ob ich vielleicht Jüdin sei. Jedenfalls sähe ich »jüdisch« aus. Auf meine Frage, wie man denn so aussehe als Jüdin, antworteten sie: »Helle Haut und schwarze Haare.« Als ich Schmuck mit einem Sternmuster trug, war für einige sonnenklar: Das ist ein Davidstern. Wieder andere meinten, ich spräche den Buchstaben »h« leicht wie ein »ch« aus, und das täten nur Juden. Andererseits wunderten sich manche darüber, warum ich nicht hasserfüllt gegenüber Juden oder zumindest viel kritischer gegenüber Israel eingestellt sei, da meine Eltern doch Syrer seien und sich Syrien und Israel offiziell im Kriegszustand befänden, zudem habe Israel die syrischen Golanhöhen besetzt. Folglich musste ich selbst Jüdin sein.

Wegen meiner Haltung zu Israel bekomme ich von allen Seiten mein Fett weg. Die einen beschimpfen mich als »Judenschlampe«, weil ich den Staat Israel nicht in Bausch und Bogen verdamme und seine heutige Existenz verteidige, die anderen beschimpfen mich als »Antisemitin«, weil ich Verständnis für manche Sichtweisen der Palästinenser aufbringen kann und mir zugleich erlaube, israelisches Regierungshandeln in bestimmten Punkten zu kritisieren. Sie alle dürfen sich die Zähne an mir ausbeißen, ich will mich weder für die eine noch die andere Seite vereinnahmen lassen. Menschliche Realitäten sind immer komplex, erst recht im Nahostkonflikt, mit pauschalen Parolen lassen sie sich nie erfassen.

Auf einer Fachtagung zum interreligiösen Austausch lernte ich Michael Rubinstein kennen. Dem offiziellen Vernehmen nach war er der einzige jüdische Gast und ich eine von drei muslimischen Gästen. Die Mehrheit der Teilnehmer trieb uns einander im Verlauf der Tagung regelrecht in die Arme. Obwohl wir im Raum waren, tauschten sie sich über unsere Köpfe hinweg munter und engagiert darüber aus, was »die Juden« und »die Muslime« an und für sich so ausmacht. Von einem Dialog auf Augenhöhe, von dem Michael und ich ausgegangen waren, konnte man nur bedingt sprechen. Wir guckten uns mehrfach erstaunt an, mal erhoben wir Einspruch gegen die eine oder andere geäußerte These, mal war es uns zu absurd und wir quittierten Aussagen mit einem gemeinsamen Kopfschütteln. Offenkundig waren wir auf einer Wellenlänge unterwegs. Nach der Tagung hielten wir den Kontakt, und die Sympathie füreinander bestätigte sich. Wir schlossen Freundschaft und tauschten uns fortan regelmäßig über unsere Ansichten aus. Wir stießen auf weitere Übereinstimmungen und konnten einander zugleich abweichende Meinungen zugestehen, ohne gleich in Streit zu verfallen. Einmal stellte Michael mir eine ehrlich interessierte Frage, die jedoch alles andere als durchdacht war: »Warum tragen eigentlich alle muslimischen Männer weiße Schuhe?« – »Hä? Wie kommst du denn darauf? Ähm, warum tragen denn bitte alle Juden Schläfenlocken?« Für einen Moment senkte sich Stille über uns. Wir sahen einander an. Verzogen den Mundwinkel. Und lachten los: Tja, auch Juden und Muslime sind eben nicht frei von Vorurteilen. Wir witzelten darüber, dass wir eigentlich mal ein gemeinsames Buch über das Verhältnis zwischen Juden und Muslimen schreiben sollten. So etwas gab es schließlich noch nicht. Plötzlich stand die Idee im Raum und waberte wie Nebelschwaden um unsere Köpfe, die sich einfach nicht auflösen wollten. So entstand 2013 unser Gesprächsband »So fremd und doch so nah«, in dem wir uns sowohl über den Holocaust, muslimischen Antisemitismus und den Nahostkonflikt austauschen als auch über schöne Dinge wie Humor, Heimat und Glaube.

Zu Gast beim »Feind«

Als junge Frau und Islamwissenschaftlerin in den Nullerjahren reifte der Wunsch, erstmals selbst nach Israel und in die Palästinensergebiete zu reisen, um mir ein eigenes Bild von der Situation vor Ort zu machen. »Eine Fahrt zum Feind, dorthin, wo der Stachel ins Fleisch der Araber eingedrungen ist« – so oder ähnlich bewerteten nicht wenige Menschen meinen Entschluss. »Wie kannst du da nur hinfahren!«, posaunte man mir auf Facebook entgegen. »Damit unterstützt du das zionistische Regime. Du bringst dein Geld dahin und finanzierst mit, dass Palästinenser getötet werden.«

Als ich meinen Fuß zum ersten Mal auf das Heilige Land setzte, erschien mir vieles widersprüchlich und brüchig, anderes vertraut und bekannt. Als Islamwissenschaftlerin habe ich mich intensiver als die meisten Menschen mit dem Judentum auseinandergesetzt und sehe die theologische und orthopraktische Nähe zum Islam. Es verwundert mich beispielsweise nicht, dass Juden spezielle Reinheitsvorschriften für menstruierende Frauen kennen, dass *kosher* geschlachtet werden muss und männliche Nachkommen beschnitten werden sollen. All das kennen Muslime vom Gedanken her auch. Dass man sich an deutlich mehr als zehn Gebote halten soll – auch das kann ein einendes Band zwischen diesen beiden Religionen sein.

Israel ist wie eine europäische Version der arabischen, der orientalischen Welt, wie ich sie bis dato kennengelernt hatte. Das sieht man, das riecht man – und man schmeckt es, spätestens wenn man erstmals eines der vielen Restaurants betritt, die sich auf Hummus spezialisiert haben – dieses raffinierte, verfeinerte Kichererbsenpüree, das mir aus der Küche meiner Mutter so wohlbekannt ist und das Israelis wie Araber derart lieben, dass sie sich wahrhaftig alle gemeinsam hineinlegen könnten, wenn es diesen verdammten Nahostkonflikt nicht gäbe …

Ich hatte in Israel das Glück, sowohl die Klagemauer als auch den Felsendom und die al-Aqsa-Moschee aufsuchen zu können. Das ist nicht jedem vergönnt. Zum einen gelten aufgrund der häufig angespannten Lage in Jerusalem bestimmte Besuchszeiten, die gerne mal ausgesetzt werden, zum anderen lassen die Muslime keine Nichtmuslime in den Felsendom. Ein großes Ärgernis, wie ich finde, das der Wächter am Eingang trotz seiner freundlichen Worte nicht beschwichtigen konnte: »Weißt du, Schwester, hier gibt es so viele Menschen, die Böses im Sinn haben, wir müssen unsere heiligen Stätten schützen.« Die Klagemauer durfte ich hingegen ohne Weiteres besuchen, die Grabeskirche konnte ich ebenfalls anstandslos betreten. Seit diesem Besuch bin ich von *al-Quds* (das Heilige) – so heißt Jerusalem auf Arabisch – fasziniert. An keinem anderen Ort dieser Welt versteht man den Sinn von Ökumene und die Verwandtschaft zwischen den drei großen monotheistischen Religionen, aber auch den Streit darum, besser als dort.

Und Israel ist noch mehr als die Heimat für diese drei monotheistischen Religionen. In Haifa zum Beispiel steht das Bahai-Weltzentrum. Seine wunderschönen Gärten am Hang des Karmel-Bergs hinterlassen bleibenden Eindruck. Man hat von dort aus einen fantastischen Blick auf die Stadt und den Hafen. Die Bahai, eine weitere der vielen Religionsgemeinschaften aus Vorderasien, die mit dem Schicksal von Verfolgung und Diskriminierung geschlagen sind, fanden ebenfalls in Israel eine Heimstatt für eines ihrer wichtigsten Heiligtümer. Bahai streben eine Einheit in Vielfalt an. Sie glauben, dass sich Gott durch verschiedene Epochen in verschiedenen Kulturen offenbart hat. So erkennen sie neben den Lehren ihres Stifters Baha'u'llah das Wirken religiöser Gestalten wie Moses, Jesus und Mohammed an, aber ebenso das von Buddha, Krishna und anderen. Bildung und Toleranz schreiben sie sich groß auf die Fahne. Zum ersten Mal erfuhr ich von dieser Religion durch die damalige Sekretärin am Institut für Arabistik und Islamwissenschaft. Sie war gebürtige Iranerin und bekennende Bahai. Eine herzensgute Frau, anscheinend ohne einen einzigen Funken Zorn in den Knochen. Man könnte meinen, die Bahai seien die perfekte Religion. Doch was ist schon perfekt? Die Grenzen der Toleranz werden bei den Bahai erreicht, wenn es beispielsweise um Homosexualität geht.

Wenn ich Bekannten oder Familienangehörigen mit Wurzeln im Vorderen Orient von der Israelreise erzähle, blicke ich häufig in fragende Gesichter. Obwohl die meisten meine »Querdenkerei« inzwischen kennen, sind viele nach wie vor verunsichert: »Israel? Wie kannst du nur?« Aber es gibt keine einfache Antwort darauf. Und nebenbei bemerkt: Einige meiner Bekannten würde auch die durchdachte Antwort nicht überzeugen: Ich habe syrische Wurzeln, verstehe mich selbst aber nicht als Syrerin – jedenfalls nicht so, wie sich eine in Syrien lebende Syrerin verstehen würde. Wenn ich zum Beispiel Kritik an der Siedlungspolitik einer israelischen Regierung übe, respektiere ich Israel dennoch mit Land und Leuten. Mir ist bewusst, wie die Staatsgründung Israels verlief. Vielen palästinensischen Familien ist dadurch zweifellos Unrecht geschehen – durch Enteignung und Vertreibung, zudem verloren viele ihre Liebsten. Dennoch kann ich den Staat Israel nicht hassen, schon gar nicht die Menschen, die heute dort leben. Welche Schuld trifft sie für die Vergangenheit? Geschichte hinterlässt Spuren, und manche davon sind schmerzhaft und irreversibel. In der Geschichte hat der Mensch von jeher Menschen vertrieben, in der Regel aus purem Machtstreben und zur bloßen Bereicherung. Bei der Staatsgründung Israels suchte die am meisten verfolgte Gruppe der Menschheitsgeschichte ein sicheres Zuhause. Der Hass auf Israel, den ich von Teilen meines Umfelds mitbekomme, ist töricht, weil die Träger dieses Hasses es nachvollziehen können müssten, was Israel den Juden bedeutet. Wenn in Deutschland rassistische Diskurse hochkochen, etwa weil man einem Thilo Sarrazin wochenlang den roten Teppich ausrollt, dann schwirren Bekannten mit Migrationshintergrund zwangsläufig Gedanken an die Verbrechen der Nationalsozialisten durch den Kopf. Das ist zwar sachlich falsch, aber es ist ein Fakt. Türkischstämmige Bekannte etwa äußerten mir gegenüber Ängste oder zumindest Zweifel: »Lamya, ganz ehrlich, wenn es hier zu schlimm wird, können wir immer noch in die Türkei gehen. Deshalb ist das Land für uns so wichtig.« Nichts anderes denken Juden, wenn der Antisemitismus aufbrandet und spürbar wird: »Wir haben jetzt Israel, wo wir im Notfall hingehen können.« Auf diesen sicheren Hafen, mag er nun Israel heißen oder Türkei, lässt man nichts kommen – selbst dann nicht, wenn der Staats- oder Regierungschef fürchterliche Entscheidungen trifft. Syrischstämmige Deutsche müssten diesen Gedankengang eigentlich nachvollziehen können, allerdings ist ihr sicherer Hafen seit 2011 im Krieg versunken.

Ich mag Juden genauso sehr oder so wenig, wie ich andere Menschen mag oder nicht mag. Ihr Jüdischsein spielt dabei keine Rolle. Der islamische Glaube verlangt nicht, Juden zu hassen oder zu verfolgen. Die Verse über Juden im Koran stehen in einem historischen Kontext. Konkrete Aussagen beziehen sich ausnahmslos auf bestimmte Gruppen: zum Beispiel auf einzelne Stämme aus der damaligen Zeit oder auf Sünder. So steht im Koran in Sure 2, Vers 65: »Und sicherlich habt ihr Kenntnis von (dem Ende) derer unter euch, die das Sabbatgebot übertraten. So sprachen Wir zu ihnen: ›Seid denn Affen, Verachtete.‹« Antisemiten missachten hier den Einschub: »die das Sabbatgebot übertraten«. Auseinandersetzungen und Abgrenzungen von anderen sind insbesondere in der Antike Normalität. Der Koran bezeugt Muslimen vor diesem Hintergrund eher, Gruppen nicht pauschal zu verdammen. Nicht mal die sogenannten Ungläubigen, die nicht an den Gott von Juden, Christen und Muslimen glauben, werden rundheraus verurteilt. Gott erkennt nach althergebrachter islamischer Lehre allein jene nicht an, die den Glauben an ihn selbst dann verweigern, wenn sie Kenntnis von ihm erlangt haben. Die betreffenden arabischen Worte *kufr* bzw. *kâfir* bedeuten eigentlich nicht »Unglaube« bzw. »Ungläubiger«, sondern »die Wahrheit verdecken« bzw. »jemand, der die Wahrheit verdeckt«. Es widerspräche der koranischen Ethik somit fundamental, Monotheisten als Ungläubige zu diffamieren oder sie gar zu verfolgen. Juden bilden da keine Ausnahme, auch wenn Antisemiten das nicht wahrhaben wollen. Übrigens: Die heute so oft zitierten Aufforderungen im Koran wie »Und tötet sie, [die Ungläubigen] wo immer ihr sie trefft« aus Sure 2, Vers 191 haben durch die Geschichte des Islam hindurch niemals verhindert, dass Nicht-Monotheisten und Muslime friedlich koexistieren konnten. Das beste Beispiel sind Muslime und Hindus in Indien. Nach Lesart der Extremisten hätten Muslime die Hindus stets bis aufs Blut bekämpfen müssen; taten sie aber nicht. »Die Geschichte von Islam und Hinduismus umfasst sowohl Eroberung als auch die friedliche Koexistenz beider Zivilisationen«, schreibt selbst der für seine Islamkritik bekannte Politologe Bassam Tibi. Pauschalisierungen sind kein Charakteristikum des Islam.

Lebendiges Judentum in Israel zu sehen hat mir persönlich vor Augen geführt, wie wenig Muslime von der Geschichte und dem Alltag von Juden wissen. Sie wären erstaunt über die Gemeinsamkeiten. Doch viele verschließen sich vor diesen möglichen Einsichten: Sie wollen Juden nicht kennenlernen und verbleiben so in ihrer dumpfen und hasserfüllten Haltung. Sie machen es sich einfach. Es wird sich zu Recht über die wachsende Islamfeindlichkeit in Deutschland und anderenorts beklagt. Doch glaubhaft vortragen kann diesen Vorwurf nur, wer nicht ähnliche Mechanismen gruppenbezogener Menschenfeindlichkeit auf andere anwendet. Sprich: Ich kann mich nicht über Islamfeindlichkeit beschweren und zugleich antisemitisch argumentieren. Diese Ebene der Empathie und Selbstreflexion zu erreichen – auch dies habe ich durch meine Arbeit als Lehrerin gelernt –, ist besonders bei der Auseinandersetzung mit dem Antisemitismus bei jungen Menschen wichtig.

Shabbat Schalom – Jüdischer Kindergarten

Ich erwähnte bereits, dass ich nahezu täglich mit Menschen jüdischen Glaubens zu tun habe. Und das liegt daran, dass meine Kinder einen jüdischen Kindergarten besuchen. Menschen werden tolerant geboren und zur Intoleranz erzogen. Dem wollten mein Mann und ich entgegenwirken. Tolerant zu bleiben und dafür einzustehen zählt für mich zu den stärksten Charaktereigenschaften überhaupt. Als sich die Möglichkeit ergab, unsere Kinder in einem jüdischen Kindergarten unterzubringen, zögerten wir nicht lange. Wir meldeten uns für einen Besuchstermin an. Die Leiterin wirkte kompetent, das pädagogische Konzept überzeugend. Die Kinder werden musisch gefördert, sprachlich in Hebräisch und Englisch, und religiöse Riten spielen ebenfalls eine Rolle. Ich bin der Überzeugung, alle Menschen glauben an irgendetwas, sei es, dass am Ende einfach nur der Stecker gezogen wird. Nachdenken über das, was hinter allem steckt, halte ich für essenziell, und auch wenn der Glaube in Deutschland auf dem Rückzug ist, weltweit ist es genau andersherum. Neben dem Nationalismus gibt es wenig, was so viel Einfluss auf den Weltenlauf hatte und hat wie Religion.

Nach nur zwei Tagen Kindergartenbesuch beherrschte unser ältestes Kind das jüdische Tischgebet. Seitdem nehmen wir teil am jüdischen Leben, gehen anlässlich von Festen zur Synagoge und hören unsere Kinder zu Hause hebräische Lieder singen. Niemals entstand dabei ein negativer Eindruck.

Für den christlichen sowie den muslimischen Teil meiner Familie war unsere Entscheidung erklärungsbedürftig. Sie sorgte für Stirnrunzeln, und es wurden Befürchtungen geäußert, die Kinder könnten zum Beispiel später Probleme mit ihrer eigenen religiösen Identität bekommen. Das fehlende Verständnis, mit der manche auf die Information reagierten, dass unsere Kinder in einen jüdischen Kindergarten gehen, deutete auf verborgene Ängste und Vorbehalte hin, dabei besuchen die meisten deutschen Muslime und Juden Kindergärten, in denen das Christentum und christliche Traditionen im Vordergrund stehen, und dennoch kommen sie nicht von ihrem muslimischen oder jüdischen Glauben ab. Kein Kind interessiert es, welchen Glauben sein Kindergartenfreund hat, die einen sind Juden, die anderen Christen, die einen Muslime, die anderen konfessionslos. Unsere Kinder gehen mit ihrer eigenen religiösen Prägung völlig selbstverständlich um.

In ihren ersten Lebensjahren besuchten sie muslimische Tageseltern, anschließend einen jüdischen Kindergarten und heute den christlichen Religionsunterricht. Das mag für viele schräg klingen oder »zu viel des Guten« sein, aber ich bin davon überzeugt, dass Diversität und der Umgang damit eingeübt werden müssen. Jedem Menschen ist das Fundament für Toleranz in die Wiege gelegt. Im Kindesalter können wir darauf den Grundstein für ein Haus der Vielfalt bauen. Wer den Wert der Vielfalt erst erkannt hat, will ihn niemals wieder missen.

Warum Jesus mein ständiger Begleiter war

Den deutsch-iranischen Schriftsteller, Islamwissenschaftler und Muslim Navid Kermani erfasst beim Nachdenken »Über das Christentum« ein »ungläubiges Staunen«. Für sein gleichnamiges Buch sucht er die Annäherung an diese Religion über die christliche Kunst. Etwa beschreibt er seine Emotionen bei der Betrachtung von Michelangelo Merisi da Caravaggios berühmtem Gemälde »Der ungläubige Thomas«, der dem auferstandenen Jesus skeptisch tastend den Zeigefinger in die Seitenwunde schiebt. Kermani bekundet daraufhin seine Bewunderung für die Kraft der Liebe, die er bei Christen erkennt und die aus mehr als reiner Nächstenliebe bestehe: »Die Liebe bei vielen Christen geht über das Maß hinaus, auf das ein Mensch auch ohne Gott kommen könnte: Ihre Liebe macht keinen Unterschied.«

Meinen Zugang zum christlichen Glauben fand ich früher, und im wahrsten Sinne des Wortes geschah es eher en passant. Wie bei Kermani war es Jesus, mit dem die Auseinandersetzung begann. Doch sah ich ihn nicht auf einem Gemälde von Caravaggio. Ich hatte als Kind einen relativ kurzen Schulweg und musste nur zehn Minuten laufen, um am Städtischen Gymnasium anzukommen. Mein Schulweg war ein besonders katholischer. Zweimal am Tag lief ich auf dem Hin- und Rückweg an zwei Kirchen vorbei, der Pfarrkirche St. Marien und der Pfarrkirche St. Bartholomäus sowie an einem beinahe menschengroßen Kruzifix. Diese Darstellung des gekreuzigten Jesu zog mich auf eine gewisse Art in den Bann. In der ganzen Zeit wurde ich nie müde, jedes Mal, wenn ich ihm entgegenlief, den ausgemergelten, lediglich von einem Lendenschurz bedeckten Körper, das gesenkte Haupt und die Dornenkrone darauf zu betrachten – selbst wenn es nur für einen flüchtigen Augenblick war, weil ich aus Angst, zu spät zum Unterricht zu kommen, in Eile war oder mit dem Fahrrad fuhr oder mit Freunden zusammen ging und mit ihnen quatschte. Er konnte sich meiner Aufmerksamkeit stets gewiss sein. Gearbeitet aus weißem Holz, hängt er noch heute unter einem Baldachin an der Außenmauer eines Gebäudes in Ahlen. Neugierig schaute ich diesem Jesus ins Gesicht, um den Schmerz seiner Kreuzigung nachzuempfinden, aber er litt gar nicht. Sein Gesicht war nicht schmerzverzerrt. Vielmehr wirkte er friedlich in seinem Sterben. Doch war das möglich? Konnte man so friedlich sterben? Diese Frage stellte ich mir. Warum starb Jesus am Kreuz friedlich, wo er doch Nägel in Händen und Füßen hatte? Die Frage nach diesem »in Frieden sterben« wandelte sich für mich mit fortgeschrittenem Alter zu der Frage, ob man »für Frieden und Liebe sterben« könnte. Neun Jahre lang begegnete ich dem Kruzifix fast täglich, einmal morgens und einmal nachmittags, sodass wir uns hochgerechnet bestimmt mehr als 3000 Mal getroffen haben. Jesus faszinierte mich genauso, wie er mich befremdete. Dieser Mensch, der da am Kreuze hing und damit das Christentum symbolisieren sollte, ist mir vertraut und gleichzeitig fern. Wie kann so etwas Gewaltvolles für eine Religion der Nächstenliebe stehen? Das ist wohl die häufigste Frage, die sich Muslime, Juden oder andere Nichtchristen beim Anblick des Gekreuzigten stellen. In Liebe und aus Liebe für die Menschen sterben, um ihre Sünden damit zu tilgen, ist zwar zutiefst christlich, dennoch fühle ich mich als Muslimin diesem Gedanken nah. Denn Gott hat den Menschen und die Erde und die Tiere aus Liebe erschaffen und nicht, weil er sie braucht oder von ihnen abhängt. Dieser Akt der unbedingten

Liebe weckt in mir einen positiven Bezug. Und dann wieder zeigt mir der Sühnetod Jesu zugleich die Grenzen der Gemeinsamkeiten auf: Die Schuld der Menschen auf sich zu nehmen hängt mit dem christlichen Schöpfungsbericht zusammen, der dem Menschen nach dem Sündenfall Adam und Evas eine Erbsünde zuschreibt. Der Kirchenvater Augustinus lehrt, erst die Menschwerdung Gottes in Jesus Christus – dessen Kreuzigung und Auferstehung – ermögliche es, dass Gott dem Menschen die nötige Gnade erweise, um diese Erbsünde zu tilgen und erlöst zu werden – vorausgesetzt, ein Kind habe das Sakrament der Taufe erhalten. Islamische Gelehrte sehen das anders. Der Koran kennt zwar den Sündenfall, der Unterschied zum Christentum beginnt aber bereits damit, dass nicht die Frau, Eva, ihren Mann, Adam, verführt. Der Koran sagt in Sure 20, Vers 121: »Da aßen sie BEIDE davon«; gemeint ist der »Baum der Ewigkeit«, der in der biblischen Paradieserzählung »Baum der Erkenntnis« heißt. Mann und Frau übertraten hier also gemeinsam das Gebot Gottes. Sie baten Gott um Verzeihung, und anders als im Christentum verzeiht ihnen der Schöpfer. Er trägt ihnen dennoch auf, das Paradies zu verlassen, um auf der Erde im Guten miteinander zu wetteifern.

Auch wenn ich den Tod Jesu als erlösendes Moment nachvollziehen kann, glaube ich nicht an die heilsgeschichtliche Deutung der christlichen Theologie, was mich somit keine Christin sein lässt. Vermutlich um die Unterschiede zum Christentum noch stärker herauszustellen, gehen Muslime ferner davon aus, dass Jesus nicht tatsächlich am Kreuz gestorben ist. Im Koran taucht er unter dem Namen Isa auf und wird als wichtige prophetische Figur verehrt. Sure 4 Vers 157 sagt: »Aber sie haben ihn weder getötet noch gekreuzigt, doch kam es ihnen so vor.« Somit entfällt im Islam auch die Auferstehung am dritten Tag. Ausgehend von dieser Koranpassage warfen Theologen und Islamwissenschaftler die Frage auf, ob man nicht eine Verbindung ziehen könnte zu den Spekulationen bestimmter christianisierender Strömungen, wonach Jesus bei der Kreuzigung durch Simon von Cyrene ersetzt worden sei, wie es im zweiten Jahrhundert etwa von Gnostikern wie Basilides von Alexandria oder im Doketismus behauptet wurde. Simon ist derjenige, der nach den Evangelisten Matthäus, Markus und Lukas für Jesus das Kreuz auf den Berg Golgatha trug.

Keine Frage, solche wissenschaftlichen Diskurse interessieren die meisten Muslime wenig. Oft verweisen sie nur auf einen Teilaspekt, wenn sie den Unterschied zwischen Islam und Christentum benennen sollen: die Gottessohnschaft Jesu. Diese Trinitätslehre können die wenigsten nachvollziehen. Muslime lernen, dass Gott nur ein Einziger ist. Dieser *tauhîd*-Gedanke ist das Zentrum allen theologischen Denkens im Islam. Gläubige Muslime nehmen ihn quasi mit der Muttermilch auf. Eine Sure, die Muslime ihren Kindern als eine der ersten beibringen, sie gehört zu den kürzesten und am einfachsten zu erlernenden, ist die Sure 112 – für mich zählte sie ebenfalls zu den ersten Suren, die ich auswendig aufsagen konnte. Darin heißt es: »Sag: Er ist Gott, ein Einziger. Gott ist der ewig Lebende. Er hat weder Kinder gezeugt, noch ist er selbst gezeugt worden. Nichts und niemand ist ihm gleich.« Vater = Sohn = Heiliger Geist – diese Wesenseinheit Gottes kennen Muslime so nicht. Wenn mich jemand danach fragt, wie Christen bloß daran glauben können, dass Jesus der Sohn Gottes sei, frage ich jedoch »ketzerisch« zurück: »Warum kann er das denn nicht sein?« »Na, Gott ist ein Einziger und nicht drei. Das ist doch Schirk – Vielgötterei.« – »Welche Worte sagst du, wenn du dein Gebet beginnst?« – »Allahu akbar – Gott ist der Größte oder größer als alles andere.« – »Richtig! Und was bedeutet das?« – »Dass niemand ihm gleich ist, dass er allmächtig ist!« – »Exakt. Er ist allmächtig. Und wenn er allmächtig ist, wieso kann er dann keinen Sohn haben?« – »Na, weil im Koran explizit gesagt wird, er habe nicht gezeugt!« – »Stimmt, nicht im menschlichen Sinne mit der Hilfe einer Frau. Aber schließt das aus, dass er sich womöglich selbst inkarniert hat? Ein allmächtiger Gott hätte das tun können. Und wenn er es getan hätte und auf Erden gewandelt wäre, wäre es aus Sicht von Menschen dann nicht naheliegend, so eine Gestalt als ›Sohn‹ zu bezeichnen?« So oder so ähnlich habe ich es meinen Schülern erklärt, weil ich dieses dumpfe Trinitäts-Bashing nicht leiden kann. Wir Muslime glauben an die Allmacht Gottes, somit wäre es theoretisch möglich, dass Gott einen Sohn hatte. Wir glauben nur nicht, dass es tatsächlich so gewesen ist.

Dieser feine Unterschied scheint jedoch nicht nur für Muslime eine Herausforderung zu sein. Von einer deutschen Behörde, die in der politischen Bildung aktiv ist, nahm ich den Auftrag an, für eine Kinderseite im Internet eine interaktive Einführung in den Islam zu gestalten. In einem Text für dieses Projekt erzählte ich von Jesus, der im Islam Isa genannt und als Prophet verehrt wird. Isa ist für Muslime besonders wichtig, beispielsweise weil er es dem sunnitisch-islamischen Glauben nach sein wird, der am Ende aller Tage als Messias zurückkehrt, um die Gerechtigkeit auf Erden wiederherzustellen. Mein Text wurde von der Behörde inhaltlich abgenommen, und es kam zu einer ungewöhnlichen Rückmeldung. Eine katholische Theologin habe den Text redigiert, und meine Ausführungen seien an dieser Stelle theologisch »falsch«, sogar »blasphemisch«. Jesus sei nicht nur ein Prophet, er sei Gottes Sohn. Man möge es mir zugestehen, aber es war wieder eine der seltenen Situationen in meinem Leben, in denen ich perplex war. Erstaunt erwiderte ich, dass das natürlich fürs Christentum stimmen mochte, für den Islam nicht. Daraufhin kontaktierte mich die katholische Theologin per Telefon und erläuterte mir, dann sollte ich als Muslimin vielleicht lieber nicht über Jesus und das Christentum schreiben. Jesus sei der Sohn Gottes, das könne ich nicht leugnen. Punkt. Manchmal komme ich mir vor wie in einem falschen Film. In solchen Situationen schaue ich mich suchend um. Irgendwo muss doch eine versteckte Kamera stehen und in jedem Moment Guido Cantz freudestrahlend hinter der nächsten Ecke hervorspringen und rufen: »Verstehen Sie Spaß?« Es kostete mich einige Mühe, Ruhe zu bewahren und meiner Gesprächspartnerin zu vermitteln, dass man mich als islamische Religionspädagogin gebeten hatte, einen Text zum Verständnis des Islam zu schreiben – und zwar aus einer Binnenperspektive heraus. Ihre Antwort lautete, das sei wohl zutreffend, dennoch könne es nicht sein, dass ich Jesus nicht als Gottes Sohn darstellte. Da könne man nichts machen, der Absatz müsse geändert oder gestrichen werden. Das nenne ich mal unverbesserliche Renitenz. An dieser Stelle war es geboten, die clowneske Szene am Telefon erst einmal zu beenden und sich zu sammeln. Das Ende vom Lied war recht unspektakulär: Die Redaktion musste einlenken, da ich den Text sonst ganz zurückgezogen hätte. Wie man an dieser Episode sehen kann, haben wir alle noch einen Weg vor uns, wenn es darum geht, einen vernünftigen Umgang mit unseren jeweils geschwisterlichen Religionen zu finden.

Der Islam und die Frauen – eine Geschichte voller Widersprüche

Als Kind bin ich nie in eine Moschee gegangen. Die Moschee war Männersache. So hatten es mir meine Eltern vorgelebt, wenn von uns jemand ging, dann Papa und mein Bruder. Moscheen sind keine Gotteshäuser, wie man sie im Christentum kennt. Sie sind keine geweihten Orte, sondern lediglich abgegrenzte Versammlungsorte für das Gemeinschaftsgebet. Es findet in der Regel freitagmittags und morgens früh zu den religiösen Festen statt. Frauen dürfen und sollen zwar in die Moschee gehen, aber sie müssen es nicht, und so richtet sich der Appell vorwiegend an Männer. Nun ist es nicht so, dass die Frauen in unserer Familie das unbedingt als Nachteil gesehen hätten, erst recht nicht an den Feiertagen. Während die Männer zeitig aus den Betten und sich schick machen mussten, ließen wir es gemütlich angehen, blieben schluffig in unseren Pyjamas stecken und bereiteten unter lauter Musik das gemeinsame Frühstück vor.

Erst als junge Frau fing ich an, Moscheen bewusst zu betreten, mit meinen Schülerinnen und Schülern und mit meinen Studentinnen und Studenten oder bei Veranstaltungen, Empfängen und Einladungen. Was ich sah, gefiel mir zumeist nicht sehr. Das lag weniger an dem mangelnden architektonischen Anspruch vieler Moscheen in Deutschland, die sich nach wie vor abseits in Hinterhöfen und Gewerbegebieten befinden, sondern mein Unmut richtet sich vielmehr gegen die inneren Werte, die dort gelebt wurden und werden. Männer und Frauen stehen voneinander getrennt. Die Frauenbereiche sind im Vergleich zum zentralen Saal für die Männer sehr viel bescheidener, schlechter ausgestattet und an den Rand gedrängt, manchmal sogar in abgetrennten Räumen. Wenn keine eigenen Räume für Frauen zur Verfügung stehen, werden Paravents aufgestellt, die für Trennung sorgen. Die Botschaft, die von solchen Aufteilungen ausgeht, ist verheerend. Der Hälfte aller Muslime wird das gleiche Recht auf einen Gebetsort vorenthalten.

Neulich besuchte ich ein Festgebet in der großen Moschee in Duisburg, einem repräsentativen Bau in osmanischem Stil. Er war übervoll wie an Heiligabend in der Kirche. Der Parkplatz quoll über vor Autos, die Seitenstraßen waren zugeparkt. Wir waren ein bisschen spät dran, kämpften uns durch die Menschenmenge, genauer gesagt, die Männermenge. Ich wollte mit meinen Mädchen hinauf zur Frauenempore. Dabei bemerkten wir eine Frau, die ziemlich verloren vor dem Aufgang stand. Wir nahmen sie ins Schlepptau und gingen hinauf. Mich traf beinahe der Schlag. Diese Moschee gehört zu den größten in ganz Deutschland, sie bietet Platz für mehr als zweitausend Gläubige, und wen sah ich auf der sogenannten Frauenempore? Männer. Die Moschee-Verantwortlichen hatten wegen des Andrangs diesen Bereich ebenfalls für Männer geöffnet. »Wieso sind hier denn jetzt Männer?«, fragten die Kinder: »Was machen wir nun?« Irritiert schaute ich mich um und versuchte die Lage zu analysieren. Die Frau, die wir mitgenommen hatten, wollte schon eilends auf dem Absatz kehrtmachen, da hielt ich sie am Arm fest. So nicht, dachte ich mir. »Wir bleiben hier und stellen uns hinter den Männern zum Gebet auf. Kommen Sie mit«, appellierte ich an sie. Unter den verdutzten und teils grimmigen Blicken einiger Männer folgte sie uns, obwohl sie sich sichtlich unwohl fühlte. Das Ganze ist ein regelrechter Skandal. Diese Doppelstandards in der islamischen Praxis sind inakzeptabel. Auf Geschlechtertrennung zu beharren, diese zum Festgebet mal eben aufzuheben und Frauen damit den Platz zu nehmen ist schlicht misogyn. Wenn schon strikt nach Geschlechtern getrennt werden soll, dann muss man das wenigstens garantieren, oder man lockert die Praxis endlich und lässt zumindest das gemeinsame Beten in einem Raum zu, so wie wir das in Duisburg einfach gemacht haben. In einigen Moscheen ist es sowieso längst gelebte Praxis, dass Frauen hinter den Männern beten. Das bekannteste Beispiel dafür ist die Moschee im oberbayerischen Penzberg, wo der im heutigen Mazedonien geborene Imam Benjamin Idriz tätig ist. Sie ist bewusst als offener Raum ohne nennenswerten Sichtschutz für Frauen gebaut worden. Das wäre zumindest ein Kompromiss. Ich möchte weder jungen noch älteren Menschen mehr erklären, warum muslimische Funktionäre mal dies, mal das machen. Ihre Entscheidungen folgen zwar einem Pragmatismus, der dem Islam durchaus immanent ist, man lässt Regeln auch mal Regeln sein, wenn es die Situation erfordert, aber leider wird dieser Pragmatismus gerne dann angewendet, wenn er dem männlichen Geschlecht nutzt. Andersherum scheint dieser gelebte Pragmatismus keinen Gedanken wert zu sein.

Ich persönlich bevorzuge daher Moscheen, in denen die Geschlechtertrennung gänzlich aufgehoben ist. Leider gab es so eine in meiner Umgebung nicht. Also musste ich erneut selbst zur Tat schreiten. 2010 hatten wir zusammen mit Mitstreiterinnen und Mitstreitern den Liberal-Islamischen Bund (LIB e.V.) gegründet, weil uns sonst keiner der bestehenden Islamverbände angemessen mit unseren Vorstellungen als deutsche Muslime liberaler Prägung repräsentieren konnte. Zwei Jahre später entschlossen wir uns, die erste liberale Moscheegemeinde ins Leben zu rufen: die »Muslimische Gemeinde Rheinland« in Köln. Seitdem beten dort Männer und Frauen zusammen. Rabeya Müller ist die Imamin. Heute hat der LIB mehrere Gemeinden bundesweit, wo Frauen wie Männer Gebete leiten, interreligiöse Ehen geschlossen werden, wo Kinder religiöse Erziehung genießen und gemeinsam Aktivitäten unternommen werden.

Der Umgang mit Frauen in weiten Teilen unserer islamischen Community tritt in einer anderen Episode noch klarer zutage. Zum ersten Mal in meinem Leben ging ich in Deutschland auf das Konzert eines international bekannten arabischstämmigen Sängers. Eine muslimisch geprägte Hilfsorganisation hatte ihn für ein Charity-Event nach Essen geholt, und gemeinsam mit ein paar Freundinnen fuhr ich hin. Der Künstler hieß Maher Zain, er ist gebürtiger Libanese und aufgewachsen in Schweden. Maher Zain kommt ausgesprochen jung und modern daher. Musikalisch bewegt er sich im Bereich von R&B und Soul, seine Songtexte sind mit islamischen Elementen angereichert. Seine Titel heißen schon mal »Medina«, »Muhammad«, »Assalamu alayka«, sein Debütalbum trug den Titel »Thank you Allah«. Es wurde ein echter Verkaufsschlager, der in Malaysia achtmal und in Indonesien zweimal Platinstatus erreichte. Er singt zumeist auf Arabisch und Englisch, manchmal auch in anderen Sprachen, die in der islamischen Welt verbreitet sind.

Am Abend des Konzerts traute ich meinen Augen kaum. Der Einlass war nach Geschlechtern getrennt – sprich: Männer nutzten einen anderen Eingang als Frauen, obwohl sie in der Schlange gemischt standen. Ich wusste nicht, wie ich darauf reagieren sollte, mit den Leibesvisitationen konnte das nicht ernsthaft zu tun haben, an Flughäfen oder bei anderen Konzerten gibt es auch keine separaten Eingänge, sondern es werden nur männliche und weibliche Kontrolleure abgestellt. Ehe ich michs versah, standen wir vor dem Fraueneingang, vor dem kaum etwas los war, um dann in der Empfangshalle zu landen, zu der Männer und Frauen wieder gleichermaßen Zugang hatten. Jetzt ärgerte mich nicht nur, dass deutsche Muslime tatsächlich auf die Idee gekommen waren, beim Einlass für ein Konzert eine Geschlechtertrennung vorzunehmen, sondern ich ärgerte mich zudem über die vollkommene Schwachsinnigkeit dieser Aktion. Aber es sollte noch dicker kommen. Wir hatten Karten für die erste Reihe im ersten

Rang gekauft. Oben angekommen, dachte ich, prima, noch alles leer, und laut Karte hatten wir freie Sitzplatzwahl. Kaum wollte ich davon Gebrauch machen, wies mich eine Ordnerin recht barsch an, doch bitte auf der linken Sitzreihe Plätze zu suchen: »Sie und Ihre Begleiterinnen sind doch wohl alleine da, oder?« – »Ja, und?«, entgegnete ich ebenfalls ein wenig patzig und machte deutlich, dass wir die besseren Plätze in der Mitte nehmen werden. »Das geht nicht«, giftete sie: »Frauen, die alleine kommen, sitzen links, Familien und Paare in der Mitte, und Männer, die alleine kommen, sitzen rechts.« Ich dachte, mich trifft der Schlag. »Wie bitte?«, raunzte ich sie an. Doch die Ordnerin blieb hart: »Wenn Sie sich jetzt nicht in die linke Reihe begeben, hole ich meinen Vorgesetzten.« – »Ich bitte darum«, parierte ich die Drohung und fügte hinzu: »Holen Sie Ihren Vorgesetzten, aber schleunigst!« Sie trat ab. Kurz darauf erschien ihr Chef auf der Bildfläche. Ein Mann mittleren Alters trat vor mich und redete freundlich auf mich ein, beteuerte, die Sitzplätze würden tatsächlich nach Familienstand und Geschlecht vergeben. »Wer kommt bitte auf so etwas?«, quittierte ich seine Bemühungen, mich zum Einlenken zu bewegen. »Diese Geschlechtertrennung ist Unsinn«, bekräftigte ich genervt. »Wir sind da, um Musik zu hören, und nicht, weil wir beten wollen. Wir werden uns jetzt genau dorthin setzen, wo wir uns hinsetzen wollen.« Mit diesen Worten tat ich einen Schritt nach vorne, im gleichen Moment wich er einen zurück, machte somit den Weg frei und gewährte uns, was wir wollten. Dann schwirrte er ab. Solche Geschichten kenne ich aus islamisch geprägten Ländern sehr gut. Aber hier? In Essen? Auf einem Konzert? Das ging mir zu weit. Weil ich eine muslimische Frau ohne Begleitung meines Mannes war, sollte ich auf die schlechteren Plätze verwiesen werden? So etwas kann man nicht durchgehen lassen. In diesem Fall passt es, wenn man sagt, wir sind hier in Deutschland und unsere Gesellschaft hat ein anderes Verständnis von Weiblichkeit, von Geschlecht und von Anstand. Sofern es in meiner Macht steht, werde ich mich solchen patriarchalisch dominierten Denk- und Handlungsweisen nicht fügen.

Es gleicht einem Fluch, der seit Jahrhunderten über dem orientalischen Kulturraum liegt: Männer genießen eine Vorrangstellung, die sie dazu nutzen, Frauen auf eine niedere Position zu verweisen. Das gilt auch fürs Private, wo Frauen nur angeblich mehr zu sagen haben oder mehr wertgeschätzt werden. Ein Beispiel: Mütter treibt oft die Sorge um, sie könnten im Fall eines Streits mit ihrem Ehemann am Ende ihre Kinder verlieren, denn – nehmen wir beispielsweise die islamisch beeinflusste Rechtspraxis – Mütter haben zwar in den ersten Jahren die *hadâna*, die tatsächliche Personenfürsorge für ihre Kinder inne – solange sie nicht wieder heiraten –, die Väter verfügen aber über die *wilâya*, die gesetzliche Vertretung des Kindes, die das Aufenthaltsbestimmungsrecht einschließt. Vielerorts verfügen muslimische Männer zudem über das sogenannte Verstoßungsrecht, das es ihnen erlaubt, sich einseitig von ihrer Ehefrau scheiden zu lassen, indem sie schlicht dreimal hintereinander die Worte »Ich verstoße dich! Ich verstoße dich! Ich verstoße dich!« aussprechen. Die Länder des Orients sind wie Länder in Südamerika, Afrika oder Südeuropa voll von kleinen Fürsten: Männern, denen ob ihres Alters oder Standes eine herausgehobene soziale Stellung beigemessen wird. Sie herrschen über ihre Familien, manchmal über ganze Nachbarschaften. Sie erinnern sich: Auch mein Großvater war so ein Patriarch, und einige meiner älteren Onkel sind es heute. Vor ihnen hat man – zumindest in der Öffentlichkeit – im Ernstfall zu schweigen und gegebenenfalls den Kopf zu senken und ihre Kommandos mit einem untertänigsten »hâdir!« – »zu Befehl« – zu erwidern. Das gilt insbesondere für unverheiratete Frauen und junge, unverheiratete Männer. Mütter, wenn sie in ein höheres Alter gekommen sind, haben zwar ebenfalls einen besonderen Stand und müssen ehrenvoll behandelt werden – allein einem sind jedoch

Ausnahmen gestattet: dem Ehemann. Da alle Religionen in der arabischen Welt männlich dominiert sind, festigen sie diese Strukturen. Das gilt gleichsam für Muslime wie orientalische Christen, sephardische Juden, Yesiden, Drusen und andere. Nach wie vor ziehen Männer religiöse Argumente heran, um Frauen die gleichen Rechte zu verwehren. Da fallen dann landauf, landab Sätze wie »Weil der Islam das so sagt«, »Weil unser Prophet seinen Frauen diese Rechte auch nicht zubilligte«, »Das gehört sich für eine Frau nicht«. Manchmal kommt die Haltung in abgeschwächter Form, aufgeklärt und modern wirkend, daher: »Männer und Frau sind vor Gott gleich, aber er hat ihnen unterschiedliche Aufgaben gegeben.« Die Wirkung ist die gleiche. Mit den Migrationsbewegungen der Vergangenheit sind solche Strukturen nach Deutschland gelangt. Das trifft gewiss nicht auf alle Zuwanderer aus diesem Kulturkreis zu, weshalb ich pauschale Verurteilungen einer Religion oder Kultur – wie es zum Beispiel unter dem Deckmantel der »Islamkritik« geschieht – strikt ablehne. Deutschstämmige Männer können bekanntlich ebenso unerträgliche Machos sein. Aber dass manche Frauen aus Einwandererfamilien hierzulande unter diesen Formen männlicher Dominanz leiden, ist eine Realität, der man sich stellen muss, ohne dabei ganze Gruppen von Menschen zu verunglimpfen.

Ein Freund namens Zeid erzählte mir von seiner Schwester Mona. Zeid hat mehrere Geschwister. Im Alter von vier Jahren kommt er mit ihnen und seinen Eltern nach Deutschland. Der Vater ist ein aggressiver Haudrauf, der weder sich noch sein Leben unter Kontrolle hat. Er prügelt seine Ehefrau und seine Kinder, die zunehmend verwahrlosen. Schon früh treiben sie sich gelegentlich bis in die Nacht auf den Straßen herum, bauen Mist. So geht das über Jahre. Dann reist der Vater zurück in sein Heimatland, will nichts mehr von der Familie wissen. Man könnte meinen, das sei eine Befreiung für die Familie gewesen, der Tyrann ist weg. Doch von einem Tag auf den anderen steht die Mutter alleine da und ist mit der Situation völlig überfordert. Um sich »Luft« zu verschaffen, verheiratet sie ihre jüngste Tochter deshalb bereits im Alter von sechzehn Jahren. Sie hört sich im Verwandten- und Bekanntenkreis um, und ihr wird ein Mann empfohlen, der eine Ehefrau sucht. »So muss ich mir wenigstens keine Gedanken mehr um das Kind machen«, denkt die Mutter. Ihrem Teenie schwärmt sie derweil von einer Hochzeit in Weiß vor, von der Liebe und Hingabe eines künftigen Ehemanns, von einem ehrenwerten und eigenständigen Leben ohne permanentes Herumkommandieren durch die Mutter, ohne Wutausbrüche eines tyrannischen Vaters, sollte der doch wieder zurückkehren. Die Tochter willigt ein. Daraufhin nehmen sie Mona von der Schule und übergeben sie mit einer großen Hochzeitsfeier einem zehn Jahre älteren Mann. Es dauert nur wenige Tage, da zieren das Mädchen die ersten blauen Flecke. »Blauschmuck« hat die Romanautorin Katharina Winkler diese in ihrem lesenswerten Erstlingswerk mit so treffend bitterem Spott genannt. Kurz nach der gloriosen Feier mit Hunderten Gästen beginnt der liebende Ehemann, Mona zu schlagen und sich sein »eheliches Recht« zu nehmen, wann immer er es für richtig hält.

Einige Monate erträgt Mona die Misshandlungen. Dann hält sie es nicht mehr aus. Sie ruft bei ihrer Mutter an, in der verzweifelten Hoffnung, dass diese ihr helfen wird. Doch die Mutter redet das Martyrium ihrer Tochter klein: Sie solle sich nicht so anstellen. Es werde bestimmt bald besser. Sie müsse sich auf ihren Ehemann mehr einlassen und solle weniger widerspenstig sein. Die Aussagen treffen das Mädchen ins Mark. Nach diesem Verrat durch die Frau, die sie geboren hat, lebt sie in der Gewissheit absoluter Einsamkeit. In einer Nacht-und-Nebel-Aktion verlässt sie schließlich den liebenden Ehemann und flieht in ein Frauenhaus. Einen Ausweg, der ihr im Heimatland ihrer Eltern so nicht offengestanden hätte. Insgesamt zwölf Jahre lebt Mona in verschiedenen Frauenhäusern des Landes. Zunächst sieht es so aus, als könnte sie ihr Leben in die Hand nehmen. Sie will ihren Schulabschluss nachholen. Doch sie findet keinen Frieden. Mona gerät an die falschen Leute. Sie ziehen sie immer weiter runter. Einmal verkorkst, immer verkorkst? Die ersten Joints bringen noch Erleichterung, die ersten Trips neue Probleme. Hilfe von der Familie? Fehlanzeige! Hier mal ein flüchtiges Telefonat, dort mal ein kurzes Treffen. Die Geschwister sind mit ihrem eigenen Leben, der eigenen Aufarbeitung des Vergangenen beschäftigt. Die Mutter lehnt ihre Tochter offen ab, weil sie ihren Mann verlassen hat, für Teile der Familie gilt sie offiziell als Schande. Mit gerade einmal dreißig Jahren entscheidet sich Mona für den Freitod.

Diese Erlebnisse einer jungen Frau aus dem Mund ihres traumatisierten Bruders zu hören hat mich tief erschüttert. Noch unerträglicher erscheint mir ihr Schicksal, wenn ich bedenke, dass es Männer und Frauen gibt, die sich beim Hören solcher Geschichten auf die Seite der Mutter schlagen würden. Warum sie das tun? Weil viele Mädchen – ob muslimische, drusische, jesidische, christliche oder andere – es so lernen und es als »Tradition« mit auf den Weg bekommen. Eltern müssen sich nun einmal um die Verheiratung ihrer Kinder kümmern, heißt es. Meine Eltern hatten Versuche in die gleiche Richtung unternommen, merkten jedoch bald, dass sie bei mir und meinen Geschwistern damit nicht landen können. Eine Ehefrau habe sich eben so anzupassen, heißt es weiter, dass sie dem Ehemann gefällt, und wenn der sich trotzdem nicht bessere, so soll es wohl ihr Schicksal sein, das sie im Vertrauen auf Gott (oder wen auch immer) zu ertragen habe. »Sabr, ya binti!« – »Hab Geduld, meine Tochter«, sagen Eltern dann. »Gott wird es für dich richten.« Das haben viele junge Mädchen verinnerlicht. Und das ärgert mich zutiefst. Wenn es dann noch heißt: »Ja, aber die arme Mutter hat es nicht gerade leicht gehabt. Bedenk doch, all die Leute, die über sie reden.« Dann möchte ich nur noch schreien: »Und was ist mit der ARMEN Tochter?!«

Eine arrangierte Hochzeit mit einem Kind, das damit nicht

einverstanden ist, kann nicht im Sinne irgendeiner Religion oder Morallehre sein. Da bildet der Islam, so wie ich ihn verstehe, keine Ausnahme. Und ja, ich kenne die Koranpassage, in der es heißt, man solle die Ledigen verheiraten (Sure 24, Vers 32), aber Muslime, die diese Aussage nutzen, um ihre Kinder – im Übrigen auch Söhne – unter Zwang zu verheiraten, können sich nicht darauf berufen. Sie missbrauchen die Religion für ihre egoistischen Zwecke. Sie sind für mich Muslime ohne Werte.

Der Koran enthält eindeutig einen feministisch-emanzipatorischen Ansatz, der Frauen in Relation zur damaligen gesellschaftlichen Realität (und NICHT in Relation zu heute) besserstellt. Dieser Ansatz muss in unsere Zeit übertragen werden. Wenn Gott im Koran Frauen ebenso anspricht wie Männer, selbst wenn das nur an wenigen Stellen geschieht, wenn er zum Beispiel bestimmt, dass Frauen fortan das Recht haben sollen zu erben, dann ist das Festhalten an konträren Vorstellungen nichts anderes als unislamisch! Die Zukunft des Islam liegt in den Händen der Gläubigen. Wer glaubt, kann und darf nicht zulassen, dass Frauen, Männer oder Kinder Opfer unmenschlicher Entscheidungen werden – schon gar nicht unter Berufung auf den Islam.

Ein guter Anfang, um auf einen besseren Weg zu gelangen, wäre ein Umdenken in der Genderfrage. Es kommt einem gesellschaftlichen und wirtschaftlichen Selbstmord gleich, wenn man Mädchen und Frauen, sprich: die Hälfte der Menschheit, in ihren Rechten beschneidet und sie an Arbeit, Bildung und Teilhabe hindert. Die gesellschaftspolitische Realität in Ländern wie Saudi-Arabien, Iran und Sudan ist tatsächlich rückständig, patriarchalisch – kriminell. Dies gilt es zu überwinden, an Ort und Stelle, aber zunächst vor unserer eigenen Haustür hier in Deutschland. Glücklicherweise haben das inzwischen sehr viele Menschen verstanden und setzen statt auf eine autoritäre Erziehung stärker auf Liebe und Gleichberechtigung.

Wo ist Mr. Right?

Apropos Liebe: Meine Freundin Karima hat eine Scheidung hinter sich und sucht nun einen muslimischen Mr. Right. Sie selbst ist nun Anfang dreißig, gläubig, trägt kein Kopftuch. Sie ist deutsche Staatsbürgerin mit tunesischen Eltern und voll erwerbstätig. Ihr erster Mann, Christian, war Deutscher ohne Migrationshintergrund und im öffentlichen Dienst tätig. In der Ehe hatte er an seinem christlichen Glauben festgehalten, was nie ein Problem zwischen beiden war, nur zum Ende ihrer Beziehung hin schien Christian zunehmend Schwierigkeiten mit dem Glauben seiner Frau zu entwickeln. Karima ist eine moderne, liberale Muslimin. Sie spricht sowohl ihre Herkunfts- wie ihre Muttersprache fließend. Sie ist die Ehe mit Christian gegen den Willen ihrer Familie eingegangen. Aus Liebe. Die beiden kannten sich noch aus der Schule, waren schon »ewig« zusammen. Nach zehn Jahren heirateten sie, nach fünf weiteren scheiterte die Ehe. Nun sucht sie seit zwei Jahren nach der wahren Liebe. Das ist nicht einfach für Frauen ab Mitte dreißig: Die »guten« Männer sind in dem Alter schon vergeben, bei den anderen fragt man sich, warum sie es nicht sind. Somit nimmt man größere Altersunterschiede in Kauf, die neue Schwierigkeiten mit sich bringen, oder geht andere Kompromisse ein. Ein Teil der potenziellen Kandidaten für Karima schied schon von vornherein aus. Eine Scheidung stellt für viele muslimische Familien immer noch ein Defizit dar – eine »gebrauchte« Frau nimmt man nicht so gern. Karima hatte sich aber in den Kopf gesetzt, es beim zweiten Mal mit einem Muslim zu versuchen. Die Religion nimmt in ihrem Leben heute einen höheren Stellenwert ein als früher. Also kontaktierte Karima über Partnerbörsen ausschließlich Männer, die schon verheiratet gewesen waren. Angesichts ihrer orientalischen Herkunft und ihres Glaubens erhielt sie umgekehrt eine Reihe von Anfragen von verheirateten Männern, die sie als Zweitfrau wollten oder, anders gesagt, die legitimiert fremdgehen wollten. Karima hat aber keine Lust, Zweitfrau zu werden. Anders übrigens als andere Frauen, die ich kenne. Die finden es nicht schlimm, eine Zweitfrau zu sein – zum Beispiel, weil ihr Ehemann nur noch auf dem Papier mit seiner ersten Frau verheiratet ist oder weil sie vorwiegend eine soziale Absicherung suchen und den Status Zweitfrau dafür in Kauf nehmen.

Eines Tages verkuppelte eine Bekannte Karima mit einem Konvertiten, Tobias. Unter gebürtigen Musliminnen gibt es zunehmend Vorurteile gegenüber Männern, die zum Islam konvertiert sind. Gerade, wenn es sich um moderne, offene Musliminnen handelt. Sie unterstellen Konvertiten, »harte Knochen« zu sein, die möglichst islamisch und in der Regel wenig weltlich leben wollten. Um ihre Vorurteile zu überwinden, ging Karima mit Tobias aus und dann eine Beziehung ein, die knapp ein Jahr später endete. Sie hatte erfahren, dass er doch noch mit einer weiteren Frau verheiratet war. Er konnte ihr zwar glaubhaft versichern, dass mit der nichts mehr lief, da waren aber noch diese anderen Eigentümlichkeiten. Er war tatsächlich einer jener Konvertiten, die den Glauben zu mehr als hundert Prozent leben wollten, jedenfalls nach außen hin. Tobias prahlte geradezu mit seiner Frömmigkeit. Bei Autobahnfahrten lauschte er stundenlang Koranrezitationen oder betete demonstrativ an Raststätten. Angeblich hatte er während seines Jobs keine Zeit fürs Gebet gefunden. Er holte dann seinen Gebetsteppich aus dem Kofferraum und warf sich vor seinem Auto nieder. Islamische Werte wie Bescheidenheit und Demut schienen ihm Fremdwörter zu sein. »Gerade in Zeiten von Pegida und der AfD müssen wir zu unserem Glauben stehen«, dozierte Tobias alias Bilal, das war der islamische Name, den er sich bei seiner Konversion gegeben hat. Bilal ist in der islamischen Tradition ein Weggefährte des Propheten Muhammad. Er war einer der ersten Menschen, die sich zum Islam bekannten, und wurde wegen seiner schönen Stimme zum ersten Gebetsrufer (Muezzin) der islamischen Gemeinde.

Alsbald fing Tobias an, Karima regelmäßig ans Gebet zu erinnern. Er nahm sich ihr gegenüber immer mehr heraus. Am liebsten wolle er in einer islamischen Gesellschaft leben, in der er den Glauben immer und überall leben könne, so Tobias. Wenn alle Mitglieder einer Gesellschaft islamisch lebten, könne es nie zu Verbrechen oder sonstigen Vergehen kommen. Wenn Karima diese naive Haltung kritisierte, unterstellte er ihr einen »schwachen Iman« – eine schwache innere Überzeugung. Es war nur eine Frage der Zeit, bis von ihm der »gute Rat« kam, eigentlich müsse sie ja ein Kopftuch tragen. Aber »selbstverständlich« sei sie da völlig frei in ihrer Entscheidung: »Es ist deine Haut, die später brennen wird …« Karima war die Endlosdiskussionen irgendwann leid. Es sei am besten, das Thema Religion aus ihrer Beziehung auszuklammern, befand sie, um sich und Tobias noch eine Chance zu geben. Doch der sah es offenkundig als seine »heilige Pflicht« an, sie zu »bekehren«, und spielte ihr Youtube-Videos von stockkonservativen islamischen Predigern vor.

An sich selbst konnte Tobias nur ein »Laster« erkennen: sein Faible für Rap, aber er bemühe sich, so versicherte er, die ungebührlichen Songtexte nicht mitzusingen. Nach außen hin war es ihm wichtig, ganz vorne mit dabei zu sein: Immer das neueste Handymodell, immer das schnellste Auto und immer die teuerste Kleidung – so lautete seine Devise.

Mehrfach suchte Karima Rat bei mir. Als ich diese Geschichten hörte, konnte ich mir nur an den Kopf fassen. Fast alle meine syrischen Familienmitglieder sind fromme Muslime, aber das, was Tobias da machte, hat meines Erachtens weniger mit Glauben zu tun als mit der Aufarbeitung irgendwelcher persönlichen Dispositionen. Das sagte ich Karima und empfahl ihr, weniger über seine Religiosität als über sein psychosoziales Wohlergehen nachzudenken. Eine Lösung fand sie jedoch nicht. Noch eine ganze Weile sah sie über Tobias' Anmaßungen und Marotten hinweg. Er habe schließlich auch gute Seiten, sei einfühlsam, gebildet. Außerdem sei es eben nicht so leicht, als Frau in ihrer Lage einen Mann zu finden. Dann zog sie die Reißleine.

Karima ist weiterhin von der Vorstellung überzeugt, künftig einen Muslim an ihrer Seite zu haben. Sie hofft auf Kinder, will diese gerne muslimisch erziehen und sich in einer Beziehung mit ihrem Partner nicht darüber streiten müssen. Aber sie will auch keinen Fundamentalisten, der ihr von den Paradiesfreuden erzählt, als würde er demnächst dort Urlaub machen.

Gott ist nicht mehr der Größte?

Als Karima zu mir kam, fühlte sie sich nicht nur zerrieben und leer. Als liberaler Mensch versuchte sie wirklich, Verständnis für Tobias' Vorstellungen aufzubringen. Um zu verdeutlichen, welches Problem von einem fundamentalistischen oder allzu konservativen Religionsverständnis ausgeht, erzähle ich meist Folgendes:

Vor 1400 Jahren lebten die Menschen auf der Arabischen Halbinsel in der Wüste. Große Hitzeperioden und Dürren waren ihnen nicht fremd. Es gab zwar Oasen, aber weit und breit herrschten Hitze und Wasserknappheit. Der Koran wurde Muhammad offenbart, und die Worte Gottes übten eine ungeheure Anziehungskraft auf die Menschen aus. Nicht nur, weil sie von Gott stammten, sondern weil sie so viel Neues und Wundersames beinhalteten, dass man daran glauben wollte. So wird den Gläubigen im Koran Wein im Paradies versprochen, der nicht berauscht. Für die damalige Menschheit war es unvorstellbar, Wein zu trinken, der nicht berauscht. Doch heute ist das, was damals unmöglich war, längst möglich. Ich trinke selbst gern alkoholfreien Sekt. Früher glaubten die Menschen also an etwas, was unerreichbar erschien, und Gott war unumstritten der Größte. Heute hat die Menschheit vieles von dem erreicht, was man einst nie für möglich gehalten hätte. Und deshalb, so meine These, war es früher leichter zu glauben. Denn Glauben setzt in gewisser Hinsicht Träume und Utopien voraus. Wenn Träume aber keine Träume mehr sind, Utopien keine Utopien, können Faszination und Ehrfurcht verloren gehen. Ich vermute, dass deshalb so viele Menschen nicht mehr glauben können oder wollen. In Zeiten, in denen beinahe alles machbar erscheint, können der Koran, die Bibel, die Thora, der Pali-Kanon oder die Shruti und Smriti im Wortsinn nicht mehr von weltlichen Zukunftsvisionen überzeugen. Es müssen demzufolge andere Dimensionen sein, die die Menschen an diesen Schriften Faszination finden lassen.

Ich bin mir sicher, dass der Islam im 21. Jahrhundert ankommen wird. Mir stellt sich jedenfalls nicht die Frage, ob der Islam kompatibel mit der »freien Welt«, der »Demokratie«, dem Grundgesetz ist. In den nächsten Jahren muss es weiter darum gehen, den Anhängern der Religion und offensichtlich auch den Nichtmuslimen zu zeigen, wie das konkret gehen kann. Dazu muss man den Islam als das verstehen, was er zunächst ist: eine Offenbarung Gottes an Menschen, die vor mehr als 1400 Jahren lebten, die keine Verfassungsgerichte, keine Massenmedien, keine Kernspintomografie, keine Teilchenbeschleuniger kannten.

Würde sich Gott im heutigen Saudi-Arabien noch einmal offenbaren, dann ginge das nicht in der uns überlieferten Sprache des Korans – der Mensch der Gegenwart würde kaum etwas davon verstehen. Wenn man den Glauben also als eine von seiner Entstehungszeit unabhängige Lehre betrachtet, entsteht ein Missverhältnis, denn Zeitgeist und Wissensstand entwickeln sich kontinuierlich weiter. Ich stelle mir eine unendlich lange, leicht ansteigende Linie vor. Das ist die zeitliche Entwicklung. Dazu eine unendlich lange Gerade ohne Steigung. Das wäre der Islam nach orthodoxem, nach fundamentalistischem Verständnis. Irgendwo kreuzen sich die aufeinander zulaufenden Geraden mit und ohne Steigung. Der Punkt markiert das Jahr 610, das Jahr, in dem Muhammad die erste Offenbarung empfangen hat. Wenn wir nun den Verlauf beider Linien weiterverfolgen, dann entfernen sie sich allmählich immer weiter voneinander – unaufhaltsam und bis ans Ende aller Tage. Wir Menschen wandeln auf der Zeitachse. Wenn der Islam sich nicht ändert, dann werden wir uns immer weiter von ihm entfernen. Wir werden immer weniger von ihm verstehen und ihn irgendwann vergessen. Die ansteigende Linie ist in meinem Bild für uns Menschen unveränderbar. Die liegende Gerade nicht. Sie müssen wir mit aller Kraft zu fassen kriegen und biegen, sodass sie wie die andere Linie mit ansteigen kann. Das geht nur über Reformen. Erst dann wird sie uns bis zum Jüngsten Tag begleiten. Diejenigen, die mit anpacken wollen, sind die liberalen, die progressiven Muslime. Ohne diese Verknüpfung von Zeit und Religion lässt sich keine Religion in eine moderne Gesellschaftsordnung einfügen, und das würde bedeuten: Sie ließe sich auf Dauer nicht bewahren.

Das Stück Stoff

Ich möchte das an einem Beispiel erläutern, das mir häufig begegnet. Es gibt einen weiteren Dauerbrenner unter den beliebten Fragen an mich. Sie lautet: »Warum tragen Sie eigentlich kein Kopftuch?« Gerade als studierte Islamwissenschaftlerin und islamische Religionslehrerin müsse es doch selbstverständlich sein, dass ich mich an die islamischen Kleidungsvorschriften halte. Jedes Mal nahm meine Antwort darauf viel Zeit in Anspruch und forderte von mir viel Geduld. Nicht etwa, weil ich mein Umfeld hätte überzeugen wollen, sondern weil meine Gesprächspartner meine Position oft nicht akzeptieren konnten oder wollten. So kristallisierten sich mit der Zeit ein paar typische Gesprächsabläufe heraus, die sich leicht, aber doch deutlich voneinander unterschieden, je nachdem, ob ich mit einem Mann oder einer Frau zu tun hatte. Tatsächlich ist es so, dass muslimische Frauen meine Position häufiger respektieren, auch dann, wenn sie dieser nicht zustimmen.

Der typische Verlauf eines Gesprächs über das Kopftuch mit einer Frau:

Ich: »Der ursprüngliche Sinn des Kopftuches lässt sich in der heutigen Zeit und in der hiesigen Gesellschaft nicht mehr erfüllen. Deshalb halte ich das Kopftuch für obsolet.«

Sie: »Aber Gott irrt nicht. Wenn er Gebote festlegt, dann für immer. Wir können nicht einfach seine Gebote umformulieren.«

Ich: »Ich formuliere nichts um, ich setze meinen Verstand ein. Es ging in der damaligen Gesellschaft primär um den Schutz von Frauen, den man durch eine entsprechende Körperbedeckung erreichen konnte. Heute aber nicht mehr. Eher im Gegenteil. Man muss göttliche Gebote mit in unsere Zeiten nehmen.«

Sie: »Ich verstehe, was du meinst, mir ist das zu beliebig. Ich glaube nicht, dass wir die Gebote Gottes umdeuten dürfen.«

Ich: »Ich zwinge niemanden, meine Sichtweise zu übernehmen. Wenn du meinst, dass das Tragen des Kopftuches dich schützt, dann ist das völlig legitim. Ich bin da undogmatisch.«

Sie: »Gott weiß es am besten.«

Der typische Verlauf eines Gesprächs über das Kopftuch mit einem Mann:

Ich: »Der ursprüngliche Sinn des Kopftuches lässt sich in der heutigen Zeit und in der hiesigen Gesellschaft nicht mehr erfüllen. Deshalb halte ich das Kopftuch für obsolet.«

Er: »Aber Gott irrt nicht. Wenn er Gebote festlegt, dann für immer. Wir können nicht einfach seine Gebote umformulieren. Schwester, hier begehst du einen offenkundigen Fehler.«

Ich: »Ich formuliere nichts um, ich setze meinen Verstand ein. Es ging in der damaligen Gesellschaft primär um den Schutz von Frauen, den man durch eine entsprechende Körperbedeckung erreichen konnte. Heute aber nicht mehr. Eher im Gegenteil. Man muss göttliche Gebote mit in unsere Zeiten nehmen.«

Er: »Ich verstehe, was du meinst, aber das darfst du nicht. Du kannst nicht einfach Gottes Gebote umdeuten und sagen, dass sie nicht mehr verpflichtend sind.«

Ich: »Ich zwinge niemanden, meine Sichtweise zu übernehmen. Wenn du meinst, dass das Tragen des Kopftuches Frauen in gewisser Weise schützt, dann ist das völlig legitim. Ich bin da undogmatisch.«

Er: »Aber die Gelehrten haben sich festgelegt, und das können wir nicht für ungültig erklären. Was du machst, ist gefährlich. Ich würde darüber nochmals nachdenken. Auch wenn du es so siehst. Du bist für viele Frauen ein Vorbild, da kannst du das nicht nur für dich selbst entscheiden. Wenn du kein Kopftuch tragen willst, mach es nicht. Aber sag nicht, es sei keine Sünde. Es ist eine!«

Heute mag ich nicht mehr darüber diskutieren, was Frauen auf dem Kopf statt im Kopf haben. Die K-Frage ging mir derart auf die Nerven, dass ich mich vor gut zehn Jahren entschloss, das Thema theologisch aufzuarbeiten und ein für alle Mal ausführlich zu beantworten. Ich setzte mich an meinen Schreibtisch und verfasste eine Abhandlung: »Warum das islamische Kopftuch obsolet geworden ist. Eine theologische Untersuchung anhand einschlägiger Quellen«. Ein konkretes Kopftuchgebot lässt sich aus dem Koran nicht ableiten, nur Kleidervorschriften, die auch das Bedecken des Kopfhaares vorsehen. Die Grundlage für das koranische Verständnis von der Verhüllung findet sich in Sure 33, Vers 59. Da heißt es: »O Prophet, sag deinen Gattinnen und deinen Töchtern und den Frauen der Gläubigen, sie sollen etwas von ihrem Überwurf über sich herunterziehen. Das bewirkt eher, dass sie erkannt werden und dass sie nicht belästigt werden. Und Gott ist voller Vergebung und barmherzig.« (Ähnliche Stellen im Koran finden sich hier: 24:31; 24:60; 33:32–33; 33:53.) Es ist ein Vers, der alle Frauen, die des Propheten und die der gläubigen Männer, in diesem Zusammenhang direkt anspricht. Die übrigen Verse, die zur Begründung des Kopftuchs herangezogen werden, beziehen sich entweder auf die Ehefrauen Muhammads, die wie Herrscherfrauen zu betrachten sind, oder haben nur indirekt mit einer Verschleierung des Kopfes zu tun. Sure 33, Vers 59 fordert Frauen ausdrücklich dazu auf, ihren Überwurf (über den Kopf) herunterzuziehen. Das bedeutet, dass sie die verhüllende Kleidung, die auf die damals geltenden ethischen und moralischen Vorstellungen ausgerichtet war und die alle ehrbaren Frauen in allen Kulturen des vorderasiatischen Raums zu Muhammads Zeiten unabhängig vom Islam eh schon trugen, ordentlich anlegen sollten. Warum? Der Koran liefert die Begründung gleich mit: Schutz vor Belästigung. Gott hat diesen Vers also offenbart, um die Frauen zu beschützen. Wenn Frauen nachts unverschleiert auf die Straße traten oder gezielt auf ihre weiblichen Reize aufmerksam machten, konnten sie für Sklavinnen oder leichte Mädchen gehalten werden und eher Annäherungsversuchen von Männern ausgesetzt sein. Die Verschleierung schützte sie davor, denn sie signalisierte damals: Diese Frau ist eine ehrbare Frau, sie gehört zu einem Stamm. Wenn du diese Frau anrührst, brichst du womöglich eine Stammesfehde vom Zaun, oder du bekommt es zumindest mit ihrem Ehemann oder ihrem Vater zu tun. In der damaligen Gesellschaft auf der arabischen Halbinsel bot Verschleierung also einen echten Schutz. Die Frage, die sich Musliminnen und Muslime heute stellen müssten, wenn sie über das Bekleidungsgebot im Koran nachdenken, lautet: Erfüllt das Kopftuch im Deutschland des 21. Jahrhunderts heute immer noch diese Funktion? Ich bin zum Entschluss gekommen: Nein, das Kopftuch erfüllt sie nicht mehr – es ist obsolet geworden. In der heutigen deutschen Gesellschaft schützt mich ein Kopftuch nicht mehr auf die Art und Weise, wie es zur Zeit der Koranoffenbarung noch möglich war. Den Schutz meiner körperlichen Unversehrtheit übernehmen in Deutschland Recht und Gesetz. Und im Hinblick auf meine moralische Unversehrtheit bin ich als erwachsene Frau selbst verantwortlich. Weder kann mir das Kopftuch diese Verantwortung abnehmen, noch kann ich mich dahinter verstecken. Was nun das koranische Gebot einer anständigen Bekleidung für Männer und Frauen aus Sure 24, Verse 30 bis 31 betrifft: Was, wann und wo »anständig« oder »angemessen« oder »sittlich« ist, wird durch das Individuum definiert und nicht durch einige zumeist ältere Männer – seien sie nun gelehrt oder ungelehrt –, die die Definitionshoheit hierüber in der Vergangenheit gerne für sich beanspruchten und es bisweilen immer noch versuchen. Ich bin von meiner Haltung überzeugt, sie ist durchdacht nach bestem Wissen und Gewissen. Das bedeutet jedoch nicht, dass ich sie als verbindliche Norm ansetze. Ich respektiere und achte jede Frau, die sich aus freien Stücken für das Kopftuch entscheidet. Ebenso achte und respektiere ich jede Frau, die sich aus freien Stücken dazu entscheidet, kein Kopftuch zu tragen. Keine Frau und kein junges Mädchen darf im Privatleben dazu gezwungen werden, ein Kopftuch zu tragen – oder keines zu tragen.

Macht und Herrschaft

Schon Niccolò Machiavelli war im 16. Jahrhundert zu der Erkenntnis gelangt: »Politik ist die Summe der Mittel, die nötig sind, um zur Macht zu kommen und sich an der Macht zu halten und um von der Macht den nützlichsten Gebrauch zu machen.« Da Politiker nicht einfach argumentieren können, dass es ihnen nur um Macht geht, erzählten einige von ihnen den Menschen: »Wir schreiten auf dem Weg Gottes und wollen den Islam, unsere ureigene Religion, wieder zur Geltung bringen. So wie es einst in der Blütezeit des Islam vor mehr als fünfhundert Jahren war. Schließt euch an!« Viele glaubten diesen Männern. Und von denen wiederum glaubten manche, das Ziel rechtfertige Gewalttaten wie Selbstmordattentate. So kam – verkürzt dargestellt – der gewaltbereite Islamismus in die Welt. In deren Windschatten verlangte eine andere Gruppe nach Gehör, der wir es nun zu verdanken haben, dass alle Welt von »den Muslimen« redet: die Scharfmacher im Westen. Sie, die eigentlich ihr grundsätzliches Unbehagen angesichts von Zuwanderung, Modernisierungen und Veränderungen kundtun wollen, entdeckten den Islam für ihre Zwecke und kaprizierten sich auf Muslime. Sie fingen an, gezielt negative Beispiele für ihre Kernthese zu sammeln, Deutschland, Europa, das Abendland seien bedroht. Dank der Islamisten fanden sie reichlich davon und erklärten die Hintergründe allesamt mit der Religion, prangerten diese an und nannten das Ganze Islamkritik.. Sich auf Muslime zu verlagern passte vielen Scharfmachern prima ins Konzept: Der

Islam in Deutschland gilt in weiten Teilen der Gesellschaft als »Ausländerreligion«, trotzdem steht man nicht so rasch unter Rassismusverdacht, wenn man sich über Muslime äußert. Und das liegt daran: Der Ruf der Muslime wird seit 2001 von einer Öffentlichkeit geprägt, die in Endlosschleife nahezu täglich im Kontext von Terroranschlägen über Muslime spricht. Da erscheint es nachvollziehbar, wenn jemand »Islamkritik« übt. Die Dauerbeschallung mit islamistischer Gewalt seit mehr als fünfzehn Jahren verschafft den Extremisten überproportionale Aufmerksamkeit, in Wirklichkeit stellen sie nämlich nur eine kleine Minderheit im Islam dar. Die übergroße Mehrheit all jener Muslime, die unauffällig ihrem Alltag nachgehen, wird in der Öffentlichkeit nicht ansatzweise so oft dargestellt. Das Ergebnis ist: Die »Kritik« am Islam wurde bis zur Mitte der Nullerjahre so gut wie gar nicht hinterfragt und wird es nach wie vor zu wenig. Das nutzen Rassisten, Chauvinisten oder Nationalisten aus, indem sie ihre Hetze und ihren Hass hinter dem Begriff Kritik verstecken, um sie auf diese Weise unbemerkt in die Gesellschaft hineinzutragen, Stück für Stück und tiefer und tiefer. Kritik gilt bekanntlich als etwas Positives, was richtig angewandt korrekt ist, manchmal aber besteht Kritik aus dumpfer Verbreitung von Vorurteilen – genau das gilt es zu erkennen und zu dekonstruieren. Und ich darf Ihnen sagen, das ist ein furchtbar mühsames Unterfangen. Der schlechte Leumund von Muslimen im 21. Jahrhundert rührt mithin nicht nur von Muslimen selbst her, sondern gleichsam von klassischen »Fremden«-Feinden und ihren Geistesverwandten.

Das Thema ist komplex und hat weitere Dimensionen. Auf eine davon hat Katajun Amirpur schon vor Jahren hingewiesen. Sie ist Professorin für Islamische Studien an der Universität Hamburg. Sie stellte die These von der Muslimisierung der Muslime auf. Stammt man zum Beispiel aus einer arabischen, türkischen oder bosnischen Familie, wird man automatisch als Muslim wahrgenommen – selbst wenn man mit Religion gar nichts am Hut hat. Katajun Amirpur hatte beim

Aufstellen dieser These vor allem die Öffentlichkeit im Sinn, die zum Beispiel aus dem Vorsitzenden von Bündnis 90/Die Grünen, Cem Özdemir, einen Muslim macht. Das ist zwar de facto richtig, aber sein Wirken als Politiker hat mit dem Islam und mit Muslimen allenfalls am Rande etwas zu tun, da er sich auf andere Politikbereiche konzentriert. Auch Islamfeinde praktizieren diese Muslimisierung der Muslime, indem sie Schreckenstaten von Menschen auflisten, die einen muslimischen Familienhintergrund haben, und diese dann mit deren Religion erklären. Dasselbe machen Antisemiten mit Mark Zuckerberg, dem Facebook-Gründer, der zwar Jude ist, aber gar nicht als Jude handelt, sondern als Unternehmer. Man wird nicht gefragt, als was man sich selbst sieht. Muslim ist Muslim. Jude ist Jude. Das gilt teilweise sogar in hochoffiziellen staatlichen oder wissenschaftlichen Zusammenhängen. In Deutschland werden Muslime nirgends registriert. Dennoch gibt es Angaben über die Anzahl der Muslime in Deutschland. Diese Zahl wird unter anderem auf Basis der nationalen Herkunft erhoben. Dadurch entsteht zum Beispiel folgende Absurdität: Ich könnte Mitglied in einem Verein für Exmuslime sein und würde trotzdem als Muslim gezählt, weil ich syrischer Herkunft bin. Hier also noch mal zum Mitschreiben: Als Araber ist man nicht automatisch Muslim und als Muslim nicht automatisch Terrorist, als Muslimin ist man nicht zwangsläufig eine unmündige Frau, so wie man als Europäer nicht automatisch christlichen Glaubens und als Christ nicht automatisch Friedensstifter oder als Christin automatisch eine mündige Frau ist.

Ein Beispiel aus meinem Berufsalltag: Während einer Abendveranstaltung las ich aus meinem Buch »Zum Töten bereit«. Die Fragerunde wurde eröffnet, und ein Mann aus dem Publikum stand auf und richtete das Wort an mich: »Was sagen Sie denn zu dem, was Ihre Landsleute da tun?« Der Mann bezog sich auf radikalisierte Muslime, um die es in meinem Buch geht. In solchen Situationen überlege ich mir zweimal, wie ich reagieren soll. Diesmal entschied ich mich dafür, nachzufragen, in der Hoffnung, der Mann werde schon selbst merken, wie problematisch die Formulierung seiner Frage war. »Wen meinen Sie mit ›meinen Landsleuten‹?« Auf diese Nachfrage hin antwortete er: »Na, Ihre Landsleute eben.« – »Was glauben Sie denn, wer meine Landsleute sind?« – »Die Muslime und so.« Solche Situationen habe ich in all den Jahren, in denen ich bereits als »Berufsmuslimin« unterwegs bin, sehr oft erlebt. Und es fällt mir nicht immer leicht, Ruhe und Contenance zu bewahren, gerade weil ich ein impulsiver und emotionaler Mensch bin. Der Mann stand erwartungsvoll vor seinem Platz mitten im Publikum und starrte mich an. Er schien nicht ansatzweise zu verstehen, dass ein Muslim ein Angehöriger einer Religionsgemeinschaft und seine Frage dementsprechend unsinnig war. So platzte es aus mir heraus: »Soll ich Ihnen mal sagen, wer meine Landsleute sind? Sie sind mein Landsmann! Sie sind Deutscher, ich bin Deutsche. Ich weigere mich, Ihre Frage in dieser Form zu akzeptieren.« Spontan brandete Applaus auf für meine klaren Worte. »Dass ich Muslimin bin, verbindet mich kein Stück mit einer anderen Nationalität. Mit der Türkei habe ich auf dem Papier genauso viel zu tun wie Sie, und dass meine Vorfahren syrischer Herkunft sind, macht mich noch lange nicht zu einer Syrerin, wie Frauen in Syrien Syrerinnen sind!« Dem Mann im Publikum wurden meine Ausführung sichtlich unangenehm. Aber seine Ignoranz, unterlegt mit dem anklagenden Unterton, ging mir in dieser Situation einfach zu weit. Der Herr setzte sich stillschweigend wieder hin, und schon nach einigen Sekunden tat es mir sogar wieder leid, dass ich so aufbrausend reagiert hatte. Manche mögen denken, vielleicht wusste er es einfach nicht besser, oder er hat sich falsch ausgedrückt? Das mag sein. Ich vermute dagegen, es war einer jener Zeitgenossen, deren Fragen ganz offen eine pauschale Abneigung gegenüber Menschen aus bestimmten Herkunftsländern zum Ausdruck bringen sollen. Der Mann war sich bloß nicht im Klaren darüber, dass die Fremdenfeindlichkeit in seiner Frage so offen zutage trat, weshalb ihn mein Ärger so unvorbereitet traf. Ich hoffe, er hat verstanden, bezweifle es jedoch, denn Menschen mit einer solchen Ansprache wollen sich meist nicht inhaltlich austauschen, sie wollen nur ihren Stich machen. Ich kann verstehen, wenn jemanden Ängste umtreiben und man zum Beispiel auf den Alarmismus reinfällt, 2050 sei Deutschland islamisch. Aber wie bei der Frage des Mannes, bei der ich zwischen eigentlicher Frage und (dürftig) in eine Frage verpackter Fremdenfeindlichkeit unterschieden habe, muss man auch hier zwischen Angst und (dürftig) in Angst verpackter Fremdenfeindlichkeit unterscheiden. Letzteres liegt vor, wenn jemand Angst bloß als Argument vorschiebt, weil Angst unverdächtiger klingt und zugleich an die Empathie des Gegenübers appelliert. Auch das ist ein Phänomen, das ich häufig beobachte: Jemand will stumpf Menschen mit Migrationshintergrund diskreditieren und versteckt sich hinter angeblicher Angst. Wenn es um echte Angst geht, verhindert sie nicht grundsätzlich das Eingehen auf Argumente. Wer tatsächlich Angst hat, hört zu, wenn jemand versucht, diese Ängste auszuräumen, indem er auf sie eingeht. Es wird selbst in fünfhundert Jahren keine Islamisierung in Deutschland stattfinden. Warum? Weil Muslime in diesem Land gerade mal fünf bis sechs Prozent der deutschen Gesamtbevölkerung ausmachen, weil Statistiken zeigen, dass die Geburtenraten runtergehen wie beim Rest der Bevölkerung und auch bei Muslimen zu gewissen Teilen eine Säkularisierung einsetzt – vor allem in Verbindung mit sozialem Aufstieg. Wir waren vier Geschwister, ich habe zwei Kinder, nicht vier, fünf, sechs, sieben oder acht. Nach dem deutlichen Anstieg der Flüchtlingszahlen im Jahr 2015 und 2016 sind die Grenzen dichtgemacht worden, weil jede Bevölkerung überfordert wäre, wenn zu viele Menschen einwandern. Von denen, die gekommen sind, haben oder mussten Zehntausende

Deutschland wieder verlassen, sie sind entweder freiwillig ausgereist oder wurden abgeschoben. Zahlreiche Menschen werden in nächster Zeit noch gehen. Zudem bewahrt uns das Grundgesetz vor religiöser, ideologischer oder anderer Unterwanderung. Und darauf müssen wir nicht nur stillschweigend vertrauen. Wir sind alle gefragt, unsere Kinder zu Demokraten zu erziehen. Im Klartext bedeutet das für mich Artikel 1 des Grundgesetzes: »Die Würde des Menschen ist unantastbar. Sie zu achten und zu schützen ist Verpflichtung aller staatlichen Gewalt.« Wenn wir alle den 1. Absatz des 1. Artikels ernst nehmen würden, ginge es uns besser. Aber es ist mit dem Gesetzestext für Deutsche so wie mit dem Koran für Muslime: Man hat schon so oft davon gehört, dass man nicht mehr darüber nachdenkt, was er im Grunde bedeutet.

Familien ohne Zuwanderungsgeschichte aus jüngerer Zeit müssen begreifen, dass sich ihre Gesellschaft verändert, und Familien mit Zuwanderungsgeschichte aus jüngerer Zeit müssen begreifen, dass ihre Kinder und Enkel Deutsche sind oder werden. Doch es fällt beiden Seiten so »verdammt« schwer. 2016 musste ich mich nach der Publikation meines Buchs »Die Zerreißprobe: Wie die Angst vor dem Fremden unsere Demokratie bedroht« bei Rowohlt Berlin aufgrund massiver rechtsextremistischer Hetze bis hin zu Morddrohungen schweren Herzens vom Unterrichten beurlauben lassen. Dieser Zwangsstopp konnte eigentlich nur mit einer Beschäftigung ausgeglichen werden: Ich musste »back to the roots«, ich musste mich wissenschaftlich dem Thema Islamfeindlichkeit zuwenden. Und das tue ich nun an der Universität Duisburg-Essen. Mit meiner liebenswürdigen Kollegin Professorin Dr. Nicolle Pfaff leite ich derzeit ein von der Mercator-Stiftung in Essen unterstütztes Forschungsprojekt mit mehreren Mitarbeitern, das diesem Phänomen speziell im Jugendalter nachspüren will. Ich fühle mich meinen eigenen Lebenserfahrungen verpflichtet. Hinzugekommen ist die Verpflichtung, die ich meinen Schülern und meinen eigenen Kindern gegenüber empfinde. Ich hoffe und bilde mir ein, wenigstens einen kleinen Beitrag dazu leisten zu können, dass sie und ihre Kindeskinder einmal ein gutes Leben in diesem großartigen Land Deutschland führen können.

Dank

Auf eine detaillierte Danksagung möchte ich verzichten, denn das Buch selbst ist eine Danksagung an einige wichtige Menschen, die mich auf meinem Lebensweg ein Stück weit begleitet haben oder es immer noch tun. Darüber hinaus gibt es viele andere, die hier nicht erwähnt sind. Entweder wissen sie längst, dass ich stets an sie denke, oder sie werden es in anderen Publikationen erfahren, sofern ich meinen Weg auch künftig weitergehen darf.

Ein einzigartiger Bildband voller Hoffnung und Empathie

* Cover und Preisänderungen vorbehalten

Lutz Jäkel / Lamya Kaddor

Syrien. Ein Land ohne Krieg

Malik, 200 Seiten
€ 45,00 [D], € 46,30 [A]*
ISBN 978-3-89029-493-3

Syriens Reichtum liegt in seiner Geschichte, seiner Kultur und seinen Menschen. Stets verband das Land Orient und Okzident; zahlreiche Völker und Religionen haben ihre Spuren hinterlassen. Die ausdrucksstarken Fotos von Lutz Jäkel dokumentieren den Alltag, bevor 2011 die Aufstände gegen das Regime begannen und ein grausamer Krieg folgte. Herausgegeben von Bestsellerautorin Lamya Kaddor und mit berührenden Texten namhafter Autoren zeigt dieser Band Syriens Vielfalt und Vitalität.

MALIK

Leseproben, E-Books und mehr unter www.malik.de